자연의
해석과
정신

C. G. Jung & W. Pauli, *The Interpretation of Nature and The Psyche* (London: Routledge & Kegan Paul, 1955)

칼 G. 융·볼프강 E. 파울리 지음

이창일 옮김

자연의
해석과
정신

JUNG & PAULI

THE INTERPRETATION OF NATURE AND THE PSYCHE

연암서가

옮긴이 이창일

고려대학교에서 심리학을 전공했고, 한국학중앙연구원에서 「소강절의 선천역학과 상관적 사유」(2004)로 철학박사학위를 받았으며, 서울불교대학원에서 「불교 사상과 음양오행론에 기반을 둔 성격유형론 연구–까르마 에토스(Karma Ethos)의 이론과 적용」(2013)으로 상담학박사학위를 받았다. 현재 한국학중앙연구원 고등연구소 책임연구원으로 있다. 지속적인 연구 주제는 동아시아 자연철학이 가지고 있는 미래적 비전에 관심을 쏟고 있으며, 동아시아와 한국의 고전에 담긴 '영원한 지혜'를 여러 사람들과 나누는 '소통의 인문학'을 꿈꾸고 있다. 지은 책으로는 『주역, 인간의 법칙』, 『한 줄의 고전』, 『정말 궁금한 우리 예절 53가지』, 『사상의학』, 『소강절의 철학』 등이 있고, 공저로는 『심경 철학 사전』, 『근사록 : 덕성에 기반한 공동체, 그 유교적 구상』, 『새로운 유학을 꿈꾸다』, 『세계의 고전을 읽는다』, 『20대에 읽어야 할 한 권의 책』 등이 있으며, 옮긴 책으로는 『동무유고』, 『황제내경』, 『음양과 상관적 사유』 등이 있다.

자연의
해석과
정신

2015년 12월 26일 초판 1쇄 인쇄
2015년 12월 31일 초판 1쇄 발행

지은이 | 칼 G. 융·볼프강 E. 파울리
옮긴이 | 이창일
펴낸이 | 권오상
펴낸곳 | 연암서가

등 록 | 2007년 10월 8일(제396-2007-00107호)
주 소 | 경기도 고양시 일산서구 호수로 896, 402-1101
전 화 | 031-907-3010
팩 스 | 031-912-3012
이메일 | yeonamseoga@naver.com
ISBN 978-89-94054-80-3 03110

값 17,000원

옮긴이의 말

번역의 대본

이 책은 분석심리학의 창시자인 칼 구스타브 융(C. G. Jung, 1875~1961)
과 양자물리학의 개척자 가운데 한 사람인 볼프강 에른스트 파울리(W.
E. Pauli, 1900~1958)가 함께 저술한 『자연의 해석과 정신』(*The Interpretation
of Nature and The Psyche* (London: Routledge & Kegan Paul))을 우리말로 옮긴 것
이다. 본래 이 저술은 1952년 취리히에서 독일어로 간행되었다. 하지
만 영어로 번역되는 과정에서 저자들의 참여와 수정이 있었기 때문에
원문이 왜곡되는 위험이 없고, 영어로 번역된 것이 세계적으로 많이 유
포되었기 때문에, 영어판을 선택하였다. 번역의 대본은 1955년 영국의
런던에서 간행된 것을 사용했다.

융과 동시성원리, 또는 상응률(相應律)

융은 스위스 태생의 정신과 의사 경력에서 시작하여 지그문트 프로이트(S. Freud, 1856~1939)의 정신분석학을 수용하고, 당시 과학에 의해 부당하게 취급받고 있었던 영적 지혜의 전통을 창조적으로 재해석하여 분석심리학(analytic psychology)을 창시한다. 분석심리학은 인간의 심리(정신)에 대한 체계적인 이론과 심리치료에 응용되는 여러 기술적 장치들을 가지고 있다. 융은 서양의 점성술과 같은 오컬트, 특히 연금술의 상징을 연구하여, 당시 어떤 인간과학에서도 찾기 힘든 분석심리학만의 독특한 이론적 색채를 부여했다. 이와 함께 동양의 영적 전통, 예컨대 불교의 만다라(Mandala)와 중국의 『주역(周易)』을 연구하여, 분석심리학의 체계에 적극적으로 흡수하는 보기 드문 지적 편력을 보여 주었다.

그의 저술은 인간의 정신 즉 내면세계가 가진 깊은 측면에 대한 탐사로 가득하며, 이를 위해 동시대인들이 접근하기 힘든 동서의 전통 철학과 비전적(祕傳的) 지식들에 대한 섭렵 탓에 난해한 것으로도 유명하다. 그러나 융의 지적 작업은 단순한 정신과 의사나 심리치료사를 넘어서서, 20세기의 현대 문명이 딛고 있는 불건전하고 취약한 구조를 비판할 수 있는 단서를 제공하고 있으며, 동양과 서양의 문명이 깊은 근저에서 결합할 수 있는 미래적 인간과학의 통합적 비전에 대한 암시로 가득 차 있는 영향력 있는 사상가로 평가되고 있다.

여기 동시성원리에 대한 논고는 단순한 심리치료사의 역할을 벗어나 사상가로서의 면모를 잘 보여 주고 있는 대표적인 저술이다. 동시성원리는 인간의 내면세계를 탐구하면서 마주치게 되는, 우연으로 치부되곤 했던, 독특한 심리현상이 인간의 발달과 치유를 위해 중요하다는 발견을 했으나, 그것이 우연이기 때문에 이를 설명하는데 어려움을 느끼고 오랜 시간 부심한 융의 고뇌에서 처음 비롯되었다. 이 우연의 세계는 인과적 설명이 더 이상 적용될 수 없는 금지의 영역이며, 인간 지성의 빛으로는 더 이상 조명될 수 없는 심연의 어둡고 수상한 세계로 여겨진 곳이었기 때문에, 이에 대한 관심은 아무런 쓸모도 없는 무가치한 것으로 생각되었다. 그러나 20세기에 들어와 물질의 미시적 영역에서 기본적 물질이 물질의 자격을 상실할 정도로 충격적인 현상들이 발견되고, 이 같은 현상을 합리적으로 설명하기 위한 새로운 언어와 논리가 요청되는 시대가 도래하게 되었다. 이러한 외부 세계의 변화는 그대로 내부 세계와 조응을 하게 되었고, 이를 토대로 마음의 세계와 물질의 세계가 맺는 관계 및 그 본성을 다시 성찰하는 계기가 되었다.

이전까지 정신과 물질, 마음과 몸이 맺고 있는 관계는 적극적으로 생각되기 어려운 '세계의 매듭'으로서, 하나가 다른 하나의 우위에 서거나, 양자가 병립하는 형식을 취하면서, 문제 해결이 애초에 불가능한 여러 가지 철학적 교설들만 판을 치고, 과학의 입장에서는 유물론적 견해가 진지한 성찰이 없이 단순히 선호되고 있었다. 그러나 유물론적 견해가 물질의 본성에 대한 새로운 이해방식에 의해 다시금 생각되기 시작될 때, 정신의 역할이 물질에서 배제되거나 물질의 하위에 놓이는 것이 아니라, 정신과 물질이 밀접하게 연관되는 전체적인 인식을 통해 두 관계가 온전히 파악될 수 있다는 견해가, 물리학 진영에서 조심스럽게 타진되었다. 융의 협업자인 볼프강 파울리는 그 중의 한 사람으로서, 물질의 이해는 그를 관찰하는 정신이 개입하지 않고는 이루어질 수 없으며, 더 나아가 정신의 특정한 인상들이 물질에 대한 이해에 영향을 준다고 생각하게 되었다. 더 나아가 물질과 정신이 근원적으로 둘로 나

뉘지 않는 것이라는 견해에 이르게 되었다.

동시성원리는 인과율과 짝을 이루고 있는 자연과 정신을 설명하는 필수적인 원리이다. 동시성원리는 주로 우연한 사건이나 기적 혹은 자연법칙을 벗어나는 것 같은 여러 초감각적 사건, 또는 흔히 귀신이나 유령의 세계, 임사체험이나 저승의 세계, 깨달음이나 변성의식(altered consciousness)의 체험들과 같은 유사 이래 존재해 온 지극히 인간적인 문제를 설명할 수 있는 원리이다. 이러한 여러 분야들은 흔히 비과학적인 세계 곧 인과율로 설명될 수 없는 영역에 놓인 것으로 생각되었다. 그러나 동시성원리는 역사적으로 동서양의 고중세 시기에 편만해 있던 사유방식이며, 인간의 전체적 사유에서 한 날개를 차지하는 사유방식으로 생각되어 왔다. 이러한 사유방식은 전체 세계가 하나로 통일되어 있으며, 부분과 전체는 서로 상응하고 있다는 교설로 집약할 수 있다. 그래서 우연한 어떤 사건이 개인의 마음에 즉각적으로 감동을 주거나 혹은 이후에 발견되는 의미로 인해 연결되었을 때, 하나로 통일된 세계에 대한 직관적 확신과 믿음을 주게 된다. 이것은 자연과 합일하는 물아일체(物我一體)나 신성한 존재와 만나는 체험, 예술적 영감이나 창조적 발견, 삶의 행로를 극적으로 변경시키는 비상한 사건들을 통해서, 드물게 출현하기도 하지만, 실제로는 빈번하게 우리의 삶을 지배하고 있다.

유유상종(類類相從), 동기감응(同氣感應), 인과응보(因果應報) 등에 익숙한 우리 문화에서 동시성원리는 더 이상 낯선 원리가 아니라, 우주에 당연히 내재하고 있는 자연의 질서라고 할 수 있다. 이런 의미에서 동시성원리의 선하를 이루는 고중세의 상응이론과 연속성을 고려하고, 인과율과 짝을 이루는 좋은 우리말을 찾아서 여기에 상응률(相應律)이라는 이름을 지어 주는 것이 좋을 듯하다. 실제 동시성을 공시성이나 동기성 등으로 옮긴 그간 번역은 다어의 외형적 형시에 얽매인 느낌이 없시 않았다. 인과율과 상응률의 짝은 의미나 어감에 있어서 잘 어울린다. 어쨌든 두 율(律)은 이를테면 만물일체(萬物一體)와 같이, 무언가 만물은 연관되어 있다는 원리를 가리킨다. 그것이 인과적이든 무인과적이든 말이다.[1]

융과 파울리는 단지 개인으로서가 아니라, 물질과 정신에 대해서 새로운 자리매김을 해야 하는 시대적 상황에서 만난 지성인의 상징이라고 볼 수 있을 것이다. 아마도 우리들 대부분이 수긍할 수 있는 가장 동시성적인 사건이라 한다면, 역시 아무도 알 수 없는 인간들 사이의 인연이라고 할 것이다. 융에 대해서는 이미 기존에 많이 소개되어 있기 때문에, 여기서는 파울리에 대해서 간략히 살피고, 특히 융과 파울리의 만남에 대해서 주목하기로 한다. 아래에 기술하는 내용에서 이들의 만남에 대한 여러 사건들은 사실에 기반 한 것이고, 여기에 관련 문헌을 참고해서 옮긴이가 편하게 적어 나간 것이다.[2]

융과 파울리의 만남

파울리는 양자물리학의 창시자 가운데 한 사람이다. 그가 발견한 배타원리(exclusion principle)는 양자역학의 기념비적인 사건인데, 이로 인해 노벨물리학상을 수상한다. 지금은 인기가 덜 한 물리학자이지만, 그는

---

1 이창일, 『주역, 인간의 법칙』, 위즈덤하우스, 2011, 290쪽 이하 참고.
2 디어드리 베어(Deirdre Bair), 정영목 옮김, 『융』(열린책들, 2008), 『자연의 해석과 정신』(*The Interpretation of Nature and The Psyche*, New York: Ishi Press, 2012)에 실린 마빈 제이 그린버그(Marvin jay Greenberg)의 서문(Forward), 아서 밀러(Arthur Miller), 『융과 파울리, 그리고 과학적인 것에 대한 집착』(*Jung, Pauli, and the Pursuit of a Scientific Obsession*, New York : W. W. Norton, 2010) 등의 책들을 참고했다.

창조적인 정신을 가진 사람으로서, "명석한 두뇌를 놓고 따진다면, 아마도 파울리를 능가할 사람이 없을 것"이라는 평을 받은 천재적 인물이었다. 그러나 물리학자의 측면뿐 아니라, 그는 자신을 탐구하는 구도자의 면모를 가진 인물이기도 하다. 이 점은 물리학의 역사를 통해서는 희미할 뿐 전모를 알기 어렵다. 심리학의 눈으로 보았을 때, 그는 내면의 혼란으로 고통 받으며 화택(火宅: 불타고 있는 집이라는 뜻으로, 번뇌와 고통이 가득한 이 세상을 이르는 말)에 거주하는 평범한 인간일 뿐이었다.

그가 천재라는 것은 물리학의 새로운 개념들을 발견했다는 데 있기보다는(20세기 물리학의 역사는 천재들로 점철되어 있다), 자연의 신비는 합리와 조화되어야 한다는 그의 철학적인 신조에서 찾는 것이 합당할 것이다. 도도한 과학의 시기에 신비주의나 분석심리학의 무의식에 관련된 검증하기 어려운 여러 개념들을 진지하게 검토하는 것은 자연과 정신의 심연(深淵) 그 자체에 대한 진지한 탐구정신이 없이는 불가능한 것이다. 이것이 하늘이 그에게 준 재능이었다. 그러나 이러한 재능은 잿빛 하늘을 배경으로 한 청춘의 고통 속에서 차츰 발견된 것이었다.

파울리의 내면은 정신분석학의 먹이가 될 만한 불행한 유년기의 발달과정을 암시하고 있다. 파울리는 아버지에게 큰 반감을 가지고 있었다. 아버지는 빈 대학의 유명한 화학교수였는데, 성실한 가장과는 거리가 먼 바람기 많은 위인이었다. 파울리의 어머니는 이를 비관하고 결국 음독자살을 선택하고 만다. 파울리는 젊은 시절 물리학을 연구하면서도, 황음(荒飮)에 빠졌으며 매음굴에도 자주 출입하면서 방탕하게 지냈다. 그러다 여동생의 친구였다는 어느 카바레의 무희와 결혼했는데, 그런 결혼이 흔히 그렇듯이 1년이 채 못 되서 파국을 맞이한다. 공교롭게도 이혼한 전 아내는 화학자와 이미 바람이 나 있었다. 우리는 여기서 아버지의 화학, 어머니이 화학(음독), 파혼의 화학이라는 농시성적 상징 고리를 생각한다. 이로부터 화학은 가장 저열한 학문이라는 편견이 한때 싹트기까지 했다. 겉으로는 빛나는 물리학의 연구업적이 쌓였어도 내면은 황폐했으나, 누구도 이런 사실을 알 수는 없었다. 그러나 주머니에 넣어둔 송곳은 반드시 옷감을 뚫고 나오기 마련이다.

주색(酒色)에 빠진 파울리는 여러 차례 뜻하지 않은 망신을 당하게 되자 두려움이 엄습했고, 급기야 아이러니하게도 원수처럼 여기던 아버지의 권고를 받아들여 심리치료를 하게 된다. 이렇게 해서 융을 만났다. 그런데 융 또한 어떤 의미에서는 연금술사였다. 화학의 오랜 연결 고리가 여기에도 발견된다. 이제 그가 납에서 황금으로 가는 변형의 도상에 올랐다는 느낌을 받는다.

융과 파울리의 만남은 1930년에 이루어진다. 이 해는 융의 외우(畏友) 였던 리하르트 빌헬름(R. Wilhelm, 1873~1930)이 죽은 해이기도 하다. 처음 융은 파울리의 꿈에서 여성 문제를 파악하고, 당시 문하의 여의사인 로젠바움에게 보냈다. 아마도 전이가 용이하게 되어, 내면의 문제를 헤집어 놓으려는 심산이었을 것이다.

파울리에 대한 첫인상은 의식의 합리적 기능의 하나인 사고(thinking)로 과도하게 집중되어 있는 성격구조의 편향성이었다. 사고 기능 쪽으로 정신의 에너지가 지나치게 집중되면 그 반대의 대극(opposite)인 감정 (feeling)은 위축되고 억압되어서 발달이 진행되지 않고, 열등 기능에 머물게 된다. 감정 기능이 열등하게 되면, 흔히 지적인 인물이 천박한 여자(혹은 비천한 남자)와 사랑에 빠지거나, 주색으로 패가망신하는 얼빠진 짓거리를 하게 된다. 파울리는 전체적인 통합이 이루어지지 않았기 때문에, 자주 주색으로 곤경에 처했던 것이다. 여기에 의식의 비합리적 기

능인 지각과 직관의 미분화와 유년기의 트라우마들이 애초부터 사안을
더 꼬이게 만들고 있었다.

이윽고 꿈 분석을 중심으로 한 심리치료를 통해서 파울리는 치유와
더불어 자기성찰의 길을 걷게 되었고, 1945년 노벨물리학상을 수상하
고부터는 융과도 치료사와 내담자의 관계를 넘어서 지적 교류를 하게
된다. 융의 저술에서 파울리는 익명으로 "자신의 궤도에서 이탈한 32세
의 매우 지적인 남자"로 등장할 정도였다.[3]

파울리의 개인적 성격과 기질에 놓여 있었던 신비주의적인 성향은
융과 만남을 통해서 내면의 탐구로 이어지게 되었다. 하나의 예로 파
울리 효과(Pauli effect)를 말할 수 있다. 이는 파울리가 등장하는 곳은 항
시 소동이 나거나 일이 틀어지는 묘한 현상이 일어난다는 것을 가리킨
다. 그가 연구실에 들어갈 때면 실험 장비가 못쓰게 되는 일이 많았다.
이래서 어떤 동료는 이를 무섭게 여기고, 파울리와 대화할 때면 실험실
문을 닫고 이야기를 했다고 한다. 더욱 특이한 일로 파울리가 괴팅겐
기차역을 지난 사실만으로도 그 지역의 연구소에서 실험이 아수라장이
되었던 사건도 있었다. 상응률이 아니고서는 설명하기 힘든 우연한 사
건이 아닐 수 없다. 후일 원자폭탄을 만드는 맨해튼 프로젝트에 파울리
를 참여하지 못하게 했다는 일화가 있었다. 파울리 효과가 사실이라면,
큰일이 일어날게 뻔했기 때문이다. 어쨌든 파울리는 우리문화의 언어
로 말하자면, 역술(易術)에 관심이 많았고 조예도 깊었던 것으로 보인다.
이러한 기질적 특성에 더해서, 신비주의보다 더 신비주의적이었던 물

---

3 「연금술과 관련된 개인 꿈의 상징성」(Individual Dream Symbolism in Relation to Alchemy),
   Psychology and Alchemy, 『융 전집』(*The Collected works of C. G. Jung*), Vol. 12, Princeton
   Univ. Press, 1975.

질의 이상한 본성이 알려지기 시작한 현대 물리학의 혁명적 발견들은 파울리에게 현대적 조명 속에서 정신의 본성을 탐구하게 만든 자극이 되었다.

융과 파울리의 공동 작업은 그 자체 기록될 만한 독특한 사건이다. 동시성원리를 통해서 물리학의 발견과 심리학의 발견이 어떻게든 포옹해야 하는 공동의 지점을 탐구했던 이들의 노력에 대해 후대의 평가는 여러 가지로 갈려 있다. 그러나 실패와 성공에 대한 평가보다는 무관심이 더 컸다. 이전보다 정신의 영역은 피상적이고 표면적이 될수록 한편으로는 더 모호하고 어두워졌으며, 물리의 세계는 오컬트가 무색할 정도로 난해하고 기괴하게 전개되어, 잠정적으로 합의된 결론조차 내리기 어려울 정도가 되었다. 이제 정신과 물질의 세계는 일이관지 되지 못하고, 검토되고 해석되어야 할 증거들만이 넘쳐나고 있으며, 이 때문에 세계관이 뒤바뀔지도 모른다는 암시만이 남겨졌다. 두 세계를 통합하고자 했던 의미 있는 두 지성의 탐구는 이제 종료되었지만, 두 상징적 인물의 대화는 계속 진행되어야 할 것이다. 다음의 의미심장한 일화처럼 말이다.

파울리는 융과 거의 26년 동안 치료자와 내담자, 사제관계, 동료 교사 등의 관계를 갖다가, 1958년 융보다 먼저 이른 나이에 췌장암으로 죽게 된다. 전해지는 그의 마지막 유언이 이들의 우정을 기린다. "지금, 나는 아직도 오직 한 사람 융과 이야기 하고 싶구나."

이 책의 구성과 읽는 순서

이 책은 융과 파울리의 두 논문이 합해진 것이다. 융의 논문은 1950년 8월이라고 적힌 「서언」을 포함해서, 다음해 1951년 스위스 아스코나(Ascona)의 에라노스(Eranos) 회의에서 행한 「동시성에 관하여」(Über Synchronizität)라는 강연을 토대로 저술한 「동시성: 무인과적 연결원리」라는 제목으로 1952년(독일어판)에 출판했고, 영어판은 수정을 거쳐 1955년에 나왔다.

융의 논문 말미에 「동시성에 대하여」(On Synchronicity)라는 글은 『자연의 해석과 정신』에 없는데, 『융 전집』 8권에 해당하는 『정신의 구조와 역학』(*The Structure and Dynamics of the Psyche*)에서 번역한 것이다. 시기적으로는 앞의 논문보다 먼저 쓴 것이다.

파울리의 논문은 1948년 2월 말과 3월 초에 심리학 클럽에서 두 번 강연한 내용을 바탕으로 한 것이다. 3편의 부록은 라틴어로 쓴 플러드의 논문 2편과 에리우게나의 「자연분할론」에 대한 짤막한 에세이 1편으로 이루어져 있다.

글을 읽는 순서로는 옮긴이의 서문과 「해제」를 읽고, 융의 「동시성에 대하여」를 읽은 뒤 융의 본 논문을 보고, 이어 파울리의 논문과 부록들을 살펴보는 것이 좋을 것 같다. 독자들의 많은 관심을 바란다.

2015. 10. 31.
청계산 아래에서
이창일

『자연의 해석과 정신』을 읽기 전에

이창일

1. 새로운 세계상

변하는 물리학

현대의 일반 지식인과 대중들이 지니고 있는 물리학에 대한 견해는 두 세기 동안 실질적으로 고전 물리학(뉴턴 역학)과 동의어였다. 즉 고전 물리학에서는 사물의 본질적 성질이 아이작 뉴턴(Isaac Newton, 1642~1727)의 기계론적 우주 모델에 의해 해결된다. 뉴턴은 그의 『광학』(Opticks)에서 신이 물질세계를 어떻게 창조하였나에 대한 그의 상상을 명백히 보여 주고 있다.

태초에 신이 물질을 이렇게 창조했을 것으로 나는 생각한다. 즉 견고하고 질량을 가졌으며 딱딱하고 투과할 수 없고 움직일 수 있는 입자의 형상으로 물질을 빚으셨으며, 당신의 창조 목적에 가장 잘 이바지할 수 있도록 크기와 모양과 공간에 대한 비율을 결정하셨으리라. 그들 원초적 입자는 고체라서, 이 입자로 만든 어떤 구멍이 있는 것보다 비할 수 없이 단단해서 결코 닳지도 조각나지도 않는다. 신이 몸소 빚으신 이 최초의 창조물들은 어떤 세속의 힘도 나눌 수 없으리라.[1]

모든 물리적 현상이 일어나는 고전 물리학의 우주는 고전적 유클리드 기하학의 3차원 공간이었다. 이것은 그 안에서 발생하고 있는 물리적 현상과는 독립적인 절대 공간이다. 다시 말해, 절대 공간은 그 자체의 본성에서 외부의 어떤 것과도 관계없이 언제나 동일하며 정지의 상태로 있다. 시간도 역시 절대적인 것으로서 물질적 세계와 아무런 연관 없이 과거에서 현대를 거쳐 미래로 일정하게 흘러가는 것이다.

이 역학의 체계에서 모든 물리적 현상은 상호 인력(중력)에 의해 야기되는 물질 입자의 운동으로 환원된다. 입자 또는 다른 물체에 대한 이 힘의 영향은 뉴턴의 운동 방정식에 의하여 수학적으로 기술되는 데, 그 방정식은 고전 역학의 기초를 형성한다. 그렇게 태초에 신이 물질 입자와 그것들 사이의 힘 및 운동의 근본 법칙을 창조했다고 보았다. 따라서 전우주는 운동하게 되었으며, 불변의 법칙에 의해 지배되는 기계처럼 운동을 계속하고 있다. 이처럼 기계론적 자연관은 거대한 우주 기계가 완전히 인과적이고 엄격한 결정론과 밀접히 연관되어 있다. 발생하는 모든 것은 명확한 원인을 갖고 있으며, 또한 일정한 결과를 가져오는 것으로서, 그 체계의 어느 부분의 미래라도 어느 시점에서 상태를

---

1 카프라(F. Capra), 이성범 옮김, 『새로운 과학과 문명의 전환』(*The Turning Point*), 범양사, 1998, 62쪽.

모두 상세히 안다면, 원칙적으로 절대적인 확실성을 가지고 예측할 수가 있다는 것이다. 그래서 피에르 라플라스(Pierre de Laplace, 1749~1827)의 호언은 유효한 듯했다.

> 어떤 주어진 순간에 자연에서 작용하고 있는 모든 힘을, 그리고 세계를 구성하는 모든 것들의 위치를 아는 사람이 그러한 자료들을 분석할 만큼 뛰어난 지성을 가졌다면, 우주의 가장 거대한 것들과 가장 미세한 원자들의 운동을 능히 파악할 수 있을 것이다. 거기에는 불확실한 것은 아무 것도 없을 것이며, 미래도 과거처럼 그의 눈앞에 보일 것이다.[2]

이런 호언답게 18, 19세기는 유성(遊星), 달, 혜성(彗星)의 운동을 설명할 수 있었고, 조수(潮水)의 흐름과 중력과 관련된 여러 현상을 설명할 수 있게 되었다. 완전한 기계로서의 세계의 모습은 이제 증명된 사실로 간주되었으며, 그 영토의 군주는 물리학이 차지했다. 그러나 이런 고전 물리학의 시간, 공간, 인과율의 삼과(三價) 도식은 자연에 대한 새로운 경험에 의해 자리를 내주지 않으면 안되게 되었다. 융의 표현을 빌린다면, 연금술의 마리아 공리(axiom of Maria)대로 삼(三)과 사(四)의 자리가 바뀌게 되었던 것이다.[3]

19세기 말에 이르러 고전 물리학은 자연 현상의 기본적 이론으로서의 역할을 상실하게 되었지만, 모든 자연 현상을 만족스럽게 설명할 수는 없더라도 고전 물리학의 기저에 놓인 기본 사상은 여전히 정당한 것

---

2 폴 데이비스(Paul Davies), 류시화 옮김, 『현대 물리학이 발견한 창조주』(*God and the New Physics*), 정신세계사, 1988, 202쪽.
3 이 책의 융의 논문 참고.

이라는 신뢰는 지속되었다. 그러나 이윽고 20세기 초에 발견된 상대성 이론과 양자 이론은 고전 물리학의 기본 개념을 산산이 부수고 말았다. 절대공간과 절대시간이란 기본 개념, 기본적 고체 입자, 기본 물질, 물리적 현상의 엄격한 인과율, 자연의 객관적 기술, 이것들은 모두 하나의 신화가 되었으며, 새로운 물리학이 추구하려는 새로운 영역에는 적용될 수 없었다.

현대 물리학이 전하는 물질의 이미지

20세기 초에 만들어진 원자의 모델은 원자를 작은 태양계로 표현하여 플러스 전하를 가진 원자핵 주위를 마이너스 전하를 가진 전자가 행성처럼 둘러싸고 있는 모습이었다. 그런데 전자는 행성과는 전혀 다르게 행동한다는 사실 때문에 역설에 직면하게 되었다. 전자는 행성과는 다르게 언제나 한 궤도로부터 다른 궤도로 그 사이에 가로놓인 공간을 통과하지 않고 건너뛰고 있다는 사실이(마치 지구가 공간을 무시하고 단번에 점프해서 금성의 궤도로 이행하는 것처럼) 확인되었다. 궤도 또한 잘 정리된 정각 궤도도 아니고, 넓고 불명료한 자취로서 전자는 그 위에 퍼져 있다. 그리고 이 태양계 모델에서 원자핵도 주로 양자와 중성자로 구성된 입자들의 복합체로서, 어떠한 시각적 모델이나 우리의 감각 경험에 의한 표상으로도 나타낼 수 없는 입자와 힘에 의해 서로 결합하고 있는 것으로 밝혀졌다: 원자는 사물(thing)이 아니다. 원자 단계로 내려가면 시간과 공간에 놓인 객관적 세계는 더 이상 존재하지 않는다(하이젠베르크, 『부분과 전체』).

또한 모든 입자들은 입자의 성질을 가지면서 동시에 파동의 성질을 가진다는 것도 드러났다. 동일한 물질이 입자이며 동시에 파동이라는 것은 우리의 합리적인 사고방식으로는 이해할 수 없는 것이지만, 자연은 그러한 불합리한 존재라는 것을 인정하지 않을 수 없다.

양자론(量子論, quantum theory)의 토대를 만든 베르너 카를 하이젠베르크(Werner Karl Heisenberg, 1901~1976)의 '불확정성 원리'(uncertainty principle)는 인과적 결정론에 종지부를 찍은 것으로 평가되는데, 이 원리는 고전 역학에서 뉴턴의 운동 법칙과 마찬가지로 현대 물리학의 기초가 된다. 유비적으로 생각해 보면, 우리가 가까이 있는 대상(近景)에 눈을 고정시키면 그 배경(遠景)이 희미해지고 배경에 눈을 고정시키면 가까이 있는 대상이 희미해진다. 이 근경과 원경에 동시에 초점을 맞추는 것은 광학적으로 불가능하다. 불확정성의 원리는 물리학자가 아원자 세계를 연구할 때 그와 같은 곤경에 처한다는 것을 가리킨다.

물리학자가 전자의 '위치'를 정확히 측정하려 하면 할수록 '속도'는 더욱 불확정해지고, 거꾸로 입자의 '속도'를 정확히 측정하려 할수록 '위치'는 더욱 어렴풋이 종잡을 수 없게 된다. 이 불확정성은 우리의 측정 기술이 완벽하지 않아서 그런 것이 아니라, '입자'이면서 '파동'인 전자 고유의 이중성이 실제적으로나 이론적으로 명확하게 정의하는 것을 불가능하게 만들기 때문이다. 이것이 함축하는 것은 아원자 단계로 내려오면 세계는 어떠한 순간에도 미결정의 상태에 있고, 그 다음 순간은 어느 정도 불확실한 혹은 '자유로운' 상태가 된다는 것이다. 이러한 궁극적 구성 요소의 불확정성 때문에 아원자적 과정에 대한 물리학자의 진술은 단지 확률적인 것일 뿐 확정적인 것일 수 없다. 극미 세계에서는 확률의 법칙이 인과율을 대신한다: 자연은 예측할 수 없다.

이와 같이 양자론이 등장한 이후, 19세기의 시계 장치와 같은 기계론적 우주 모델은 낡은 것이 되었고, 물질 자체의 개념이 비(非)물질화(dematerialization of matter)된 이래로 더 이상 유물론을 과학적인 철학이라고 주장할 수 없게 되었다.[4]

이러한 배경 속에서 융은 파울리에게 손을 내밀었다. 융이 『아이온』(Aion)에서 서술한 다음과 같은 기대를 가지고 시작했을 것이다.

조만간 핵물리학과 무의식의 심리학은 서로 독립적으로, 그리고 반대 방향에서 초월적 영역으로 전전함에 따라, 하나는 원자라는 개념을 가지고 다른 하나는 원형이라는 개념을 가지고 그 둘은 밀접히 다가갈 것이다. … 정신은 물질과 완전히 다른 것이 아니다. 그렇지 않다고 하면 어떻게 그것이 물질을 움직이겠는가? 또한 물질은 정신과 동떨어진 것일 수 없다. 그렇지 않다면 어떻게 물질이 정신을 만들어낼 수 있는가? 정신과 물질은 동일한 세계에 존재하며, 하나는 다른 하나에 참여하고 있다. 그렇지 않다면 어떠한 상호 작용도 불가능할 것이다. 따라서 연구만 충분히 진전되면 물리학의 개념과 심리학의 개념은 궁극적 일치점에 도달할 것이다. 현재 추구하는 시도가 대담한 것처럼 보이지만, 나는 그러한 연구들이 올바른 도상(途上)에 서 있다고 믿는다.[5]

---

4 케슬러(A. Koestler), 최효선 옮긴, 『야누스』(Janus), 범양사, 1993, 265쪽 참고. 양자물리학의 역설은 이 밖에도 동시에 살아 있는 것으로도 죽어 있는 것으로도 보일 수 있는 '슈뢰딩거의 고양이' 역설, 입자를 한순간 동안 시간에 역행하여 이동하도록 만드는 리처드 파인만(R. Feynman)의 도식, 입자들이 인과율의 개념을 초월하여 전체적으로 연결되어 있음을 보인 아인슈타인-포돌스키-로젠의 역설(Einstein-Podolsky-Rosen, EPR 역설) 등이 있으나 여기서는 지면 관계로 생략한다. 이 책의 공동 저자인 파울리의 '배타 원리'(Exclusion Principle)도 양자물리학의 역설적 성격을 보여 준다. 대강 말하자면, 원자내의 어떤 '궤도'도 한 번에 단 하나의 전자밖에 수용할 수 없다는 내용이다. 만약 그렇지 않다면 혼란이 초래되어 원자는 붕괴되고 만다. 그런데 이 원리에는 역학적인 측면이 없고, 힘이 아니지만 힘처럼 작용하는 자연의 기본 방정식에 부여된 수학적 대칭성이라고 한다. 케슬러, 『야누스』, 271~279쪽 참고.

5 『아이온』(Aion), 『융 전집』(The Collected works of C. G. Jung), Vol. 9, Princeton Univ. Press, 1975, 261쪽.

이러한 시대의 정황은 융에게 '오랜 세월 동안 주저하던' 세계의 무(無)인과적 요인의 탐구와 그것을 설명하는 논리를 제창하게 만들었다. 혹자의 견해로는 당시 닐스 보어(Niels Bohr, 1885~1962)[6], 알버트 아인슈타인, 파울리 등의 물리학자들과의 교우에서 얻은 자극이라고 하지만,[7] 융의 독자적인 심성(心性)의 탐구 과정에서, 특히 점(占)에 대한 깊은 인식에서 그것을 설명하고자 하는 고심에서 우러나온 것으로 보인다. 다음은 '동시성'이란 용어를 처음 사용했을 때의 기록이다.

나는 이 용어를 1930년 5월 10일 뮌헨에서 행한 리하르트 빌헬름 (Richard Wilhelm)을 위한 회고 연설에서 처음 사용했다. 그 연설은 후일 『태을금화종지(太乙金華宗旨)』(*The secret of the Golden Flower*, 1931)의 부록에 실렸다. 그 책에서 나는 "『주역(周易)』의 과학은 인과율에 기반하지 않고 내가 잠정적으로 동시성적(synchronistic) 원리라고 부르는 원리에 기반한 다"(우리 사이는 만남이 없었기 때문에 그때까지 명칭하지 않았다)고 말했다.[8]

이 책의 「서언」이 1950년 8월이라고 적혀 있는 것으로 보아 빌헬름 추모사 이후 단속적이긴 해도 꾸준히 연구해 오다가, 1951년 스위스 아스코나(Ascona)의 에라노스(Eranos) 회의에서 행한 「동시성에 관하여」

---

6 닐스 헨리크 다비드 보어(Niels Henrik David Bohr, 1885~1962)는 원자 구조의 이해와 양자역학의 성립에 기여한 덴마크의 물리학자이며, 막스 보른, 하이젠베르크 등과 함께 양자역학의 표준해석으로 인정된 코펜하겐 해석을 발표했다. 보어의 이론은 당시 여러 물리학자들에게 냉소를 받았으나, 1925년 파울리가 발표한 베타원리가 나온 이후에 비약적인 발전을 하게 되고, 대응원리(상응원리), 상보성 원리의 제창을 통해, 양자역학 체계의 수립에 중요한 영향을 미치게 된다. 보어의 휘장은 음양의 태극이 그려진 것으로 유명하다. 『두산백과』 관련 항목 참고.-역자

7 프로고프(I. Progoff), 『융, 동시성, 인간의 운명』(*Jung, Synchronicity and Human destiny*), 뉴욕: A Delta Book, 1973, 3~4쪽.

8 이 책의 융의 논문 참고.

(Über Synchronizität)라는 강연이 있었고, 아마도 이미 저술을 어느 정도 진행한 상태에서 강연을 했던 것이라 생각이 들지만, 그 강연을 기조(基調)로 파울리와 공저한 이 책이 1952년에 출판되었다(독어판).[9] 이런 정황들을 보면 융의 동시성 원리라는 개념은 융의 독창적인 연구 과정에서 출발한 것으로 보인다. 파울리에게 '손을 내민' 것은 현대 물리학이 보여주는 일견 비(非)합리적이고 비(非)이성적인 본성과 융이 창시한 분석심리학의 토대를 이루는 기본 개념들이 갖는 유사성을 누구보다도 예리하게 간파했기 때문에, 그리고 무엇보다 심성(心性)에 대한 진정한 전체적 이해를 위해서일 것이다.

2. 동시성 원리의 개념

인과율 비판과 통계학

융은 모두(冒頭)를 인과율(causality)에 대한 비판으로 시작한다. 곧 자연법칙이라는 관념이 기반한 철학적 원리는 인과율인데, 자연 법칙이 통계적 진리라면 인과율은 상대적인 위치에 놓이게 된다. 다시 말해 자연은 어떤 환경에서는 인과적이지 않을 수도 있다는 것이다. 미시 세계의 원자들의 내부는 거시적인 일상적인 세계에서 운용되는 자연 법칙에 지배받지 않는다. 그러면 그런 인과적이지 않은 자연의 과정을 설명하기 위해서는 또 다른 설명 원리가 필요하다. 그런데 또한 통계학적

---

9 영어판은 저자들의 수정을 거쳐서 1955년에 런던에서 출판되었다.

그림이라는 것도 실재의 평균적인 측면만을 나타내고, 예외적인 사례들을 전체적인 그림에서 배제하기 때문에 일방적일 수밖에 없다. 세계에 대한 통계학적 관점은 추상이기 때문에 불안전하고 오류를 범하며, 인간의 심리학의 경우는 예외적인 사실을 고려하지 않을 수 없기 때문에 더욱 그러하다. 그러므로 심리학적으로 말해서 자연과학적 세계관은 평준화의 그림만 그리고, 평준화의 예외 사건들을 도외시하는 편향된 관점을 가지고 있다: 신경증 환자의 특징은 시야가 좁다는 것이다.

통계학의 평준화를 벗어난 유일무이한(unique) 사건은 생물학에서 친숙하다. 그러나 생물학에서 존재하는 유일무이한 표본은 그 존재가 확증될 수 있다. 하지만 마음속에 단편적인 기억의 흔적만 남기는 순간적인 사건들은 하나의 증거도 다수의 증거도 이 유일무이한 사건을 믿게 만들기 어려울 것이다. 우리의 경험에도 도대체 이런 일을 어떻게 남들에게 설명할지 난감한 경우가 많다. 우연이라도 단순한 우연을 넘어서 연속적으로 발생하는 사건은 일치를 통해 '어떤 의미를 전달하려고 하는'(의미 있는 일치) 듯이 보인다. 그러므로 우연은 엄밀히 말해서 아직 우리의 인지 능력이 진전되지 못했기 때문에, 그런 우연한 사건의 인과 고리를 발견하지 못했다는 뜻이 아니다. 그러나 어떻게 이런 우연한 사건들로부터 인과 고리가 아직 발견되지 않은 사건과 '순수한' 우연적인 사건을 나눌 수 있겠는가?

카메러의 연속의 법칙, 쇼펜하우어

융은 스스로 '동시성 원리'라는 관념의 선하(先河)라고 말하는 아르투어 쇼펜하우어(Arthur Schopenhauer, 1788~1860)와 그 관념이 부분적으로 근거하고 있는 카메러(Paul Kammerer, 1880~1926)[10]의 연구를 비판적으로 언급하고 있다.

카메러는 '연속성'(seriality)이란 개념을 "연달은 사건 또는 우연한 사건은 무인과적이지만 지속을 특성으로 하는 어떤 관성의 표현"이라 정의한다. 그리고 궁극적으로는 연속성에 근거한 연속의 법칙을 인과율, 목적률 등과 더불어 공존하는 하나의 원리로 도입하고자 한다. 그러나 융의 견해로 카메러는 우연의 연달음(run)을 인과적으로 감지할 수 있는 세계를 보는 관점들인 연속성, 모방, 유인력, 관성들과 같은 개념으로 환원하는 오류를 범했다는 것이다. 요컨대 '순수한' 우연의 법칙은 아니라는 비판이다. 더욱이 그가 수집한 연속적인 사건들은 대개 확률의 한계에 들어간다. 따라서 우주에는 물리적인 인과율과 공존하면서 다양성 속의 통일로 나아가는 무인과적 원리가 작용하고 있다는 그의 '매혹적인 직관'을 스스로 정당화할 수가 없다.

쇼펜하우어는 일치를 인과적으로 연결되어 있지 않은 사건들이 동시에 일어나는 것으로 생각해서 지리적 유비를 들어 지구의 경선(經線)을 인과적 사슬로 생각하고, 동시에 일어나는 사건은 위선(緯線)이라는 평행선으로 표상한다. 그래서 이 선들이 연결되는 점들이 한 사람의 일생에 일어나는 모든 사건들이라고 상상한다. 그러나 융은 이럴 경우 의미 있는 일치가 매우 규칙적이고 체계적으로 일어나기 때문에 입증이 불필요해지거나 세상에서 가장 단순한 일이 된다고 비판한다. 이것은 일종의 근대의 결정론적 세계관에 중세적 사유가 가진 전관(全觀) 지향에

---

10 카메러는 라마르크(J-B. Lamarck)를 신봉하는 뛰어난 실험 생물학자로서 실험 결과를 조작했다는 비난을 받고 1926년 45세의 나이로 자살했다. 평생 우연의 일치의 문제에 매료되었으며 수십 년간 그런 현상을 기록해 두었다. 케슬러, 『야누스』(Janus), 276쪽.

대한 편린적 느낌을 투영한 것이다. 다만 인과율이 설명의 궁극적 원리로 생각되었던 시대에 '일치'(우연)의 문제를 제일 원인의 문제로 여긴 것은 주목할 만하다.

라인과 초심리학[11]

융은 초심리학(parapsychology)의 실험 결과가 과학적인 어떤 하자도 없음에 대해 지지를 보내고, 그 함의를 숙고하면서 이런 현상의 존재 여부에는 괘념치 않는다. 그런데 당시나 지금까지도 방대하게 축적된 사례들을 보았을 때 그 같은 현상의 유무(有無)를 논의하는 것은 시간 낭비이다. 오히려 우리의 관심은 융처럼 그러한 불가해 보이는 현상들이 우리의 세계관에 지니는 의미가 무엇인가를 생각하는 것이 오히려 생산적일 것이다. 이 언뜻 비과학적이게 보이는 현상을 자연과학자들보다는 사회과학자들이 더 거부했고, 아이러니하게도 초심리학의 가장 극렬한 반대자들은 다른 학문에서가 아닌 심리학자들이었음은 시사하는 바가 크다.[12] 아마도 초심리적 현상을 다룬다면 '과학'에서 밀려날지도 모른다는 두려움이 엄습했을 것이다. 따라서 이런 반응은 학문적이라

---

11 조지프 라인(J. B. Rhine, 1895~1980)은 초심리학의 개척자이다. 1927년 미국 노스캐롤라이나 더럼의 듀크 대학의 심리학과에서 동료와 함께 텔레파시, 영매 등에 대하여 연구하였다. 초심리학, ESP, psi라는 용어들을 유명하게 만든 장본인이기도 하다. 1930년대쯤 ESP의 통계학적 타당성을 발견한 것이 과학 연구에 합법적인 영역을 만들어냈다. 셰퍼드(Leslie Shepard) 편, 『오컬트와 초심리학 백과사전』(Encyclopedia of Occultism & Parapsychology), 디트로이트: 게일 리서치 사(Gale research company), 1978 관련 항목 참고. 초심리학이라는 용어는 본래 에밀 브와랙(Emille Boirac, 1851~1971)이 신조해낸 것인데, 현재는 이전의 심령과학(Psychic Science)이라는 용어와 관련해서 초상(超常) 현상(paranormal phe-nomenon)에 대한 과학적 연구를 가리키는 데 사용된다. 위의 책 참고.
12 유아사 야수오(湯淺泰雄), 『몸, 修養, 氣』(The Body, Self-Cultivation and Ki-Energy), 뉴욕 주립대, 1993, 157~160쪽.

기보다는 이데올로기적이다.

라인이 제기한 초(超)심리 현상은 초감각적 지각(ESP, Extra Sensory Perception)과 염력(PK, Psycho-Kinesis)의 두 가지이다. ESP는 투시, 텔레파시, 예지의 세 가지 현상을 포함하는데, 이 가운데 어느 것도 감각기관에 의하지 않는 인식이 가능하다고 주장한다. 또한 PK는 물리적인 매개 작용이 없어도 심리 작용에 의해 직접적으로 물리적으로 효과를 야기하는 현상이다. 그런데 심리 작용과 물리적 효과 사이에 수량적으로 계산되는 일정한 확률적 인과 관계(그 수치는 매우 낮은 경우가 다반사이다)가 발견된다는 것이 라인의 보고이다.

그런데 융은 과학적 근거를 가지고서 사건들의 무인과적 조합이 존재한다는 결정적인 증거로 라인의 실험을 보고 있기는 하지만, 그 연구자들은 자신들이 발견한 결과의 보다 포괄적이고 일반적인 의의를 인식하지 못하는 것을 비판한다. '뒤집어진 카드의 앞면 맞추기' 실험은 거리 즉 공간의 변화에도 원칙적으로 그 결과에서 큰 변화가 없었고, '미래에 뒤집어질 카드 읽기'의 실험에서 시간의 경우도 긍정적인 결과를 가져왔다. 이것으로 미루어 본다면, 실험실에서 보인 사건들 사이의 '전달'은 어떠한 기존의 에너지의 특성을 드러내지 않는다. 그래서 우리는 에너지 현상을 배제한 어떤 것으로 '결과'를 이해할 수 없기 때문에, 이 사건들은 인과율의 관점에서는 고려될 수 없다고 결론 내린다. 그러므로 어떤 환경에서는 심리적 조건에 의해서 시간과 공간은 상대적이 된다. 이런 결론은 현대 물리학의 절대공간과 절대시간의 포기와 유사한 것이다.

융은 라인의 실험에서 일어난 것이 피험자의 대답은 피험자 자신이 물리적인 카드를 관찰한 결과가 아니라, 상상력 곧 무의식의 구조를 드러내는 우연한 생각의 산물이라고 생각한다. 여기서 융의 독창적인 견해가 시작된다. 사실 융은 이 얘기를 하고 싶었던 것이다.

원형과 동시성 원리

융에 의하면 동시성 현상은 세 가지로 범주화할 수 있다. ① 심리적 상태 혹은 내용과 상응하는 동시적이고 객관적인 외부 사건과 관찰자의 심리적 상태의 일치. 여기에는 심리적 상태와 외부 사건 사이의 인과적 연결에 대한 어떤 증거도 없으며, 공간과 시간의 심리적 상대성을 고려할 때 그 같은 연결은 감지될 수조차 없다.[13] ② 관찰자의 지각 영역 바깥(곧 거리가 멀리 떨어져서 일어나고 사후에야 입증이 가능한)과 상응하는 외부 사건과 심리적 상태의 일치.[14] ③ 아직 현존하지는 않으나 시간상 거리가 있는 미래 사건으로 사후에만 입증할 수 있을 뿐인, 그런 상응하는 사건과 심리적 상태의 일치.[15] 융은 이런 현상들이 원형과 밀접한 관련을 가지고 있다고 한다.

간단히 원형(archetype)이란 모든 개체에 동일한 하나의 정신을 표상하는 집단무의식(collective unconsciousness)의 구조를 구성하는 것들이다. 원형들은 행동의 패턴 혹은 본능적 패턴, 다시 말해 무의식적인 정신 과정을 조직하는 형식적 요인이다. 그런데 집단무의식이든 원형이든 그것은 직접적으로 지각할 수 없다. 지각할 수 없으므로 융은 그것을 '자율적인 본성을 가진 정신 같은 것'을 뜻하는 사이코이드(psychoid)[16]라고

---

13 이 책에 인용된 '황금풍뎅이' 에피소드 참고.
14 이 책의 '스톡홀름의 불' 에피소드 참고.
15 이 책의 '새떼' 에피소드 참고.
16 '정신'을 뜻하는 psycho와 '~와 닮은'을 나타내는 접미사 -oid가 결합된 말이다. 우리말로는 '~인 양하다'에서 정신양(精神樣) 또는 비슷하다는 뜻의 한자말 유(類)를 써서, 유심적(類心的)으로 번역하고 있다.

부른다. 또한 원형은 강한 감정들로 스스로를 현현시킨다. 다시 말해 어떤 조건 아래에서 외부로부터 차단된 의식의 에너지가 내면으로 향할 때,[17] 강한 감정을 가진 원형들이 배열된다. 이 때 의식은 무의식적인 본능적 충동들과 내용들(원형들) 아래에 들어오게 된다. 이 때 무의식이 가지고 있는 '절대지(絶對知)'가 환기되면서 위에서 볼 수 있는 세 가지 범주로 동시성 현상이 나타나게 된다. 절대란 무의식 속의 선험적 지식 혹은 인과적 토대가 결여된 사건들의 무의식적 이미지들의 '직접성'을 말한다.

동시성적인 사건이 감정과 밀접한 관련을 가진다는 사실은 새로운 발상이 아니다. 전근대 세계에서는 동시성적 사건을 마술적 사건으로 이해했으며, 영혼 속에 마술적인 어떤 능력을 가정함으로써 설명하고 있다.[18] 그러나 이런 설명은 초월적인 영역을 언급하고 있기 때문에 경험적 토대에 입각한 설명 논리가 아니다. 그래서 동시성 현상의 경험적 설명을 위해 점성술의 자료를 가지고 통계조사를 실시한다.

점성술 실험의 설계

융은 라인의 초심리학적 실험들이 동시성 현상을 평가하는 데 통계적인 토대를 제공했으며, 감정 등과 같은 심리적 요인이 그 실험에서 수행한 역할에 주목하였다. 융은 측정 가능한 결과를 산출하면서 동시성 존재를 예시할 수 있는 방법을 라인의 실험에서 시사 받는다.

---

17 정신 수준의 저하를 말하는데, 일상용어로 '뭔가에 들리'거나 '쓰인 듯', '미친 듯'이 되는 때를 말한다.
18 이 책의 융의 논문 중에서 알베르투스 마그누스(Albertus Magnus)의 인용을 참고.

먼저 과거의 직관적 혹은 주술적 방법들을 검토한다. 우선 『주역』이 선택되었는데, 『주역』은 심리적인 내부의 세계와 물리적인 외부의 세계 사이에 비교의 중심으로서 제3자로 수(數)를 설정해서 상호간의 표상이 가능한 방법을 고안했다.[19] 둘째는 지상점술(地相占術, Ars Geomantica) 혹은 반점술(Art of Punctation)인데, 『주역』보다 철학적이지 않고 복잡하여 이해하기 어렵기 때문에 알맞지 않다. 그러나 기본적으로 주술적 방법들이 동시성 현상을 나타내기는 해도 통계적 평가를 위한 기초를 부여하기에는 부족해 보인다. 그래서 융의 관심은 점성술(astrology)로 향한다. 점성술 문헌은 주석들이 풍부하고, 천문학적 자료들(Horoscope의 구조)이 개인의 어떤 결정적 사건(보통은 운명이라고 하는 것, 여기서는 결혼)에 상응한다는 점성술사들의 판단이 있기 때문에 의미 있는 일치가 명백할 것이다. 그래서 결혼에 대한 점성술적 상응인 '태양과 달의 합(合)'(coniunctio Solis et Lunae), '달과 달의 합(合)'(coniunctio Lunae et Lunae), '달과 상승점(ascendent)의 합(合, conjunction)' 등이 전통적으로 주요한 흐름이라고 보면서 이것을 통계학적으로 탐구하기로 결정하였다(우리 문화에서 '궁합'이라고 하는 것에 비유할 수 있음).

융은 주술적 절차들이 의미 있는 일치를 해석하기 위해 수를 사용해 왔는데, 수는 우연의 본성에 가장 적합한 것으로 생각한다. 물론 수의 심리학적 의미에 대한 언급이지만, 수는 의식화되어 있는 질서의 한 가지 원형으로 파악된다. 그러기 때문에 수는 무의식의 측면에서 보면 자

---

19 '주역점'을 치는 방법은 본문에 기술된 융의 설명을 참고. 그런데 우리나라의 독자들은 주역점을 자세히는 몰라도 어느 정도는 알고 있다. "여기서 말하는 수란 음수, 양수를 뜻하고 그런 음양이 얽혀서 어떤 괘를 만든다. … 그래서 그 괘의 상징을 아는 사람들이 읽고 풀이해 준다. 그 상징은 시처럼 운문이다. 등등." 혹은 철학자들이 생각하는 『주역』이란 책과는 달리 『주역』하면 '점치는 책'이라는 연상은 차라리 자연스럽다. 이창일, 『주역, 인간의 법칙』, 위즈덤하우스, 2011, 242쪽 이하 참고.

율적인 실체를 가진 것으로 발견된 것이라 말할 수 있고, 개념이라는 측면에서 보면 유비적 표상 구조에서 추론된 것으로 발명된 것이라 말할 수 있다. 그러므로 수와 수의 조합 및 결합은 원형에 영향을 줄 것이고, 거꾸로 원형의 관계나 영향이 수로 드러날 것이다.

실험절차

먼저 세 개의 집단을 무작위적으로 구성하였다.[20] 각각의 집단은 ① 360(189쌍×2)개의 홀로스코프, ② 440(220쌍)개의 홀로스코프, ③ 166 (83쌍)개의 홀로스코프 등을 수집해서(483쌍, 966개의 홀로스코프), 점성술의 상응을 조사했다. 이윽고 확률은 세 집단에서 10%라는 평균 빈도수를 나타내었는데, 이것은 통계적으로는 그다지 의미가 없는 수치이지만, 우연이라고 하기에는 큰 수치를 나타낸다. 이러한 수치는 보통 통계학에서 어떤 것을 확정하는 데 이용될 수 있기에는 무가치한 것, 다시 말해 우연한 분산이기 때문이다. 그러나 융으로서는 통계학의 관점은 추상적이기 때문에 심리학적 견지에서 보면 사소한 것도 예외로 간주할 수는 없다. 더구나 우연한 사건, 그것도 의미 있는 일치를 다룰 때는 더욱 그렇다.

실험 결과 이 모든 합들은 결혼의 특징이라 여겨지는 '달-합'(moon-conjunction)이었고, 더구나 운명과 성격을 결정하는 삼위일체(trinity)를 형성한다는 태양, 달, 상승점으로 구성되어 있었다. 이것은 점성술의 예측과 정확히 일치한다. 그렇지만 이 관계가 동시적으로 발생할 확률은 1억이 넘는다.[21] 의미 있지만 그것이 발생할 확률은 너무 희소해서 그런 일이 일어날 법하지 않기 때문에 이런 의미 있는 사건을 산출하는

---

20 자세한 실험 설계는 본문 참고.
21 본문에서 이해를 돕기 위해 거론된 '개미'의 비유 참고.

어떤 요인을 가정해야 하는 처지에 놓이게 된다.

결국 점성술적 실험에서 통계학적 자료가 보여 주는 것은 이론과 실제 양면에서 '있을 리 없는' 우연한 결과가 점성술의 예상과 맞아떨어진다는 것이다. 이런 일치가 일어날 확률은 너무나 적어서 도무지 그런 일들은 믿을 수도 없고 예측할 수도 없는 것이었다. 마치 어떤 긍정적인 결과를 주려고 어떤 '보이지 않은 요인'의 의도에 의해서 조작되고 배열된 듯한 의혹도 생긴다. 융은 이 모든 사태를 다음과 같이 보고 있다: 자료와 점성술사의 심리적 상태 간에 모종의 묵인이 있었다. 다시 말해 양자론에서 관찰자가 사건에 개입하는 것처럼 이런 사태는 관찰되는 사건들의 관찰자까지도 내포하는 것으로 해석된다. 그러기 때문에 초심리학의 실험에 내재한 위험은 실험자와 피험자가 가진 어떤 심리적 요인이 실험의 사태에 개입한다는 것이다. 융은 이 요인을 사이코이드라고 할 수 있는 원형이라고 말한다.

무의식적 정신에 시간과 공간은 상대적이다. 이 말을 전통적인 말투로 옮긴다면, '영혼은 시공간의 법칙에 지배되지 않는다.' 그러므로 무의식적 정신이 가진 지식은 절대지라고 말할 수 있다.

동시성 원리와 상응하는 관념들: 도(道), 모나드

동시성 원리는 어떤 의미 있는 일치가 동시발생과 의미에 의해서 연결된다고 말한다. 이것은 원인과 결과 사이의 인과적 연결 외에도 사건들의 배열로서 우리에게 '의미'(meaning)로 나타나는 요인이 있다는 말과 같다. 우리에게 의미로서 나타나는 요인이 무엇인가? 융은 근대과학 이전 혹은 근대과학의 '광휘' 아래 뒤안길로 들어간 전근대적 사유 그리고 과학적 사유를 전개시켜 보지 못한 동양의 사유, 이 두 그룹의 사유 방식에서 동시성 원리가 새로운 사유만은 아니라는 것을 확인한다. 단적으로 말해서 우주에는 인과율과 동등한 원리가 존재할 수 밖에 없다는 것이다: 우주에는 무인과적인 요인이 존재한다. 융은 동시성 원리를 대중들에게 이렇게 설명한 적이 있다.

영국 문화인류학회의 전임 회장이 저에게 물었습니다. "선생님은 중국인처럼 영리한 민족이 과학을 몰랐다는 것을 이해하십니까?"저는 대답했습니다. "중국 민족은 과학을 이해했습니다. 그러나 선생은 중국 민족의 과학을 이해하지 못하십니다. 중국 민족의 과학은 인과율에 토대를 두지 않습니다. 인과율은 유일한 원리가 아닙니다. 오직 상대적일 뿐입니다."… 유럽 언어에는 이 다른 원리에 해당하는 말이 한 마디도 없습니다. 동양 사람은 이 다른 원리에 해당하는 말을 갖고 있습니다. 그러나 유럽 사람들은 그 말을 이해하지 못합니다. 동양인의 말은 도(道, Tao)입니다. … 저는 도를 지칭하기 위해 다른 단어를 사용합니다. 다른 단어는 뜻이 빈약합니다. 저는 다른 단어를 동시성이라 부릅니다.[22]

융은 외우(畏友) 빌헬름이 번역한 동양의 고전을 통해서 중국의 사유를 이해하였다. 빌헬름을 따라서 융은 도(道)를 '의미'로 생각한다. 그 번역의 타당성을 떠나서, 융은 이 도에 입각한 사유가 서양에서의 상응 이론(theory of correspondentia)에 해당된다고 한다. 이런 전과학적 사유는

---

22 홍성화 옮김, 『분석심리학』(*The Tavistock Lectures: Analytical Psychology-Its Theory and Practice*), 교육과학사, 1986, 94~95쪽 참고.

서양의 중세시대 자연철학자들에 의해서 깊이 탐구되었다. 그런데 이런 사유는 이미 서양 고전 시대에 충분히 사유되어 왔던 것이기도 하다. 서양의 17세기 전후는,

> 자연에 대한 수학화된 법칙을 정식화하고 그것을 통제된 실험으로 검증하는 복잡한 관념을 파악할 때까지, 인과적 설명을 찬성하는 일시적인 술렁거림이 있었지만, 갈릴레오 갈릴레이 이후의 과학에 근접한 어떠한 것도 만들지 못했다. 15~16 두 세기에 그 술렁거림은 사실상 (갈릴레오 이후의 과학이 아닌) 반대 방향으로 향했었다. 르네상스 시대는 아리스토텔레스(Aristoteles)류의 상식에 염증을 느끼고 피타고라스 수비학(數秘學)이 부활되었으며, 자연 법칙의 수학화에 길을 터놓고 그 판타지를 만끽하고 있었다. 르네상스는 헤르메스 트리스메기투스(Hermes Trismegistus)와 유대 신비주의(Kabbalah)에 의해 고무되어서, 자연 정복이라는 이상을 실현할 수 있는 과학적 수단을 소유하기 이전에, 마술을 통해서 그 이상을 실현하려는 기대를 품었다.[23]

융이 자신의 문화 전통 속에서 동시성 관념의 선구자로 여기는 사람들은 멀게는 다양한 현상들(多者)과 단일한 지속적 요소(一者) 사이의 어떤 근본적인 제일성(齊一性)을 말했던 헤라클레이토스(Heraclitus, BC 540~480 추정), 만물의 공감(sympathy of all things)을 말했던 히포크라테스(Hippocrates, BC 460~377 추정), 신플라톤주의(Neo-Platonism)의 창시자 플로티누스(Plotinus, 204~270) 그리고 '인과적 설명을 찬성하는 일시적인 술렁거림'이 있었던

---

23 그레이엄(A. C. Graham), 이창일 옮김, 『음양과 상관적 사유』(Yin-Yang and the nature of correlative thinking), 청계, 2001, 21쪽.

시대의 마술을 통해서 '자연의 정복'을 실현하려는 기대를 가진 신비주의 경향의 철학자-과학자들[24]이 있었다. 그들의 주요한 교설은 단순화시켜서 말한다면 대우주와 소우주의 상응으로 집약될 수 있다. 여기서 융은 이런 사상적 조류가 고트프리트 라이프니츠(Leibniz)의 예정조화설(pre-established harmony)에 이르러 만개했다고 생각한다. 그런데 적어도 우리나라의 학자들은 라이프니츠가 자신의 철학 체계를 구성할 때 이용한 소스가 전적으로 서양만의 것은 아니라는 것을 알고 있다. 라이프니츠가 『주역』과 중국의 사상, 특히 신유학(Neo-confucianism)에 남모를 호의를 가지고 있었다는 것은 이미 사계의 상식이다.[25] 여기서는 융의 견해만을 좇겠지만 동시성과 도를 비교하는 융이 라이프니츠의 손을 들어주는 것도 실로 철학 내적인 유사한 흐름을 내보여 주고 있어 매우 흥미롭다.

라이프니츠의 모나드(Monad)는 원자론자들이 주장하는 원자(atom)와 유사하지만, 원자와는 달리 비연장적(非延長的)이며 따라서 분할될 수 없는 비(非)물질적인 것, 곧 영혼이다. 이 모나드는 부분이 없는 단순실체로서 자연적으로 생겨나지도 소멸하지도 않으며, 완전히 독립·자존한다. 그러므로 모나드의 자연적 변화는 내적 원리에 의해서만 가능하기 때문에 외부에서의 변화를 용인하지 않는다: 모나드는 창이 없다(windowless monad). 융은 모나드가 소우주의 이명(異名)임을 강조한다. 그러기 때문에 대우주의 모든 것이 모나드에 담겨 있다. 모든 모나드의 작용은 표상인데, 의식적 표상 작용이 아니라 그것에 선행하고 그것의 기저가 되는 무의식적인 미소지각(微小知覺, petite perception)이다. 모든 모

---

24 본문에 융과 파울리에 의한 인용문들이 풍부하게 있다. 파울리의 것은 주로 플러드의 것이다.
25 니덤(J Needham), *Science and Civilization in China*(『SCC』), 13장, 케임브리지, 1986 참고.

나드는 이와 같은 지각을 구비하고 있는 것으로 동일한 세계를 반영하고 있다. 따라서 모나드는 '우주의 살아 있는 거울'이라고 말할 수 있다.

라이프니츠는 데카르트의 정신과 물질(心身)의 이원론을 극복하면서, 정신과 물질(신체)의 관계는 모나드의 상호 관계의 하나의 예이며, 정신과 물질은 자신의 법칙을 가지고 있음에도 불구하고, 양자가 모순 없이 결합하고 일치하는 것은 오로지 모든 실체가 동일한 우주를 (거울처럼) 반영하고 있기 때문이라고 했다. 신의 섭리에 의한 예정조화는 목적인(目的因, 정신)과 동력인(動力因, 물질) 사이에도 한결같이 성립한다. 예정조화설에 따르면 물질(신체)은 정신이 없는 듯이, 정신은 물질이 없는 듯이 제대로 작용하면서, 서로가 상호 작용하고 있는 듯이 작용한다.[26] 이 점이 융의 동시성 원리와 상응한다. 또한 이것은 우주의 필연성을 신의 목적론적 필연성으로 설명한 것으로 볼 수 있다.

우주와 무인과적 질서정연함

눈에 보이는 현실은 결정론적이며 엄격한 인과율에 지배되고 있다. 그러나 이것은 하나의 풀기 어려운 미스터리이다. 우리가 했던 미시 세계의 경험은 비결정론적이고 무인과적이었다. 당시 이러한 자연의 혼돈을 접한 20세기 초의 물리학자들은 단순히 지적인 문제를 넘어서 정서적인 인간적 고뇌에 사로잡혔다고 한다: 자연은 그렇게도 불합리한 것인가! 역시 융이 알려주는 무의식의 세계도 나의 의식과 무의식을 넘어서, 개체의 심신의 영역을 넘어서, 초개인적 곧 집단적인 무의식의 차원

---

26 라이프니츠(Leibniz), 정종 외 역주, 『라이프니쯔와 단자형이상학』(Monado- logy), 원광대출판부, 1984, 198쪽 참고.

이 존재함을 알려주고 있다. 이 세계는 정신과 물질로 구분되지 않은 오히려 '정신의 깊은 층'이 물질과 구별되지 않는 '하나의 세계'(unus mundus)라고 할 수 있다. 이 세계는 간혹 동시성적 사건에 모습을 드러내기도 한다. 계속 지적하여 왔듯이, 동시성 현상은 정신이나 물질에 일종의 무시간적 질서가 존재한다는 것을 알려주고 있다. 이를 바탕으로 물리학자 파울리와 함께 우주의 설명 원리를 나타낸 도식을 주장한다.[27]

케슬러는 이 도식이 터무니없다고 말하면서 실망스럽다고 했다. 기본적으로 융과 파울리가 의도하는 세계에 대해 공감하는 그로서도 융의 불친절한 설명에 불만이 많다. 그러면서 태산명동(泰山鳴動)에 서일필(鼠一匹)[28]이라고 일갈(一喝)한다. 그러나 그도 여운을 남기듯이 그 쥐는 상징적인 쥐이다.

「결론」 부분에서 융은 동시성 현상에서 볼 수 있는 무의식적 지식(혹은 절대지)이 고등동물의 대뇌피질(cerebral cortex)과 관계없이 지각할 수 있는 또 다른 신경계의 작용에 매개된다는 가정을 하고 있다.[29] 이것을 융은 뇌척수계(cerebrospinal nervous system)와 전혀 다른 신경기체(神經基體)도 사고와 지각을 산출할 수 있다고 하여 초뇌적(transcerebral) 본성이라 부른다. 비서구적 생리학, 예를 들어 인도의 요가(Yoga) 이론, 중국의 양생술(養生術) 그리고 한의학(漢醫學)의 경락(經絡, Meridian system) 등의 설명 논리로 구성될 수 있는지도 고려해 볼 만하다.[30]

동시성 원리는 정신과 물질을 매개해 주는 사이코이드 기능의 존재와 작용을 뒷받침하고 있다. 산 자와 죽은 자, 이승과 저승이 만나고 교차

---

27 두 개의 도식 가운데 두 번째 도식을 주목. 본문 참고.
28 태산이 우르릉 쾅쾅 들썩거리는데 알고 보니 쥐새끼 한 마리 소행이라는 뜻으로, '소문난 잔치 먹을 것 없다'는 속담과 비슷하게 생각보다 별 볼일 없는 과장된 경우를 말한다.
29 「결론」의 사례 참고.

하는 순간이 어딘가 있을 수 있는 가능성을 보여 주고 있다. 또한 창조의 순간, 위대한 발명의 순간, 어떤 패러다임의 이동(Paradigm shift)에 대해 설명할 수도 있을 것이다. 이러한 방면의 연구는 물리학, 수학, 뇌생리학 등과의 긴밀한 학제간 연구를 통해 활발해질 것으로 기대되고 있다.[31]

3. 파울리

케플러와 원형

파울리의 이 논문은 그의 철학적 자세를 보여 준 논문으로 과학과 신비주의에 관한 깊이 있는 연구로 정평이 나았다. 파울리는 합리주의에 바탕을 둔 회의주의를 철저하게 관철한 뒤에 합리적 이해의 범주를 넘어서는 인식 과정을 발견하려고 한다. 1단원에서부터 파울리의 철학적 의도는 명확하다. 다시 말해 파울리는 무질서한 경험적 데이터로부터 이데아로 연결되는 다리가 영혼 속에 선재하는 어떤 원초적 이미지 속에, 융의 어투대로 원형 안에 존재한다고 보았다. 이 점에서 파울리는 융의 견해와 일치한다. 그러나 이런 이미지들은 의식 속에 있지도 않고

---

30 유아사 야스오(湯淺泰雄), 『몸, 修養, 氣』(The Body, Self-Cultivation, and Ki-Energy) 참고. 유아사 야스오는 앙리 베르그송(Bergson)의 철학, 메를로 퐁티(Merleau-Ponty)의 현상학 (phenomenology), 융의 동시성 원리, 초심리학 모두를 기존의 '객관적 과학'(objective science)에 대한 '주관적 과학'(subjective science)의 수립을 위한 설명 논리로 활용한다. 유아사 자신이 심층심리학과 철학을 전공한 사람이며, 수십 년간 한의학의 경락 체계가 기존의 생리학(해부학)으로는 접근할 수 없다는 데서 새로운 생물학의 필요성을 역설하고 있다. 위의 이론들을 한의학의 설명 논리로 채택하는데(특히 經絡說) 반론이 없을 수 없는 것은 아니지만(그러나 현실적으로 반론이 없다), 동시성 원리가 '실증적으로' 응용 가능한 유일하게 대표적인 사례로 꼽을 수 있다.

31 이부영, 『분석심리학』, 323쪽.

합리적 설명이 가능한 여타의 관념과는 관계가 없는 것이 문제가 된다.

파울리는 근대 자연과학의 출발점이었던 천문학의 혁명 곧 케플러의 법칙 발견은 어떤 원초적 이미지, 다시 말해 원형에 의해 결정적인 영향을 받았기 때문이라고 주장하고 있다. 이것은 파울리로 하여금 오로지 경험적 데이터로부터 자연의 법칙을 도출하는 순수 경험주의적 관점에 만족할 수 없게 만든 이유이기도 하다. 파울리는 요하네스 케플러가 니콜라우스 코페르니쿠스의 우주관을 받아들인 것은 단순한 경험적 자료만이 아니라, 케플러의 어떤 (종교적) 신념에 일치했기 때문이라고 생각한다. 이와 같은 신념에 대해 철학자 버트런드 러셀(B. Russell, 1872~1970) 역시 케플러에 대한 평을 곁들여 말한다.

> 케플러는 천재적인 재능을 많이 갖고 있지 않더라도 끈질긴 인내력만 가지고 있으면 얼마든지 큰일을 할 수 있다는 것을 보여 준 가장 좋은 본보기이다. … 그는 티코 브라헤의 연구 자료에 의해서 코페르니쿠스가 제시한 형식은 옳지 않다는 것을 밝혔다. 케플러는 피타고라스 학설의 영향을 받고 있었으며, 선량한 신교도이면서도 태양을 숭배하는 경향이 다소 있었다. 이와 같은 동기가 분명히 그에게 태양중심설에 선입관을 갖게 했던 것은 사실이다.[32]

케플러가 가진 신념은 중심점으로서의 태양을 가진 천체들이 삼위일체보다는 덜 완벽하지만 그에 대한 구형의 이미지를 가진 이상적인 것의 실현이라는 것이다. 실제 케플러는 자신이 발견한 우주의 구조가 타

---

[32] 러셀(B. Russell), 최민홍 옮김, 『서양철학사』(The history of western philosophy), 집문당, 748쪽.

원이라는 것에 대해 화가 치밀어서 그것을 '똥구루마'라고 불렀을 정도이다. 그런데 파울리의 주목을 끌었던 것은 케플러의 혁명, 곧 코페르니쿠스의 이론에 수정을 가한 것도 어떤 원초적 이미지나 원형에 의해 결정적인 영향을 받았다는 사실이다.[33]

> 삼위일체(triune)의 이미지는 구의 표면에 있다. 다시 말해 성부(Father)는 중앙에 있고, 성자(Son)는 외부 표면에 있으며, 성령(Holy Ghost)은 원점과 원주 사이의 관계와 동등하게 있다."

중심으로부터 구(球)의 표면을 향하는 움직임은 케플러에게는 창조의 상징이었다. 융이 전체성의 상징으로 부른 '만다라'(mandala)라는 상징이 물질계에 실현되어 있다고 케플러는 생각했다. 이러한 '선입견'[34]을 통해 경험적 자료가 비로소 의미 있게 해석되었던 것이다.

그러나 케플러의 만다라는 사위일체(四位一體, quaternity)가 아니라 삼위일체(三位一體, trinity)였다. 수리적 도식의 이 3과 4의 대립에서 파울리는 케플러의 상징을 근대과학을 탄생시킨 과학적 태도의 한 가지 전형으로 생각한다. 다시 말해 케플러에게 숫자 4는 아무런 상징적인 성격도 가지고 있지 않았다. 케플러의 구형적 그림에서 시간에 대한 상징이 결여(동시성 원리의 결여)되어 있는데, 이것은 사위(四位)에 대한 어떤 암시도 보이지 않는 것과 연결되어 있다. 중심으로부터 떨어져 향하는 직선 모양의 운동이 케플러의 상징에 포함된 유일한 것이다.

삼위일체가 이런 특별한 방식으로 표상된 적이 케플러 이전에는 결

---

33 본문의 인용을 참고.
34 과학철학에서 말하는 관찰자의 이론 의존성(theory-laden)이 여기에 상당한다.

코 없었다고 파울리는 보기 때문에, 케플러의 삼위일체 '만다라'는 우리가 고전적으로 부르는 자연과학을 낳았던 하나의 사유 방식 혹은 심리학적 태도를 상징하는 것이라고 가정하는 것이다. 케플러의 관념 체계에서 신성한 모델인 창조의 관점으로부터, 점에서 원까지 영혼의 방출 과정을 현대 심리학의 외향성(外向性)과 유비적인 것으로서, 반면에 신의 존재는 내향성(內向性)의 모델로 생각할 수 있기 때문이다.

케플러와 플러드

이 논문에서 특별히 흥미를 끄는 것은 두 사람의 논쟁이다. 이 논쟁은 변화하는 세계와 아직도 관성으로 유지되고 있는 기존 세계를 각각 대표하는 사람들 사이의 투쟁이었다. 보통 과학사에서 과학의 세기를 개시한 사람들 중에 하나이지만, 여전히 점성술로 '밥 먹고 살았다'는 평을 듣는 케플러가 나타낸 이 '상응의 과학'에 대한 견해는 특히 흥미롭다. 단적으로 케플러는 이 상응의 과학을 과학적-인과적 사유로 전환했다. 5단원에 있는 도형들은 케플러가 점성술을 천체에 의해서 야기되어 인간에게 미치는 어떤 상응을 말하기 위한 것이 아니라 오히려 어떤 비율에 특유하게 선택적인 반응을 보이는 개개의 영혼을 말하기 위해 그려진 것이다.

로버트 플러드[35]의 관점은 연금술적(alchemical)이라고 말할 수 있는데, 연금술적 관점은 다음과 같이 정리될 수 있다.

물질의 내부에는 자유를 갈망하는 의식이 거주한다. 작업실의 연금술사는 그 자신의 심리 과정이 시험관 속에서 일어나는 화학 반응들과 신비적으로 융합하여 결국 그는 자연의 섭리의 일부가 된다. 그러므로 이 두 가지의 과정, 즉 화학 변화와 심리 과정은 같은 이름을 갖는다. 물질을 변형시킴으로써 얻어지는 이 '해방'은 현자(賢者)의 돌(philosopher's stone)을 만드는 과정에서 절정에 달하며, 그 해방은 바로 연금술사에 의해 대우주와 소우주의 신비적 합일 속에서 이루어진다. 또한 이것은 신의 의지를 실천함으로써 인간을 제도하는 작업이다.[36]

이런 플러드의 관점에 대해 케플러의 관점은 영혼의 세계를 추상적인 수학의 법칙으로 대치하는 것이었다. 우리로서는 매우 익숙한 수학적인 논리적 사고와 경험적인 귀납의 증거를 중시하는 '과학자' 케플러와 선험적 질서로부터 전개되는 이론을 중시하는 '마술사' 플러드가 대결할 때면, 특히 플러드가 점성술이나 물리학에 대한 논리를 전개할 때면 그가 착오를 범하고 있다는 생각을 자연스럽게 한다. 결국 양(量)적인 요소에 대한 플러드의 혐오는 신비의 세계를 지키려는, 그렇지만 때를 타지 못한 안간힘으로만 비친다. 양적인 것에 대한 거부의 결과는 과학적 사유와 조화할 수 없는 갈등을 낳게 되었던 것이다.

그러나 우리는 이런 양분법에 주의해야 한다. 우리가 케플러를 과학으로 놓고 플러드를 신비적 비합리의 세계로 놓는다면 파울리의 진정

---

35 로버트 플러드(Robert Fludd, 1574~1637)는 잉글랜드 태생의 의사로서 장미십자회원(Rosicrucian)이었으며, 신플라톤주의자로 파라켈수스 학파의 의학과 연금술을 배웠다. 파라켈수스 운동을 영국에 소개하고 신비주의 체계를 통합하여 새로운 학문 체계를 세우려는 야심찬 기도를 가졌다. 당시의 실험과학적 경향을 반대해서 피에르 가상디(Gassendi), 마랭 메르센(Mersenne), 케플러 등과 논쟁했는데, 그들로부터 '음흉한 마술사'로 매도되기도 했다. '음흉한'이라는 딱지를 떼고 플러드는 양보다는 질, 관찰보다는 직관, 경험보다는 신성으로부터의 연역에 더 큰 비중을 두었던 전형적인 신비가로 생각되는 것이 공평한 듯하다. 『철학대사전』(Encyclopedia of Philosophy), Routlege, 1998 관련 항목 참고.

36 켄 윌버(Ken Wilber), 박병철 외 옮김, 『현대 물리학과 신비주의』(Quantum Question), 고려원, 1990, 195쪽.

한 의도를 놓치게 된다. 동시성 원리란 기본적으로 플러드에 가깝다. 그러나 케플러를 과학과 등치시키는 단순한 생각을 접고, 케플러를 보았을 때 다음과 같은 사실을 생각할 수 있다. 우리가 논의 한 대로 이것은 삼과 사의 갈등이다. 다시 말해 플러드는 과학을 위한 사유를 희생시키면서 세계를 보는 자신의 경험과 자연 과정의 모종의 통일을 보존하려고 전전긍긍하고 있다. 그런데 이런 관점이 글의 첫머리에서 이미 살핀 현대 물리학의 발견 이래로 어떤 전체적인 자연에 대한 그림을 위한 다소의 암시를 준다는 것이다. 그리고 또한 케플러를 과학이라는 관점에서 벗어나 이렇게 생각할 수도 있다.

> 케플러의 광기는 신성한 광기였으며, 그의 표현은 영원한 예술가인 인간, 자연과 합일하는 인간의 집단적 잠재의식으로부터 출현하는 피타고라스적 신화의 표현이었다. 케슬러는 말했다: "경험의 신비적 양식과 과학적 양식은 원래 단일한 원천으로부터 나온다는 것과 그것이 분리될 때는 비참한 결과가 야기된다는 것 … 케플러의 정신 속에서 우리는 과거와의 급격한 단절이 아니라 우주 경험의 상징이 서서히 변화되어 가는 것을 본다. 즉 아니마 모트릭스(anima motrix, 運動靈)에서 비스 모트릭스(vis motrix, 運動力)로, 신화적 비유에서 수학적 기호로…."[37]

파울리는 케플러와 플러드 사이의 질(質)과 양(量)에 관한 대립적 논쟁을 현대의 물리학과 심리학의 견지에서 다시 돌아보면서, 실재의 두 측면들 곧 양과 질, 물리와 심리가 서로 양립할 수 있는 것으로 인식하고 통섭할

---

37 찰스 길리스피(Charles C. Gillispie), 이필렬 옮김, 『객관성의 칼날』(The Edge of Objectivity), 새물결, 1999, 65쪽. 인용 가운데 케슬러의 말은 그의 『몽유병자들』(The Sleepwalkers, 1959)로부터.

수 있을 것으로 생각한다. 파울리는 케플러의 과학 법칙의 발견 과정에서 볼 수 있는 종교적 경험의 중요한 역할을 강조하면서, 경험의 정서적 측면을 풍부한 상상력으로 표현하고, 실제적 인지 과정을 표현하는 생동감 있는 관계에 놓여 있는 상징을 이해하는 것이 필요함을 강조한다.

파울리는 또한 과학의 발견과 종교적 경험의 기저에 놓인 상징의 가능성은 근대에는 철저히 부정되었으며, 현대 역시 이런 유산을 물려받았지만 자연에 대한 새로운 경험이 어떤 상징의 존재를 입증할 수 있도록 해주고 있다고 믿고 있다. 파울리가 말하는 상징이란 두말할 필요도 없이, 하나로 통합된 우주의 질서를 드러낼 수 있어야 하는 것이다. 자연의 새로운 면모에 눈뜬 물리학자가 인과(因果) 법칙에 의한 사유 방식이 매우 편협하다는 자각을 통해 '우연의 세계'까지도 포괄한 세계와 우주의 통일적 구조의 탐구로 선회하는 것은 어쩌면 정직한 것인지도 모른다.

4. 점성술의 이해

점성술의 근본 원리

점성술은 예로부터 서양에서 오컬티즘(occultism)[38]의 한 가지로 생각되었다. 이 분야에 중요한 것으로는 점성술뿐 아니라 연금술과 마법(magic)이 있다. 그런데 이 오컬티즘을 관통하는 원리는 한 마디로 상응

---

38 오컬트라는 말은 라틴어의 오쿨투스(occultus)에서 나온 말로 '신비로운, 초자연적인, 마술적인'이라는 뜻을 지닌 말이다. 간혹 일상용어에서는 인간의 정상적인 능력의 한계를 초월하는 어떤 신비롭고도 초자연적인 힘이나 현상을 가리키는 말로도 쓰인다.

(correspondence)의 원리라고 할 수 있다. 이 원리를 간단히 표현한 문구가 바로 "위와 같이 아래도 그러하다"(As above, so below)[39]이다. 그러므로 점성술이란 하나의 유기적인 전체, 즉 한 인간 속으로 묶여진 우주의 다양한 힘들이 어떤 관계를 갖는가를 분석하고 종합하는 과학이라고 말할 수 있다. 또한 동시에 이러한 관계들이 개인의 삶에 어떠한 영향을 미치는가를 해석하는, 인간 삶에 요긴하고 실용적인 하나의 기술(Art)이라고 말할 수 있다.

점성술은 그 법칙에 의거해서 모든 현상을 분류하고 상호 연관지어 이해하려는 하나의 철학 체계이기에, 점성가는 겉으로 드러나는 현상보다는 그 속에서 작용하는 힘들을 중요시한다. 이러한 점성학의 이론 체계는 이분화의 원리에서 다룰 수 있다. 즉 '대우주(天文)와 소우주(인간, 사회…)의 상응'을 토대로 한다. 가령 하늘의 해와 달은 지상에서는 수컷과 암컷에 상응하고, 지하의 광물계(鑛物界)에서는 금과 은에 상응하며, 인간의 정신 기능 속에서는 의식과 무의식에 상응한다는 논리이다. 이러한 점성술은 본문의 융의 언급도 있지만 서양뿐만 아니라 비서양의 문명에서도 거의 동일한 논리를 가지고 발전한 것이 확인된다.

이 글은 점성술의 변호에 있지 않고 다만 합리주의적인 태도만이 인간에게 유일한 것은 아니라는 점, 동시성 원리의 경험적 토대를 밝히기 위해 점성술이 선택되었다는 점을 염두에 두고 점성술의 기본적인 원리와 개념을 살펴보고자 한다.

---

39 이 말은 『에메랄드 타블렛』(*Emerald Tablet*)이라 불리는 서판에 기록된 연금술의 유명한 주문 중의 한 구절이다. 이 서판은 기자(Gizeh)의 피라미드 갱도 속에 누워 있던 헤르메스 메기스트리스투스의 미라가 손에 쥐고 있었다고 한다. 사라센의 연금술사들에게 발견되어 아랍어로 유럽에 전해지고 라틴어로 번역되었다. 유기천, 『점성학이란 무엇인가』, 정신세계사, 1995, 108쪽 참고.

홀로스코프

홀로스코프(horoscope, 天宮圖)라는 단어는 그리스어의 '호라'(hora, hour) 와 '스코포스'(skopos, scope)가 합성하여 생겨난 것으로 '시간을 관찰하는 도구'라고 말할 수 있지만, 이때의 도구는 단순한 측정기구만을 말하는 것이 아니다.

점성학에서는 인간의 영혼은 자신의 진화 행로에 가장 적절한 여건 을 제공하는 시간대를 통하여 이 세상에 태어난다고 가정한다. 이런 점 성학적 가정은 인간의 영혼이 윤회(輪廻)를 통해 자기가 쌓은 업(業)과 공 명(共鳴)하는 그 시간에 태어난다는 사실을 인정함으로써 생겨난다. 이 처럼 중요한 의미를 갖는 출생 시간, 즉 한 인간이 운명의 여신과 첫 대 면하는 상황을 포착하여 보여 주는 그림을 '출생 홀로스코프'(Horoscope) 라고 한다.

아래의 그림은 참고를 위해 출생 홀로스코프를 하나 예시한 것이다.

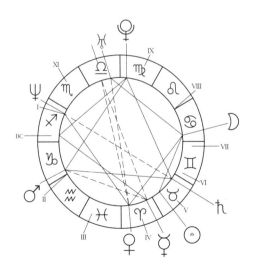

홀로스코프[40]는 주인공의 영혼이 갖는 잠재력, 즉 씨앗의 상태를 보여 주는 것으로, 머나먼 과거의 산물인 동시에 미래의 시발점인 현재의 삶을 대변한다.

한 인간이 세상에 태어나는 순간 그를 맞이하던 우주의 모습을 반영하는 홀로스코프는 연구의 편의상 일단 평면적인 도형으로 축약 밀폐된다. 그 속에 기호로 표시되는 행성들은 주인공의 내부에서 작용하는 여러 가지 힘(기능)의 상징이고, 바깥쪽 원 둘레에 역시 기호로 표시되는 황도(黃道) 12궁(宮)은 그 힘들의 작용 방식(기질)을 암시한다. 그리고 지구를 둘러싼 12방향의 공간은 그 힘들이 작용하는 현실적인 분야를 나타낸다. 모든 종류의 홀로스코프는 지구상의 특정 장소에서 특정 시간에 포착한 하늘의 모습으로 황도 12궁과 행성들의 방향 및 위치가 기호로 표시된다. 황도를 12궁으로 분할하고, 이어서 점성가는 다시 사건이 발생한 장소(한 인간이 출생한 장소)를 중심으로 홀로스코프를 12등분한다. 이것은 열두 개의 집(12宿)이라 부르며, 대략 열두 가지로 분류된 인생의 제반 문제를 관할하는 공간이다. 첫 번째 집부터 마지막 집은 동쪽 지평선에서부터 땅 밑으로 30도까지의 공간에서부터 시작해 12개

---

40 홀로스코프는 'horoskopos', 즉 시간-지시자(指示者) 또는 시간-관찰자(觀察者)를 말한다. 근대 항해력의 십일성(十日星, ten-day stars)을 말하는 파라나텔론스(paranatellons)와 태양과의 동시 출몰을 이용해서 날(日)이 알려져 있을 경우는 정확한 시각을, 또 시각이 알려져 있을 경우는 정확한 날짜를 결정할 수가 있다. 이것이 홀로스코프라는 말의 기원이다. 참고로 이러한 것들은 일찍이 기원전 2000년에 이집트 사람들에 의하여 이미 연구되었다. 그리스 사람들은 이것들을 레이투르고이(leitourgoi, 파수 당번의 별) 혹은 테오이불라이오이(theoiboulaioi, 조언하는 신들)라고 부르고, 10일마다 십일성 중 하나가 지평선 위의 상계(上界)에서 지평선 아래의 하계(下界)로, 또 하나는 하계에서 상계로(出沒을 말한다) 사자로 보내지는 것이라 생각했다. 색다른 힘이 십일성 각각에 할당되고, 그것들이 떠오를 때 태어난 사람들에 관하여 점(占)의 결론이 내려지게 되어 있었다. 니담, 『SCC』, 14장 (3) 참고.

개인에 관하여 가장 오래된 홀로스코프의 예는 헬레니즘 시대 바빌론의 것으로서 기원전 176년의 것(탄생시의 홀로스코프)과 기원전 169년의 것(수태시의 홀로스코프)이 있었다. 홀로스코프의 창시자는 기원전 280년경에 바빌로니아의 천문학자 베로수스(Berossus)의 제자라고 한다. 니담, 위의 책.

로 나뉜다. '궁(宮)'과 '사(舍)'는 순서에 따라 특정 사항의 선천적인 요인과 후천적인 요인을 공통적으로 다스리는 관계를 나타낸다. 각 사(舍)들의 의미는 '궁'과 함께 설명하기도 한다. 참고로 홀로스코프의 12사 각각에 대한 의미는 ① 자신 ② 자산 ③ 지식 ④ 가정 ⑤ 자식 ⑥ 질병 ⑦ 타인 ⑧ 부채 ⑨ 지혜 ⑩ 사회 ⑪ 친구 ⑫ 비밀 등을 의미하기도 한다.[41]

점성학의 기본 용어와 종류

천궁(天宮)의 4대 모퉁이로는 각각 상승점(Asc.), 하강점(Desc.), 남중점(Medium Cocil), 북중점(Imum Coeil)이 있다. 동쪽 지평선에 떠오르는 황도의 지점은 상승점으로 태어나려고 하는 것, 개개인의 육체 그리고 유일한 주체를 의미한다. 지려고 하는 각은 하강점이며, 상승점과는 반대로 이것은 사라져감을 뜻한다. 다른 사람, 동반자, 성적 결합에 관하여 말해준다. 남중점은 중천이라고도 하고, 자오선은 극점을 연결하기 때문에 남중점은 운명, 적성, 권위를 상징한다. 남중점의 반대편은 북중점이고 조상과 가정에 대해 말해준다.[42]

홀로스코프에서 말하는 좌상이란 황도의 360도 원형트랙 안에서 열 개의 행성들은 서로 다른 각도를 이루어서 복잡한 관계를 맺는데, 이것은 지구를 중심으로 두 행성의 특수한 각도를 좌상(座相, aspect)이라 한다. 이것은 홀로스코프의 해석에 매우 중요한 비중을 차지한다. 두 행성이 서로 대략 60도, 120도를 이루는 경우 이것을 육각(sextile) 및 삼각

---

41 로저스(J. Rodgers), 유기천 편역, 『점성학 첫걸음』(*The Art of Astrology*), 정신세계사, 1995, 25쪽 참고.
42 위의 책, 25쪽 이하 참고.

(trine)이라고 표현하며, 이것은 기회와 원조를 의미한다. 만일 두 행성이 90도를 이루면 이것은 사각(square)으로서 압력과 장애를 야기하며, 180도의 충(衝, ☍, Opposite)을 이룰 경우 대립과 갈등을 일으켜 주인공을 우유부단하게 하거나 갈팡질팡하게 만든다. 여기서 90도와 180도는 부조화 좌상이다.

네 가지의 중요한 좌상 외에도 두 행성이 한곳에 인접해 있는 또 하나의 기본적인 좌상을 합(合, ☌, Conjunction)이라 한다. 행성들이 정확히 60도, 90도 등의 좌상을 이루는 경우는 드물기에 대체로 차이가 있지만, 행성 A와 정확한 좌상을 이루는 지점 B의 안팎 8도 정도를 그 허용 범위로 하고 있다. 정리하면 아래의 표와 같다.[43]

1종 좌상(Major Aspect)— 기본적인 좌상

기호	이름	각도	편차	의미
☌	합合(conjunction)	0°	8°	용융
☍	충衝(opposition)	180°	8°	대립
□	사각四角(square)	90°	8°	압력
△	삼각三角(trine)	120°	8°	안락
*	육각六角(sextile)	60°	8°	기회

---

43 존 로저스(J. Rodgers), 유기천 편역, 『점성학 첫걸음』, 정신세계사, 1995, 112쪽.

2종 좌상(Minor Aspect)—부수적인 좌상

기호	이름	각도	편차	의미
Q	오각五角(quintile)	72°	2°	기교
±	2/5각(bequintile)	144°	2°	기교
∠	팔각八角(semisquare)	45°	2°	긴장
	3/8각(sesquare)	135°	2°	긴장
	십이각十二角(semisextile)	30°	2°	진보
	5/12각(quincunx)	150°	2°	조정

차례

JUNG & PAULI

THE INTERPRETATION OF NATURE AND THE PSYCHE

제1부

동시성: 무인과적 연결 원리

Synchronicity: An Acausal Connecting Principle

칼 G. 융(C. G. Jung)

JUNG

Synchronicity: An Acausal Connecting Principle

편집자의 글

　이 저작은 스위스 취리히에 있는 융 연구소(C. G. Jung Institute)에서 발간한 『자연의 해석과 정신』(*Naturerklärung und Psyche*)에 합본되어 있는 융의 「동시성: 비인과적 연결 원리」(Synchronizität als ein Prinzip akausaler Zusammenhänge)와 파울리 교수의 논문을 영역한 것이다. 이 저작은 영어판을 위해 저자에 의해 개정되었다. 본문의 내용은 덧붙여지고 재배열되었지만 원래의 논의대로 변경되지 않고 실렸다.

　이 영어판은 융 저작 전집(Collected Works of C. G. Jung) 편집자의 편집 작업으로 준비되었는데, 이후 전집의 8권에 『정신의 구조와 역학』(*The Structure and Dynamics of the Psyche*)의 일부분으로 편집될 예정이다.[1] 원래 본문의 일부분은 간략한 논문으로 에라노스 연보(Eranos Jahrbuch, 1951)에 「동시성에 대하여」(Über Synchronizität)라는 논문으로 발표되었으며, 이것은 『인간과 시간』(*Man and Time*)(에라노스 연보, 3)에 같은 제목으로 영역되어 출판될 것이다.

영역자의 글

나는 도움과 조언을 주신 아래의 분들께 고마움을 전하고 싶다. 전문적인 용어에 도움을 주신 막스 크놀(Max Knoll) 교수님, 케플러의 글을 번역해 주신 에르빈 파노프스키(Erwin Panofsky) 교수님,[2] 라틴 문헌과 그리스 문헌을 번역해 주신 마리-루이 폰 프란츠(Marie-Louise von Franz) 박사님,[3] 파라켈수스(Paracelsus)의 글을 번역하는 데 도움을 주신 노르베르트 구테르만(Norbert Guterman) 님, 서지 사항과 값진 조언을 해주신 글로버(A. S. B. Glover) 님, 꼼꼼하게 타이프 작업을 해준 바바라 한나(Barbara Hannah) 양 그리고 타이프 원고와 교정본을 검토하고 바로잡아 주셨으며 번거로운 사항에 대해 인내를 가지고 대답해 주신 융 교수님. 이 모

---

1 이 책에서 파울리의 경우는 별문제가 없으나, 융의 논문은 융에 의한 수정과 융 전집의 편집자들이 가미한 정보를 포괄하기 위해 전집의 원고(『정신의 구조와 역학』)를 기본으로 삼았다. 이 책에 있는 내용이 전집에 실리지 않은 경우는 없으나, 「요약」 부분은 전집에 따로 싣지 않고 글의 성격상 빼놓았기 때문에 이 책에서 소개하였다. 또한 융 논문의 근간이 되는 「동시성에 대하여」라는 논문을 따로 「부록」으로 실었다. 먼저 읽는 것이 도움이 되는 수도 있고, 이 글을 다 읽은 다음에 요약으로 이용해도 무방할 것으로 믿는다.-역자

2 파노프스키(1892~1968)는 20세기에 가장 중요한 독일 태생의 미국 예술사가 가운데 한 사람으로 도상학(圖像學, iconography: 시각 예술에서 쓰인 상징, 주제, 소재를 식별하고 묘사하고 분류하며 해석하는 학문. 16세기부터 시작되었다)에 지대한 흥미를 가지고 중세, 르네상스, 바로크 예술을 연구했다.-역자

3 융의 충실한 후계자로 그녀는 융이 못다 한 연금술 문헌의 상징 연구와 융의 만년의 사상을 부연하는 데 힘썼다(이부영, 『분석심리학』, 일조각, 2000, 40~42쪽).-역자

든 분들께 감사를 드린다.[4]

---

4 융의 논문을 영어로 번역한 사람은 헐(R. F. C. Hull, 1913~1974)이다.『융 전집』도 그가 번역한
것이다. 처음에는 의사였으나 중도에 그만두고, 세계대전 기간 암호해독에 종사하는 등 언어
에 능통했다. 말을 더듬었으나, 우아하고 잘 생긴 사람으로 성격도 원만하여 융과 거의 20여
년간 우정을 나눈 인물이다. 디어드리 베어(Deirdre Bair), 정영목 옮김,『융』(열린책들, 2008),
1025쪽 참고. 그런데 파울리의 논문을 번역한 프리실라 실츠(Priscilla Silz)에 대해서는 알려진
바가 없다.-역자

서언

나는 이 논문을 쓰면서 여러 해 동안 성취할 용기가 부족했던 한 가지 약속을 이제서야 지키게 되었다. 해결해야 하는 문제의 어려움과 그에 대한 표명이 내게는 너무도 중대하게 여겨졌다. 너무도 중대했기 때문에 그 같은 주제를 다룰 때는 지적 책임감이 필요했던 것이다. 하지만 결국은 내 과학적 준비 과정이 미흡했기 때문에 그런 것이다. 만일 내가 주저함을 이겨내고 마침내 그 주제와 씨름하게 된다면, 그건 주로 수십 년에 걸친 동시성 현상에 대한 나의 축적된 경험과 한편으로 상징의 역사(특히 물고기 상징의 역사)에 대한 나의 연구가 그 문제를 내게 더욱 더 가깝게 다가오도록 만들었기 때문일 것이다. 게다가 나는 동시성 현상에 대해 진전된 논의를 하면서 20여 년 동안 여러 글을 통해 그 현상이 존재함을 간간이 암시해 왔기 때문이다. 나는 이 주제에 관한 모든 것들에 대해 일관된 설명을 시도함으로써 일시적이나마 이 불만족스러운 사태에 대해 어떤 결론을 맺고 싶다. 내가 독자의 열린 마음가짐과 선의에 대한 별스러운 요구를 하더라도, 그것이 내 생각만 앞세운 것으로 여겨지지 않기를 바란다. 독자는 어둡고 수상하며 편견으로 장벽이 쳐진 인간 경험의 영역으로 뛰어들게 되며, 매우 추상적인 주제를 다루고 설명하는 등의 지적인 어려움을 필연적으로 만나야 한다. 누구라도 몇 페이지를 읽은 뒤에는 손수 확인할 수 있듯이, 그 복잡한 현상을 완전히 기술하고 설명할 수는 없다. 다만 몇몇 문제의 다양한 양상과 연관을 드러내는 방식으로 문제를 제기하거나, 철학적으로 대단히 중요한 어떤 매우 모호한 분야를 개척하는 시도가 있을 뿐이다. 정신의학자와 심리치료사로서 나는 종종 문제의 현상에 대한 반대와 맞서 왔고, 환자들에게 의미가 있는 그런 내적 체험들이 얼마나 많은지 나의 환자들을 통해 확신할 수 있었다. 대부분의 경우 그 체험들은 생각이 짧은 사람들에게 비웃음거리가 될까 두려워해서 이야기하지 않는 것들이다. 나는 대다수의 사람들이 그런 종류의 경험을 갖고 있으며 아주 조심스럽게 그 비밀을 지키고 있음을 알고 놀랐다. 그래서 이 문제에 대한 나의 관심은 과학적인 토대만큼이나 인간적인 토대를 갖고 있다.

내가 작업을 하는 데는 본문에서 언급될 많은 친구들의 도움을 받았다. 여기선 특히 점성술에 관한 자료로 도움을 주신 릴리안 프레이-호온(Liliane Frey-Rohn) 박사께 고마움을 표하고 싶다.

1950년 8월
융

1장

서설

현대 물리학의 발견들은 주지하듯이 우리의 과학적 세계상(世界像)에 중요한 변화를 초래했다. 그 발견들로 인해 자연 법칙의 절대적인 타당성은 산산이 부서지고 상대적으로 되었기 때문이다. 자연 법칙은 통계적(statstical) 진리이다. 이것이 뜻하는 것은 우리가 거시물리학적 양을 다룰 때만 법칙은 완전히 타당하다는 것이다. 매우 작은 양의 영역에서는 예측(prediction)이 불가능하지 않다면 불확실하게 된다. 왜냐하면 작은 양들은 더 이상 기존의 자연 법칙과 일치해서 행동하지 않기 때문이다.

우리의 자연 법칙이란 관념이 기반한 철학적 원리는 인과율(causality)이다. 그러나 만일 원인과 결과 사이의 연관이 단지 통계적으로만 타당하며 상대적으로만 진리라면, 이때 인과 원리는 자연의 과정을 설명하기 위해 상대적으로만 유용하다. 그렇기 때문에 설명을 위해 필요한 하나 더 혹은 그 이상의 요인들의 존재를 가정한다. 이것은 사건의 연관이 어떤 환경에서는 인과적이지 않을 수도 있고, 또 다른 설명 원리가 필요하다고 말하는 것과 다름없다.

우리가 무인과적(acausal) 사건을 찾으려 한다면 거시물리적 세계에서는 공연한 헛수고일 것이다. 왜냐하면 우리는 비(非)인과적(non-causal)으로 연관되고 비인과적일 수 있는 사건을 상상할 수 없다는 단순한 이유 때문이다. 하지만 이것은 그런 사건들이 존재하지 않는다는 것을 의미하지는 않는다. 그것들의 존재 혹은 적어도 그 가능성은 논리적으로 통계적 진리의 전제에서 나온다.

탐구를 위한 실험의 방법은 반복될 수 있는 규칙적 사건의 수립을 목표로 삼는다. 따라서 유일무이(unique)하거나 드문 사건들은 설명에서 제외된다. 더욱이 실험은 자연에 대해 제한된 조건을 부과하는데, 실험의 목적은 인간이 고안해낸 질문에 답을 하도록 자연을 강요하는 것이기 때문이다. 그러므로 자연이 주는 모든 답은 다소간 요청된 질문의 종류에 따라 영향을 받게 되고, 그 결과는 늘 혼합된 어떤 것이 된다. 여기에 기초한 이른바 '자연과학적 세계관'(naturwissenschaftliche weltan- schauung)은 통계적으로는 결코 파악될 수가 없는 결코 사소하지 않은 측면을 놓쳐 버린 심리학적으로 편향된 관점 이상의 것일 수 없다. 그러나 이 유일무이하고 드문 사건을 조금이라도 파악하기 위해서 우리는 마찬가지로 '유일무이'하고 개별적인 기술(記述)에 의존해야 할 듯하다. 이것은 혼란스러운 골동품들의 수집이 될 것이다. 마치 저 고대의 자연사 진열장처럼 우리는 그곳에서 화석들과 병 속에 해부되어 담긴 괴물의 곁에 있는 유니콘의 뿔, 맨드레이크의 마네킨, 말라버린 인어 등을 찾을 수 있다. 기술(記述)과학, 무엇보다 넓은 의미로 생물학은 그런 '유일무이'한 표본들에 친숙하다. 기술과학의 경우에는 믿을 수 있든 없든 상관없이 한 유기체의 유일한 표본은 그 존재가 확증되지 않으면 안 된다. 여하튼 수많은 관찰자들은 그런 생물이 실제로 존재한다는 것을 자신의 눈을 통해 확신할 수 있을 것이다. 그러나 우리가 사람들의 마음속에 단편적인 기억 외는 아무런 예증할 만한 흔적도 남기지 않은 순간적인 사건을 다루고 있는 곳에서라면, 단 하나의 증거란 더이상 충분치 않고 몇 개의 증거 역시 유일무이한 사건을 완전히 믿을 수 있게 만들기는 여전히 부족할 것이다. 우리는 목격자 설명이 가진 악명 높은 불신감을 생각하기만 하면 된다. 이런 사정이라면 명백하게 유일무이한 사건이 진정 우리가 가진 경험에서 유일무이한지 아닌지, 또한 동일하거나 유사한 사건이 어디에서도 발견될 수 없는 것인지의 여부를 반드시 찾아야 한다. 여기서 다수의 일치(consensus omnium)는 경험적으로 다소 의심스럽기는 해도 심리학적으로는 중요한 역할을 한다. 왜냐하면 예외적인 경우만은 다수의 일치가 사실을 확증하는 데 가치 있는 것으로 판명되기 때문이다. 경험주의자라면 그것을 무시하는 것이 아니라 그것을 믿지 않는 것이 더 나을 것이다. 우리가 부정하거나 입증할 수단이 없는 절대적으로 유일무이하고 일시적인 사건의 존재는 결코 경험과학의 대상일 수 없다. 그러나 드문 사건이라도 충분한 수의 믿을 만한 개별적인 관찰이 있다고 가정한다면 경험과학의 대상이 될 수도 있다. 이른바 그와 같은 사건의 가능성은 아무런 중요성도 없다. 왜냐하면 어떤 시대의 가능한 것의 기준은 그 시대의 합리주의적 가정에서 나오기 때문이다. 우리의 편견에 힘입어서 호소할 수 있는 어떤 '절대적' 자연법칙의 권위는 없다. 진정 요구될 수 있는 최선은 개별적인 관찰의 수가 가능한 한 높아야 한다는 것이다. 만약 통계적으로 고려됐을 때 이 수가 기대치의 한계 내에 포함된다면, 그때는 통계적으로 우연의 문제임을 알 수 있다. 하지만 그것에 의해서 어떤 설명이 갖춰지는 것은 아니다. 단지 그 규칙에는 예외가 있을 뿐이다. 가령 어떤 콤플렉스를 가리키는 징후의 수가 연상 실험(association experiment)[1] 동안에 기대되는 장애의 가능한 수치 이하가 되었을 때, 이것이 어떤 콤플렉스도 존재하지 않는다고 가정하는 것은 어떤 정당성도 없다. 그러나 그것은 재반응 장애가 초기의 것이 순전한 우연으로 여겨지는 것을 막지 못했다.[2]

생물학에서 특별히 우리는 인과적 설명이 매번 대단히 만족스럽지 못한(정말 거의 불가능한) 영역 안으로 나아가더라도, 여기서는 생물학의 문제에만 국한하지 않을 것이며, 그보다는 무인과적 사건이 가능할 뿐더러 실제의 사실로 발견되는 어떤 일반적인 분야의 존재가능성 여부에 관심을 기울일 것이다.

지금 우리의 경험에는 그 범위가 인과율의 영역과 대등한 정도의 평형을 이루는 헤아릴 수 없이 광대한 분야가 있다. 이것은 우연의 세계이다. 거기선 어떤 우연한 사건은 그 일치하는 사실과 인과적으로 관련이 없는 것 같다. 그래서 우리는 우연의 본성과 전체적인 관념을 좀 더 상세히 살펴봐야 한다. 보통 우연은 분명하게 어떤 인과적 설명을 할 수 있어야 하고, 인과 관계가 아직은 발견되지 않았기 때문에 '우연'(chance)이라든지 '일치'(coincidence)라고 부르고 있을 뿐이다. 우리는 인과 법칙의 절대적 타당성에 대한 뿌리 깊은 확신을 가지고 있기 때문에 우

---

1 연상 검사는 피험자들에게 일련의 단어(100가지)를 제시하고 각각의 단어에 대해 그때그때 연상되는 것을 말하게 하며, 소요된 시간을 측정하는 것으로 이루어져 있다. 이때 특정 단어에 대한 피험자의 반응 시간의 지연, 연상 불능, 부자연스러운 연상 내용 등이 융이 말한 '감정적 색조를 띤 콤플렉스'(feeling- toned complex)에서 기인됨을 알 수 있다. 이 말은 후일 콤플렉스로 단순화되었다. 홍성화 옮김,『분석심리학』(The Tavistock Lectures: Analytical Psychology- its Theory and Practice), 교육과학사, 1986, 97~105쪽 참고.-역자

2 C. G. 융, M. D. 에더(Eder) 옮김,『단어 연상 연구』(Studies in Word Association), 런던, 1918; 뉴욕, 1919.

연에 대한 이 설명 방식을 적절한 것으로 생각한다. 하지만 인과 원리가 단지 상대적으로만 타당하다고 한다면, 방대한 사례 속에서 명백하게 우연으로 이루어진 사건도 인과적으로 설명될 수 있겠지만, 여전히 어떤 인과적 연관을 보이지 않는 많은 사례가 남아야 하는 결과가 생기게 된다. 그러므로 우리는 사건들을 추려내고 인과적으로 설명될 수 있는 사건에서 무인과적인 사건을 분리하는 과제에 직면하게 된다. 인과적으로 설명할 수 있는 사건의 수는 무인과율이라 짐작되는 것을 훨씬 초과할 것이다. 그런 까닭에 피상적이거나 편견에 사로잡힌 관찰자가 상대적으로 드문 무인과적 현상을 쉽게 간과할 것은 이치상 당연하다. 우연의 문제를 다루게 되자마자 문제되는 사건들의 통계적 값을 구할 필요가 생긴다.

어떤 구분의 기준 없이 경험적 자료를 추려내는 것은 가능하지 않다. 우리는 어떻게 사건들의 무인과적 결합을 인정할 수 있는가? 왜냐하면 모든 우연한 사건을 인과 관계에 맞춰서 조사하는 것은 불가능한 일이기 때문이다. 이 점에 대한 답은 이렇다. 무인과적 사건들은 보다 세심한 숙고를 한다면, 어떤 인과 관계도 상상할 수 없어 보이는 곳에서 아주 쉽게 기대될지도 모른다. 하나의 사례로서 나는 의사들 모두에게 잘 알려진 현상인 '사례의 중복'(duplication of cases)[3]을 인용하고 싶다. 이따금 세 번씩 되풀이되거나 그 이상이 되기도 한다. 그래서 카메러(P. Kammerer)는 '연속의 법칙'(law of series)을 말할 수 있었는데, 그에 대해 그는 여러 가지의 훌륭한 실례를 들고 있다.[4] 대부분의 그 같은 사례들에서는 일치해서 일어나는 사건들 사이에 어떤 인과적 연관의 미미한 가

---

3 진단 사례가 반복적으로 개별 환자들에게서 발견되는 것을 말한다.-역자
4 P. 카메러(Kammerer), 『연속의 법칙』(*Das Gesetz der Serie*), 런던, 1919.

능성조차도 있지 않다. 예를 들어 내 전차표가 잠시 전에 구매한 극장표와 같은 숫자였다는 사실, 그리고 같은 날 저녁에 전화 요청을 받았는데 다시 같은 숫자의 전화번호를 받아 보았다면, 각각의 사건들 사이의 인과적 연관들은 각 사건마다 인과 관계가 있음이 확실하더라도, 나로서는 과연 그럴 수 있을까 생각한다. 한편으로 나는 우연히 일어난 사건은 필연적으로 비주기적(aperiodic) 군집이 되려는 경향이 있다는 것을 안다.[5] 그렇지 않으면 정의상 우연을 배제한 주기적이거나 규칙적인 사건들의 배열만 있을 것이기 때문이다.

카메러는 비록 '연달음' 또는 우연한 사건의 연속은 공통 원인의 유효 범위에 속해 있지는 않지만,[6] 다시 말해 무인과적이지만 그럼에도 불구하고 그것들은 지속을 특성으로 하는[7] 어떤 관성의 표현이라 생각한다. "동일한 것의 연거푸 연달음"과 같은 동시 발생을 그는 '모방'(imitation)으로서 설명한다.[8] 여기서 그는 모순을 범한다. 왜냐하면 우연의 연달음을 "설명 가능한 영역을 넘어선 것으로 제거"하지 않았고,[9] 우리가 예상할 수 있듯이 그 연달음은 설명 가능한 범위 안에 남으면서 공통 원인으로 환원되지 않더라도 적어도 몇 가지의 원인으로 환원될 수 있기 때문이다. 그의 연속성(seriality), 모방(imitation), 유인력(attraction), 관성(inertia)과 같은 개념은 인과적으로 감지할 수 있는 세계를 보는 관점에

---

5 비주기적 군집이라는 말은 우연히 일어난 사건은 이전에 일어났던 사건과는 어떤 동일한(유사한) 패턴을 보이지 않는다는 말이다. 통계적인 관점으로 이 문제는 군집화시키는 주요 속성이 일정한 패턴 속에서 생성되지 않음을 의미한다.-역자

6 위의 책, 36쪽.

7 "연속 법칙은 반복(즉 연속을 만듦)에 연루된 물체가 가진 관성의 한 가지 표현이다. 물체와 힘의 복합이 갖는 현격하게 큰 관성은 (물체와 힘이 단일한 경우와 비교해서) 동일한 배열의 지속과 거기에 연관된 오랜 시기를 통한 반복의 출현을 설명한다"(위의 책, 117쪽).

8 위의 책, 130쪽.

9 위의 책, 94쪽.

속하며, 우연의 연달음은 통계적이고 수학적인 확률에 상응한다는 것만을 말할 뿐이다. 카메러의 실질적 자료는 유일한 '법칙'이 확률인 우연의 연달음만을 포함한다. 다시 말해 그가 그 이면에서 그 밖의 다른 어떤 것을 찾아야만 하는 명백한 이유가 없다. 그러나 몇 가지 애매한 이유 때문에 그는 그 이면에서 단순히 확률이라는 보증 이상의 어떤 것을 찾는다. 그는 연속의 법칙을 인과율 및 목적률과 더불어 함께 공존하는 원리로서 도입하고 싶어 하기 때문이다. 내가 말한 이런 경향은 그가 가진 자료로는 정당화시킬 방법이 없다. 내가 이 명백한 모순에 대해 말할 수 있다면, 그것은 어떤 사건의 무인과적 배열과 결합에 대해 희미하나마 매혹적인 직관을 그가 가졌다는 것이다. 아마도 사려 깊고 감수성 있는 사람이라면 그렇듯이, 그는 사건의 연달음이 상식적으로 우리에게 주는 독특한 인상을 지울 수 없었기 때문에 그 자신의 과학적 기질과도 부합해서 확률의 한계 내에 있는 경험적 자료에 기반한 무인과적인 연속성을 정식화하는 과감한 일보를 내딛었다고 생각할 수 있다. 불행히도 그는 연속성의 양적인 값을 구하려 시도하지 않았다. 그랬더라면 틀림없이 대답하기 어려운 질문에 빠졌을 것이다. 개별 사례를 탐구하는 것은 일반적인 방향의 제시라는 목적에는 충분히 만족스럽겠지만, 단지 양적인 값을 구하는 것이나 통계적 방법은 우연을 다루는 결과만을 기약할 뿐이다.

우연 군집들 혹은 연속들은 적어도 현재 우리의 사고방식으로는 무의미할 것 같고, 대개는 확률의 한계 안에 들어가는 것 같다. 그러나 의혹이 가시지 않을 듯한 "우연으로 그득한"(chanceful) 사건들이 있다. 사례가 많이 있지만 한 가지만 말해 본다면, 나는 1949년 4월 1일에 다음과 같이 적었다: 오늘은 금요일이다. 우리는 점심에 생선을 먹었다. 어떤 사람이 누군가를 '4월의 물고기'(April fish)[10]로 만드는 관습을 별뜻 없이 말했다. 그 날 아침에 나는 "에스트 호모 토투스 메디우스 피시스 애브 이모"(Est homo totus medius piscis ab imo, 모든 인간의 深淵 한 가운데는 물고기가 있다)라고 쓰여 있는 명문(銘文) 하나를 노트에 적었다. 오후에 몇 달 동안 보지 못한 나의 여자 환자가 평소에 자기가 그렸던 퍽이나 인상적인 물고기 그림을 여러 장 보여 주었다. 저녁에는 물고기를 닮은 바다 괴물이 수놓인 자수품이 내 눈에 띄었다. 4월 2일 아침에는 여러 해 동안 보지 못했던 또 다른 여자 환자가 꿈 이야기를 했다. 그녀는 어떤 호숫가에 서 있었는데 거기서 자신에게 곧장 헤엄쳐서 자신의 발에 와 닿은 커다란 물고기를 보았다고 했다. 나는 그 당시 역사상에 보이는 물고기 상징(fish symbol)의 연구에 착수하고 있었는데, 여기서 언급된 사람 중에 단 한 명만이 그런 나의 동태를 알고 있었을 뿐이었다.

이것이 의미 있는 일치(meaningful coincidence) 즉 무인과적 연관의 한 사례임이 틀림없다고 추측하는 것은 아주 자연스럽다. 나는 이와 같은 사건의 연달음에 적지 않은 인상을 받았다고 고백해야겠다. 그것이 나에게는 어떤 신비한 성질을 가진 것처럼 생각되었다.[11] 그런 상황에서 우리는 자기가 무엇을 말하는지 확실히 알지도 못하면서, "그게 단순한 우연일 리가 없어"라고 으레 말하곤 한다. 카메라라면 틀림없이 그의

---

10 16세기 프랑스에서는 4월이 한 해의 첫 달이었는데, 1562년에 새로운 역법이 1월을 첫 해로 삼게 되자 그 소식에 어두운 사람들은 이전대로 4월을 새해의 첫 달로 맞이했다. 그런 사람들은 놀림감이 되었고 '4월의 바보들'(April Fools)로 불리곤 했다. 오늘날 프랑스에서는 4월의 첫날을 푸아송 다브릴(Poisson d'Avril, April Fish)이라 부르고, 어린 악동들은 그것을 적은 종잇조각을 친구의 등에 몰래 붙여 놓고 가여운 그 친구가 그 사실을 발견하면, 일제히 "푸아송 다브릴"이라 소리 지르며 놀려댄다. 이 날은 만우절(April Fool's Day)의 기원이기도 하다.-역자

11 우연히 일어난 사건의 연속이 갖는 신비성은 그 연속되는 항목의 수가 커질수록 더해간다. 무의식의 내용(아마도 원형적인 내용)은 그것에 의해서 배열된다. 그러면 연속이 무의식의 내용에 의해 '야기된다'는 인상을 준다. 우리는 긍정적인 의미의 마술적 범주에 의하지 않으면 어떻게 이것이 가능할 수 있는가를 알 수 없기 때문에 일방적으로 단순한 표현만을 하게 된다.

'연속성'을 내게 상기시키려 했을 것이다. 하지만 이 모든 물고기들의 뜻밖의 일치를 반대하려면 한 가지 인상의 강도만으로는 어림도 없다. 물고기 주제가 24시간 안에 6번씩이나 나타난 것은 정말이지 너무나 기이하다. 그러나 우리는 금요일의 물고기는 보통 일이고, 4월 1일은 모두 아주 쉽게 '4월의 물고기'를 생각한다는 점을 기억해야 한다. 나는 그 당시 수개월 동안 물고기 상징에 대한 연구를 하는 중이었다. 물고기는 자주 무의식적 내용물의 상징으로 나타난다.[12] 그래서 우연의 군집이 아니라고 여길 만한 어떤 정당성도 없다. 연달음 혹은 매우 평범한 사건으로 이루어진 연속은 현재로서는 뜻밖의 것으로 여겨져야 한다.[13] 비록 그 사건들의 범위가 넓다지만 그것들은 무인과적 연관으로서 제외되어야 한다. 그러므로 모든 일치는 운 좋은 성공이고 어떤 무인과적 해석도 필요하지 않다고 가정된다.[14] 이 가정은 일치하는 사건이 확률의 한계를 초과한다는 증거가 부족하다면 참이라고 여겨질 수도 있으며 또한 진실로 그래야 한다. 이 증거가 언제든지 준비되어 있

---

12 물고기 상징은 신화에 다양한 모습으로 등장하는데 특징적인 예를 들어보자. 연금술사들은 물고기의 눈(oculi piscium)을 영원한 응시의 상징으로 사용하였다. 그 이유로 물고기의 눈은 감지 않고 항상 뜨고 있으므로 언제든지 보아야 하기 때문이다. 또한 그것은 영혼의 불꽃(soul-spark)을 상징하는 스킨틸라에(scintillae, 섬광)와 동의어이다. 융, 『융합의 비의』(Mysterium coniunctionis), 『융 전집』Vol. 14, 528쪽 참고. 물고기나 새로운 태양(novus sol)은 그리스도의 비유로서 '눈'과 마찬가지로 신성을 대변한다. 달과 태양에 신성한 어머니와 그녀의 사랑하는 아들이 나타난다. 이부영 옮김, 『현대의 신화』(Flying Saucers: A Modern Myth), 『융 전집』Vol. 10, 삼성출판사, 1992, 143~145쪽 참고. 옛 기독교의 성화(聖畵)에서는 그리스도가 물고기로 그려진 것이 많은데, 성스러운 이름과 관련하여 비밀 엄수의 습관 때문에 그리스도라고 불러서는 안 되고 이크티스(Ichthys)라고 불러야 했다. 이크티스는 물고기라는 뜻이다. 홍성화 옮김, 『분석심리학』, 153~154쪽 참고. 독자들은 로마시대 초기 기독교인들의 박해를 다룬 영화들에서 기독교인들이 서로가 '믿음의 형제들'임을 확인하는 은밀한 절차로 땅바닥에 물고기 모양을 그리는 것을 보았을 것이다.-역자
13 위의 사건에 이어서 한 가지 덧붙이는데, 나는 호숫가에 앉아 이 행간을 썼다는 것을 말하고 싶다. 내가 이 문장을 막 끝내고 방파제 위로 걸어갔는데, 그곳에 한 피트 정도가 되는 물고기가 죽은 채 있었는데 분명 아무 상처도 없었다. 전날 저녁에 그곳에는 물고기는 없었다(아마 육식을 하는 새나 살쾡이가 물에서 채냈을 성싶다). 그 물고기가 이 연속의 일곱 번째가 된다.

어도 그것은 동시에 우리가 설명을 위해서 인과율과 함께 같은 척도로 잴 수 없는 어떤 요인을 가정해야 하는 진정한 사건의 비인과적 조합이 있음을 증명해야 한다. 그리고 우리는 일반적으로 사건들은 서로 간에 한편으론 인과적 사슬로서 연결되고, 다른 한편으론 일종의 의미 있는 교차 관계(meaningful cross-connection)에 의해 연결되어 있다고 가정해야 한다.

여기서 내가 현재 전개하고 있는 관점에 대해 원래 선하(先河)를 이루는 쇼펜하우어(Schopenhauer, 1788~1860)의 『개인의 운명에서의 명백한 계획에 대하여』(On the Apparent Design In the Fate of the Individual)[15]라는 논고에 주의를 기울이고 싶다. 그것은 "우리가 '우연'이라고 부르는 인과적으로 연결되지 않은 동시발생(simultaneity)"을 다루고 있다.[16] 쇼펜하우어는 이 동시발생을 위선(緯線)들이 인과적 사슬로 생각되는 경선(經線)들 사이에서 교차 관계를 나타내는 지리적 유비로 예시한다.[17]

---

14 우리는 스테켈(Stekel)이 '이름의 강제력'(compulsion of the name)이라고 부른 현상에 대한 견해를 결정할 때 뭔가 당혹스럽다는 것을 느낀다. 그가 이것으로 의미하는 것은 사람의 이름과 그의 특징 혹은 직업 사이에 때때로 보이는 매우 기묘한 일치이다. 예를 들어 그로스 씨(Herr Gross, Mr. Grand 위대한 씨)는 위대함의 환상으로 고통을 받고, 클라이너 씨(Herr Kleiner, Mr. Small 왜소함 씨)는 열등 콤플렉스가 있다. 알트만(Altmann, old man을 뜻함) 자매들은 자신들보다 20살이나 연상인 남자와 결혼했다. 파이스트 씨(Herr Feist, Mr. Stout 뚱보 씨)는 식량 장관이고, 로스타우셔 씨(Herr Rosstäuscher, Mr. Horsetrader 용의주도 씨)는 법률가이며, 칼베러 씨(Herr Kalberer, Mr. Calver 출산 씨)는 산부인과 의사이고, 프로이트 씨(Herr Freud, 프로이트는 즐거움의 뜻)는 쾌락 원리(pleasure-principle)의 옹호자로서 활동하고, 아들러 씨(Herr Adler, 아들러는 독수리의 뜻)는 권력의지(will-to-power)이고, 융 씨(Herr Jung, 융은 젊음의 뜻)는 재생(rebirth)의 관념 등등이다. 이것들은 스테켈(Stekel)이 의미한 대로 우연의 종잡을 수 없음인가? 암시적인 이름의 영향인가? 혹은 그것들은 '의미 있는 일치'인가? 「이름의 강제」(Die Verpflichtung des Namens), 『심리요법과 의학심리학 정기간행물』(Zeitschrift für Psychotherapie und medizinische Psychologie), 슈투트가르트 III, 1911, 110f.

15 『소품집과 보유들』(Parerga und Paralipomena) I, 퀘베르(R. von Koeber) 편, 베를린, 1891. 영역은 데이비드 어바인(David Irvine), 런던, 1913. 위의 역서는 편의를 위해 참고했지만 이곳에 인용되지는 않았다.

16 위의 책, 40쪽.

17 위의 책, 39쪽.

따라서 인간의 삶에서의 모든 사건은 두 가지 근본적으로 다른 종류의 연결이 있게 된다. 첫째, 객관적인 자연 과정의 인과적 연결. 둘째, 그것을 경험하는 개인에 관계해서만 존재하는 주관적인 연결. 그런 까닭에 그의 꿈만큼이나 주관적인 것. … 그 두 종류의 연결은 동시적으로 존재하며, 비록 두개의 전적으로 다른 사슬들에서의 한 고리이지만 동일한 사건은 양쪽의 자리에 처한다. 그래서 한 개인의 운명이 항상 다른 편의 운명에 맞고, 그에게는 낯선 드라마에서 동시적으로 등장하는 동안은 각자 자신의 드라마의 영웅이 된다. 이것은 우리의 이해력을 넘어서는 것이며 가장 놀라운 예정 조화(pre-established harmony)에 의해서만 감지될 수 있을 따름이다.[18]

그의 관점에서 "삶이라는 큰 꿈의 주체는 … 오직 하나이다."[19] 즉 초월적 의지(the transcendental Will), 프리마 카우자(Prima Causa. 제일원인)이며, 그로부터 모든 인과적 사슬들은 경선(經線)처럼 북극과 남극에서 방사되어 나오고, 고리 모양의 위도 때문에 그 사슬들이 동시발생의 어떤 의미 있는 관계 속에서 서로 이웃이 된다.[20] 쇼펜하우어는 자연 과정의 절대적 결정론(determinism)을 믿었으며 더욱이 제일원인을 믿었다. 어느 쪽 가정이든지 보증할 만한 것은 없다. 제일원인은 일(一)이면서 다(多)이듯이 "엔 토 판(Ἐν τὸπᾶν. 一即多)"과 같은 오래된 역설의 형식으로 나타났을 때만 비로소 믿을 수 있는 철학적 신화소(mythologem)이다. 인과적 사슬 혹은 경선에서의 동시적 지점들이 의미 있는 일치를 나타내는 관념

---

18 위의 책, 45쪽.
19 위의 책, 46쪽.
20 나의 용어로는 '동시성'(synchronicity).

은 제일원인이 진실로 하나의 통합(一)이라면 이치에 맞을 것이다. 하지만 그것이 다수(多)라면 그것도 마찬가지겠지만, 그때 쇼펜하우어의 전체적 설명은 무너지고 만다. 왜냐하면 우리가 최근에야 깨달을 수 있었던 자연법칙은 단지 통계적 타당성만을 가지므로 비결정론의 문으로 들어선 사실과 매우 동떨어지기 때문이다. 철학적 반성과 경험 그 어떤 것도 동일한 것이 주관이기도 하고 객관이기도 하는 그런 두 종류의 연결의 규칙적 발생에서는 어떤 증거도 선사할 수 없다. 쇼펜하우어는 인과율이 선험적(a prior) 범주로 최상의 지배를 차지했기 때문에 의미 있는 일치를 설명하기 위해서는 그것을 들먹여야만 했던 시대를 생각하며 저술했다. 하지만 만일 우리가 제일원인의 통합이라는 역시 임의적인 또 하나의 가정에 의지한다면 어느 정도의 가능성을 가지고 설명할 수도 있다. 그때에는 주어진 경도선 위의 모든 지점이 같은 정도의 위도 위에 있는 모든 지점에 의미 있는 일치의 관계로 있어야 하는 필요조건이 따른다. 그러나 이 결론은 경험적으로 가능한 영역을 넘어가 버린다. 왜냐하면 의미 있는 일치가 매우 규칙적이고 체계적으로 일어나므로 그 입증이 불필요하거나 세상에서 가장 단순한 일이라고 생각되기 때문이다. 쇼펜하우어가 보인 사례는 다른 예들과 비교해서 신빙성이 비슷하거나 적다. 그런데도 그가 그 문제를 보고 어떤 손쉬운 임시방편적(ad hoc)²¹ 설명도 없음을 이해했다는 점은 훌륭하다. 이 문제는 우리 인식론(epistemology)의 토대와 연결되어 있기 때문에 그는 그것을 자기 철학의 일반적인 경향에 일치해서 어떤 초월적 전제, 즉 모든 단계들에서 생명과 존재를 창조하며 그것들의 동위상(同位相)의 위선과 조화할 뿐더러 운명(Fate) 혹은 섭리(Providence)의 형식으로 미래의 사건을 준비하고 배열하는 방식으로 각각의 매 단계들을 조절하는 의지(Will)에서 끝어냈다.

쇼펜하우어가 보여 주는 본래의 염세주의와는 대조적으로 이 발언은 우리가 오늘날 공감할 수 없는 따뜻하고 낙천적인 어조를 가지고 있다. 그것은 철학하는 마음이 경험적으로 증명될 수 있는 것을 초월해서도 주장할 수 있다는 것을 믿었던 저 고요한 중세시대로부터 우리를 분리시켰다. 그것은 전관(全觀)의 시대였다. 그 시대는 과학의 건설자들이 일시적으로 정지한 바로 그 지점이 자연의 한계가 다다른 곳이라고 포기하거나 생각하지 않았다. 이와 같이 진정한 철학적 비전을 가지고 쇼펜하우어는 다소간 올바르게 윤곽을 잡았지만 아직 이해할 채비를 갖추지 못한 독특한 현상학(phenomenology)의 사색을 위한 분야를 열었다. 그는 오미나(omina, 예시)와 프라에사지아(praesagia, 예언)를 가진 점성술과 운명을 해석하는 다양한 직관적 방법에서 그가 '초월적 사변'(transcendental speculation)에 의해 발견하려고 했던 공통 명칭이 있음을 알아냈다. 그는 몇 가지 에너지 전달에 대한 무용(無用)한 개념을 가지고 작업하거나, 혹은 너무 어려운 과업을 피하기 위해 전체적인 것을 난센스로 편리하게 처리해 버리는 자신의 선대나 후대의 사람들과는 달리, 그것은 제일질서라는 원리의 문제라는 것을 역시 알고 있었다.[22] 쇼펜하우어의 시도

---

21 임시방편적인 가정을 덧붙이거나 기존의 이론을 바꾸는 것과 같은 이론의 수정을 애드 호크 (ad hoc) 이론 수정이라 부른다. 예를 들어 "빵에는 영양분이 있다"는 일반화를 놓고 보자. 낮은 단계의 이론을 들어 자세히 설명하면 "밀이 정상적으로 재배되고, 정상적으로 빵이 만들어져서 정상적으로 사람이 먹는다"면 그 사람은 영양분을 취하게 된다. 하자가 없는 이론이다. 그러나 어느 지역에서 "밀을 정상적으로 재배하여 그 밀로 정상적인 빵을 만들어 정상적으로 그 빵을 먹은"사람들이 위급한 병을 얻어 여러 명 사망했다. 그래서 "모든 빵에는 영양분이 있다"는 이론은 반증된다. 이런 경우 반증을 피하기 위해 "문제시된 그 지역에서 생산된 특별한 빵을 제외한 모든 빵에는 영양분이 있다"는 언명으로 수정될 수 있다. 이것이 애드 호크 수정 혹은 설명이다. 앨런 차머스(Alan F. Chalmers), 신일철·신중섭 옮김, 『현대의 과학 철학』(What is this thing called Science: An assessment of the nature and status of science and its method), 서광사, 1989, 95~99쪽 참고.-역자

는 그것이 자연과학의 대단한 진보가 모든 사람에게 인과율만이 설명의 궁극적 원리로 생각될 수 있다고 확신을 주었던 시대에 이루어졌기 때문에 보다 주목할 만하다. 인과율이라는 최상의 원칙에 굴복하는 것을 반대하는 저 모든 경험을 무시하는 대신에, 그는 우리가 파악한 대로 그것들을 그의 결정론적 세계관에 맞추려 노력했다. 그렇게 하면서 그는 항상 자연에 대한 인간의 설명의 근저에 있는 인과율과 공존하는 보편적 질서로서 예상(豫象, pre-figuration), 상응, 예정조화와 같은 개념을 인과율 도식 안으로 끌어 들였다. 아마 그 자신은 자연법칙에 토대를 둔 과학적 세계관은 그 타당성을 의심하지 않지만, 고전적이고 중세적인 관점에서 중요한 역할을 했던 무언가가 결핍된 듯한 느낌(그것은 현대인의 직관적 느낌에서도 그러한)을 받았기 때문일 것이다.

구르니(Gurney), 마이어즈(Myers), 포드모어(Podmore)가 수집한[23] 많은 사실은 다리에(Dariex),[24] 리세(Richet),[25] 플라마리옹(Flammarion)[26]과 같은 세

---

22 여기서 나는 이마누엘 칸트(Kant)를 예외로 해야겠다. 칸트의 『형이상학의 꿈에 의해 예시된 어떤 환상가의 꿈』(*Dreams of a Spirit-Seer, Illustrated by Dreams of Metaphysics*, 런던, 1900)이라는 글은 쇼펜하우어의 지침이 되었다. 이 저서는 칸트가 회의론에 빠져 곤란을 받던 시기에 저술된 것이다. 러셀의 말로는 스베덴보리의 신비주의 체계를 저술한 책이 단 4권만이 팔렸는데, 그 가운데 한 권을 칸트가 샀다고 말하고 있다(『서양철학사』). 칸트에게 신비주의적인 요소는 크게 드러나지 않지만, 역시 있기는 하다. 칸트가 스베덴보리를 전적으로 조소하지만은 않았다. 혹자에 따라서는 칸트가 시간과 공간의 표상을 감성의 주관적 형식으로 설정한 까닭을 스베덴보리와의 관계에서 찾는다. *Encyclopedia of Philosophy*, Routledge, 1998, 관련 항목 참고.-역자

23 에드먼드 구르니(Edmund Gurney), 프레더릭 마이어즈(Frederic W. H. Myers), 프랭크 포드모어(Frank Podmore), 『산 자의 환형들』(*Phantasm of the Living*) vol. 2, 런던, 1886.

24 자비에르 다리에(Xavier Dariex), 「우연과 텔레파시」(Le Hazard et la Télé-pathie), 『심리학 학보』 I, 파리, 1891, 295~304쪽.

25 리세(C. Richet), 「다양한 정신 전송의 관계들, 투시력, 그리고 과학적 실재의 데이터에 의해서 설명할 수 없는 현상들(Relations de diverses expériences transmission mentale, la lucidité, et autres phénomènes non explicable par les données scientifiques actuelles)」, 『심리연구협회 회보 (*Proceedings of the society for Psychical Research*)』 V, 런던, 1888, 18~168쪽.

26 카미유 플라마리옹(Camille Flammarion), 『미지』(*The Unknown*), 런던; 뉴욕, 1900, 191쪽.

명의 탐구자들이 확률 계산이라는 문제에 착수하도록 부추겼다. 다리에는 텔레파시에 의하여 죽음을 예지할 확률이 1:4,114,545이라는 사실을 발견했다. 그것은 '우연'에 기인한 것이라 여겨지는, 그런 전조(前兆)라는 식의 설명은 그것을 "텔레파시에 의한 것"혹은 무인과율 즉 의미 있는 일치로 설명하는 것보다 400만 배 이상이나 훨씬 불가능하다는 것을 의미한다. 천문학자 플라마리옹은 『산 자의 환형들』(Phantasms of the Living)의 특별히 관찰이 잘된 예시에서 1:804,622,222이나 되는 하나의 확률로 계산하였다.[27] 그는 또한 죽음과 관련된 현상에 대한 일반적인 관심과 다른 의심스러운 우연한 발생을 연결시킨 최초의 인물이다. 그래서 그는 다음과 같은 것을 관련짓고 있다.[28] 그는 대기(atmosphere)에 관한 책을 집필하고 있었는데 막 풍력(風力)에 대한 부분을 쓰고 있을 때였다. 그때 갑작스런 돌풍이 그의 원고지를 탁자 위에서 쓸어버리고서는 그것을 창밖으로 날려 보냈다. 그는 또 삼중의 일치의 예로써 드 포르트기뷔 씨와 건포도 푸딩에 얽힌 교훈적인 이야기를 인용한다.[29] 그가 조금이나마 이 일치들을 텔레파시의 문제와 관련해서 말한 사실은 플라마리옹 자신은 비록 무의식적인 것이지만 훨씬 더 포괄적 원리에 대한 독특한 직관을 가지고 있었음을 보여 준다.

작가 빌헬름 폰 슐츠(Wilhelm von Scholz)는 잃어버리거나 도적맞은 물건

---

27 위의 책, 202쪽.

28 의의 책, 192쪽.

29 데샹(Deschamps)이라는 어떤 사람은 오를레앙(Orléans)에서 소년 시절에 드 포르트기뷔라는 사람에게서 건포도 푸딩을 한 조각 받은 적이 있었다. 10년 뒤에 그는 파리의 한 레스토랑에서 다른 건포도 푸딩을 발견하고서 한 조각 먹을 수 있겠냐고 청했다. 하지만 그 건포도 푸딩은 드 포르트기뷔가 이미 주문한 것을 알게 되었다. 몇 년이 흘러 데샹은 특별히 귀하다는 건포도 푸딩을 함께 나눠 먹자고 초대받았다. 푸딩을 먹으면서 그는 드 포르트기뷔만 있으면 구색이 맞겠구나 하고 생각했다. 그 때 문이 열리면서 지남력(指南力) 장애를 가진 어떤 늙은이가 걸어 들어 왔다. 잘못 적힌 주소를 들고 실수로 그 파티에 불쑥 들어 왔던 것이다. 그 노인은 다름 아닌 드 포르트기뷔였다(위의 책, 194쪽).

이 다시 주인의 손으로 돌아오는 이상한 방식을 보여 주는 많은 이야기를 수집하여 왔다.[30] 그러한 이야기 중에서 그는 흑림지대(Black Forest)[31]에서 자기의 조그만 아들의 사진을 찍었던 어떤 엄마의 이야기를 말한다. 그녀는 현상된 필름을 스트라스부르크(Strasbourg)에 두었다. 그러나 전쟁이 발발했기 때문에 그녀는 그것을 가져올 수 없게 되자 잃어버린 것으로 여기고 포기하였다. 1916년에 그녀는 전쟁 기간 중에 태어난 딸아이의 사진을 찍기 위해 프랑크푸르트(Frankfort)에서 필름 한 통을 샀다. 필름이 인화되었을 때 이중노출이 되었다는 사실이 발견되었다. 아래에 놓인 사진은 1914년에 아들을 찍었던 그 사진이었다! 그 오래된 필름은 인화되지 않은 채 어떤 식으로 다시 새로운 필름 가운데로 되돌아 들어왔다. 저자는 모든 것이 "연결된 대상들의 상호 유인"(mutual attraction of related objects) 또는 '선택 친화력'(elective affinity)을 가리킨다는 이해할 만한 결론에 이른다. 그는 이러한 우연한 사건들이 마치 어떤 "미지의 더 크고 더욱 포괄적인 의식의 꿈"처럼 배열된 것이 아닌가 하고 생각한다.

우연의 문제는 허버트 실버러(Herbert Silberer)에 의해 심리학적 측면에서 접근되어 왔다.[32] 그는 명백히 의미 있는 일치가 일부는 무의식적 배열이고 또 일부는 무의식적인 자의적인 해석임을 보여 준다. 그는 초심리적(parapsychic) 현상이든 동시성이든 그 어떤 것도 설명하지 않으며, 이론적으로 그는 쇼펜하우어의 인과설(causalism) 이상을 넘어서지 못했다. 우연을 평가하는 우리의 방법에 대한 심리학적 비판은 차치하고서

---

30 『우연: 운명의 예비 형식』(*Der Zufall: Eine Vorform des Schicksals*), 슈투트가르트, 1924.

31 흑림지대(Black Forest)는 독일의 중부 지역에 있는 해발 1,000m의 구릉지대로 대규모의 산림이 우거져 있는 지역이다.-역자

32 「우연과 무의식의 요괴 장난」(Der Zufall und die Koboldstreiche des Un-bewussten), 『심리학과 교육학을 위한 논문들』(*Schriften zur Seelenkunde und Erziehungskunst*) Ⅲ, 베를린; 라이프치히, 1921.

라도, 실버러의 연구는 여기서 이해되고 있는 것과 같은 의미 있는 일치의 발생과는 어떤 관계도 있지 않다.

사건들의 무인과적 조합이 존재한다는 결정적인 증거가 충분한 과학적 근거를 지니면서 아주 최근에 주로 라인(J. B. Rhine)과 그의 동료의 실험을 통해 갖춰졌다.[33] 그런데 그 연구자들은 자신들이 발견한 사실에서 도출되어야 하는 보다 광범위한 결론을 인식하지 못하고 있다. 현재까지는 반박될 수 없는 어떤 비판적 논거도 이 실험에 반대해서 제출되지 않았다. 그 실험은 원칙적으로 간단한 기하학적 패턴이 그려져 있는 숫자가 매겨진 일련의 카드를 실험자가 차례로 뒤엎어 놓는 것으로 되어 있다. 동시에 실험자와 화면으로 분리된 상태에서 피험자는 카드가 뒤집어지는 대로 그려져 있는 표시를 추측해야 하는 임무가 주어진다. 25개 카드 한 벌이 사용되는데, 5개씩 같은 표시를 갖게 된다. 5개 카드는 별 표시, 5개는 정사각형 표시, 5개는 원 표시, 5개는 물결선 표시, 5개는 십자 표시이다. 실험자는 당연히 카드 한 벌이 배열된 순서를 모르고 피험자 역시 카드를 살펴볼 기회도 없다. 많은 실험이 부정적이었다. 왜냐하면 그 결과는 확률이 다섯 번의 우연한 적중(的中)을 넘지 않았기 때문이다. 하지만 어떤 피험자의 경우에서 몇몇 결과는 뚜렷이 확률을 넘었다. 첫 번째 계열의 실험은 피험자가 카드를 800번 추측

---

33 라인(J. B. Rhine), 『초감각적 지각』(Extra-Sensory Perception), 보스턴, 1934. 라인, 『마음의 새로운 미개척지들』(New Frontiers of the mind), 뉴욕, 1937. 프래트(J. G. Pratt), 라인, 스튜어트(C. E. Stuart), 스미스(B. M. Smith), 그린우드(J. A. Greenwood), 『육십년 후의 초감각적 지각』(Extra-Sensory Perception after sixty years), 뉴욕, 1940. 라인의 연구에 대한 일반적 개관은 『마음의 범위』(The Reach of the Mind), 런던; 뉴욕, 1948. 타이렐(G. N. M. Tyrell)의 가치 있는 저서, 『인간의 성격』(The Personality of Man), Penguin Books, 런던, 1947. 라인의 짧은 요약본, 「초감각적 지각 연구 입문」(An Introduction to the Work of Extra-Sensory Perception), 『뉴욕과학 아카데미 회보』(Transactions of the New York Academy of Sciences) II, XII, 1950, 164쪽. 소울(S. G. Soal), 베이트먼(F. Bateman), 『텔레파시에 관한 최신 연구』(Modern Experiments in Telepathy), 런던, 1954.

하는 것으로 되어 있다. 평균 결과는 우연히 5번 맞추는 확률보다 1.5배 높은 25장의 카드당 6.5번의 적중을 보였다. 5번으로부터 우연의 편차가 1.5배 있을 확률은 1:250,000이 된다.[34] 이 비율은 25만의 사례에서 단 한 번만 기대되는 것이므로 우연 편차의 확률이 확실히 높지 않음을 보여 준다. 그 결과는 개별 피험자들이 갖는 특별한 재능에 따라 다양하다. 어떤 젊은이는 다수의 실험에서 모든 25장의 카드에 대해 평균 10번의 적중(기대되는 수의 두 배)을 기록하였으며, 한 번은 25장의 카드를 올바로 추측했는데 그것은 1:298,023,223, 876,953,125(29경 8023조 2238억 7695만 3125)의 확률이 된다. 어떤 자의적인 방식으로 카드 한 벌이 섞여질 가능성은 실험자와 독립해 있는 자동적으로 카드를 섞는 기계장치를 사용함으로써 방지되어 있다.

첫 번째 계열의 실험 뒤에 실험자와 피험자 사이의 공간적 거리가 어떤 경우는 250마일까지 증가되었다. 수차례 실험의 평균 결과가 여기에서는 25장의 카드당 10.1번이나 적중되었다. 다른 계열의 실험에서 실험자와 피험자가 같은 방에 있을 때 수치는 25장당 9.7번 적중되었고, 두 개의 방으로 나누어져 있을 때는 12.0번 적중되었다. 라인은 공간적 거리를 960마일 벌려서 긍정적인 결과를 낳은 위셔(F. L. Usher)와 버트(E. L. Burt)의 실험을 언급한다.[35] 시각이 같게 조정된 시계를 가지고 노스캐롤라이나의 더럼(Durham)과 약 4,000마일의 거리가 떨어진 유고슬라비아의 자그레브(Zagreb) 사이에서 실험이 수행되었는데, 그 역시 마찬가지로 긍정적 결과를 가져왔다.[36]

---

34 이론적으로 5종류를 갖는 25장 카드에서 한 종류의 카드를 뽑을 확률은 5/25, 즉 1/5이다. 그런데 여기서는 우연히 5번 맞추는 확률과는 다르게 6.5번, 즉 1.5의 편차(6.6-5)를 보이고 있다.-역자
35 『마음의 영역』(*The Reach of the Mind*), 48쪽.

거리가 원칙적으로 어떤 효과도 없었다는 사실은 문제되는 것이 힘 (force)이나 에너지의 현상일 수 없다는 것을 보여 준다. 왜냐하면 힘이나 에너지의 현상이라면 압도적인 거리와 공간상의 확대로 인해서 효과의 감소가 유발되었을 것이고, 수치는 거리의 제곱에 비례해서 감소했을 것이 확실하기 때문이다. 이것은 명백히 그 경우가 아니므로 우리는 거리가 심리적으로 가변적이며, 어떤 환경에서는 심리적 조건에 의해 소실점으로 환원될 것이라고 가정할 수밖에 없다.

시간도 원칙적으로 방해 요인은 아니라는 사실은 훨씬 더 주목할 만하다. 즉 미래에 뒤집어질 일련의 카드를 읽는 것이 우연 확률을 넘는 수치를 만들어낸다. 라인의 시간 실험의 결과는 1:400,000(40만)의 확률을 보이는데, 이 점은 시간과 독립적인 몇몇 요인이 있다는 고려할 만한 확률 수치를 의미한다. 다시 말하면 그것은 그 실험이 아직 일어나지 않은 사건의 지각과 관련이 있기 때문에 시간의 심리적 상대성을 가리킨다. 이런 환경에서 시간 요인은 심적 기능 혹은 공간 요소를 폐지할 수 있는 심적 상태에 의해 제거되었던 것 같다. 공간 실험에서 만약 우리가 에너지는 거리에 따라 감소되지 않는다고 인정해야 한다면, 그때 시간 실험은 우리가 지각과 미래의 사건 사이에 어떤 에너지 관계가 있다고 생각하는 것조차도 완전히 불가능하게 만든다. 우리는 처음에 에너지라는 용어를 사용하는 모든 설명을 포기해야 한다. 이런 종류의 사건은 인과율의 관점으로부터는 생각될 수 없다고 말하는 결과가 되기 때문이다. 왜냐하면 인과율은 모든 관찰이 궁극적으로 운동하는 물체에 기초를 두고 있는 한 시간과 공간의 존재를 전제로 하기 때문이다.

---

36 Rhine · Betty M. Humphrey, 「대양횡단 ESP 실험」(A Transoceanic ESP Experiment), 『초심리학 저널』(*The Journal of Parapsychology*) VI, 1942, 52쪽.

라인의 실험 가운데 주사위를 가지고 행한 실험도 언급할 필요가 있다. 피험자는 주사위 던지는 기계를 사용해서 주사위 던지는 과제를 갖고, 동시에 그는 하나의 숫자(3이라고 하자)가 가능하면 여러 번 나와 달라고 빌어야 한다. 이 염력(PK, psycho kinesis) 실험의 결과는 긍정적이었는데, 그럴수록 한 번에 더 많은 주사위가 사용되었다.[37] 만약 공간과 시간이 심리적으로 상대적이라 입증되면 그때 움직이는 물체(운동체)는 어떤 상응하는 상대성을 갖거나 종속되어야 한다.

이 모든 실험에서 하나의 일관된 경험은 적중 정도가 처음의 시도 뒤에는 낮아지는 경향을 보이면서 결과는 부정적이 된다는 사실이다. 하지만 내적·외적 이유 때문에 피험자가 재미를 갖는 어떤 신선함이 생기게 되면 점수는 다시 올라간다. 재미가 없거나 지루함은 부정적 요인들이다. 즉 열광, 적극적 기대, 희망, ESP 가능성에 대한 신념은 좋은 결과를 만들고, 도대체 어떤 결과가 있을 건지 어떤지를 결정하는 실제적 조건인 듯하다. 이와 관련해서 유명한 영국 영매(무당) 에이린 J. 가레트(Eileen J. Garrett), 그녀는 라인의 실험에서 좋지 않은 결과를 보였는데, 그건 그녀 스스로 인정하듯 '영혼 없는'(soulless) 실험용 카드에 대해 어떤 느낌도 불러일으킬 수 없었기 때문이었다는 말을 주목하는 것도 흥미롭다.

이런 자그마한 암시가 독자에게 조금이나마 그와 같은 실험들에 대한 피상적인 생각이라도 던질 수 있기에는 충분하지 않을 것이다. 위에서 언급한 심리연구협회 전임회장 타이렐(G. N. M. Tyrell)의 책은 이 방면의 모든 경험을 훌륭히 요약해 놓고 있다. 저자 자신은 ESP 연구에 큰 기여를 했다. 물리학자에게서 ESP 실험은 로버트 맥코넬(Robert A.

---

37 『마음의 영역』(*The Reach of the Mind*), 75쪽.

McConnell)의 『초감각적 지각: 실제인가 허구인가』(*ESP: Fact or Fancy*)라는 논평에서 긍정적인 의미로 평가된 적이 있다.[38]

예상했던 대로 상상할 수 있는 모든 종류의 시도가 그 결과를 잘 설명할 수 있게 이루어졌는데, 그 결과들은 기적적이고 솔직히 불가능한 경계에 있는 듯하다. 하지만 그런 모든 시도들은 사실들을 구명하는 데 실패했고, 이 사실들은 여태까지 존재하지 않는 것으로 인정되어 받아들여지지 않고 있다. 라인의 실험은 다음과 같은 사실은 알려 준다. 즉 인과적인 것이라 입증할 가능성도 없는 실험에서 서로 관계있는 사건(이 경우에는 의미 있는)이 있다는 것이다. 왜냐하면 '전달'(transmission)은 어떠한 기존의 에너지의 특성도 드러내지 않았기 때문이다. 그러므로 그것이 도대체 전달의 문제인지 어떤지를 의심할 만한 충분한 이유가 있다. 시간 실험은 원칙상 그 같은 것을 제외시킨다. 왜냐하면 아직 존재하지 않고 오직 미래에 일어날 어떤 상황이 스스로를 에너지 현상으로써 현재에 있는 수신자에게 보낼 수 있다고 가정하는 것은 터무니없기 때문이다.[39] 과학적 설명은 한편으로는 우리의 시간과 공간에 관한 관념에 대한 비판에서, 다른 한편으로는 무의식에서 시작해야 한다. 내가 말했듯이, 우리가 현재 가지고 있는 수단으로는 ESP 또는 에너지 현상으로써 의미 있는 일치라는 사실을 설명하는 것이 불가능하다. 이것은 또한 인과적 설명을 끝으로 만들 것이다. 왜냐하면 에너지 현상을 배제한 어떤 것으로 '결과'를 이해할 수 없기 때문이다. 그러므로 그것은 원인과 결과의 문제가 아니라, 시간 속에 함께 들어 있는 일종의 동시발

---

38 파울리 교수는 친절하게도 내게 이 논문을 주목하도록 하였다. 이 논문은 『월간 과학』(*The Scientific Monthly*) LXIX, 런던, 1949, 2호에 게재되어 있다.

39 카메러는 전혀 설득력이 없지만 "먼저 일어나는 상태에 미치는 계속해서 일어나는 상태의 상호 효과"라는 문제를 다루고 있다. 『연속의 법칙』(*Das Gesetz der Serie*), 131쪽 참고.

생의 문제일 수 있다. 이런 동시발생의 특징 때문에 나는 설명의 원리로써 인과율과 동등한 위치를 가진 하나의 가설적 요인을 지적하기 위해 '동시성'이라는 용어를 골랐다. 『정신의 본성에 대하여』(*On the Nature of the Psyche*)라는 글에서 나는 동시성을 어떤 시간과 공간의 심리적으로 조건 지어진 상대성으로 생각했다. 라인의 실험은 정신과 관련하여 시간과 공간은 말하자면 '탄력적'(elastic)이고 명확히 소실점으로 환원될 수 있다는 것을 보여 준다. 비록 시간과 공간이 심리적 상황에 의존하며, 그 자체로 존재하지 않고 다만 의식적 마음에 의해 '가정되더라도'말이다. 인간의 본래적 세계관에서는 우리가 그것을 원시인에게서 찾아볼 수 있듯이 시간과 공간은 매우 불확실한 존재이다. 그것은 인간의 정신 발달의 과정에서만 '고정된'(fixed) 개념이 되는데, 주로 측정의 도입 덕택이다. 그 자체로 시간과 공간은 아무 것으로도 구성되어 있지 않다. 그것은 의식적 마음의 활동을 분리시키는 데서 탄생된 실체화된 개념이며, 운동하는 물체의 행동을 기술하기 위해 꼭 필요한 좌표를 형성한다. 그러므로 그것은 본질적으로 그 기원에서 심리적인 것이다. 이것이 칸트(Kant)로 하여금 시간과 공간을 선험적 범주로 생각하게 만든 이유일 것이다. 하지만 만일 시간과 공간이 단지 명백히 운동체만의 특성이고 관찰자의 지적 요구에서 만들어진 것이라 한다면, 심리적 조건에 의한 그것들의 상대화는 더 이상 놀랄 만한 일이 아니며, 확률의 영역에 속하게 된다. 이 확률은 정신이 관찰할 때 스스로 드러난다. 즉 외부 체가 아니고 그 자체인 것이다. 그것이 정확하게 라인의 실험에서 일어난 것이다. 다시 말하면 피험자의 대답은 피험자 자신이 물리적인 카드를 관찰한 결과가 아니라 순수한 상상력의 산물, 그러니까 생각을 만드는 것, 즉 무의식의 구조를 드러내는 '우연한'생각의 산물이다. 여기서 나는 그것이 무의식적 정신에서 결정적인 요인들인 집단무의식(collective unconscious)의 구조를 구성하는 원형들(archetypes)이라는 것만 지적하겠다. 집단무의식이란 모든 개체에 동일한 하나의 정신을 표상한다. 그것은 지각 가능한 정신 현상에 비견해서 직접적으로 지각할 수 있거나 또는 '표상될 수 없다.'내가 그것을 사이코이드(psychoid, 精神樣)라고 불렀던 것도 그런 '표상할 수 없는'(irrepresentable) 본성 때문이다.

원형들은 무의식적인 정신 과정의 조직화를 떠맡고 있는 형식적 요인이다. 즉 원형들은 '행동의 패턴들'(patterns of behaviour)이다. 동시에 원형은 어떤 "고유하게 (마치 총알이 장전되어 있거나 전기로 충전되어 있는 모양처럼) 무엇을 띠고"있으며 감정들(affects)로써 스스로를 현시하는 신성한 영향을 발현시킨다. 그 감정은 부분적인 정신 수준의 저하(abaissement du niveau mental)[40]를 만든다. 왜냐하면 그 감정은 어떤 특별한 내용을 비상한 수준의 신성함(luminosity)까지 끌어올리지만, 다른 가능한 무의식의 내용들로부터 많은 에너지를 빼앗아 버림으로써, 그것들을 어둡게 하고 영원히 무의식적이게 만들기 때문이다. 감정에 의해 만들어진 무의식의 제한 때문에 그것이 지속되는 한 무의식에 텅빈 공간으로 미끄러져 들어올 절호의 기회를 주는 방향파악의 상응하는 저하가 있게 된다. 이와 같이 우리는 기대하지 않았거나 그렇지 않으면 억압되었을 무의식적 내용들이 새어들어 오는 것과 감정상에 표현된 것을 규칙적으로 발견한다. 그러한 내용들은 매우 빈번히 열등한 것이거나 원시적 본성이어

---

40 정신 수준의 저하는 피에르 자네가 제창한 용어로 무의식의 내용물에 현혹된 의식이 자율성을 상실하는 것을 말한다. 무의식의 내용물에 현혹되는 만큼 의식의 통제는 감소되고, 결국 무의식에 굴복하여 의식의 에너지가 상실된다. 원시인들이 병의 원인을 영혼의 일실(逸失, loss of soul)이라고 하는 것과 비슷하다. 이부영, 『분석심리학』, 일조각, 2000, 213쪽. 홍성화 옮김, 『분석심리학』, 101~102쪽 참고.-역자

서 자신들의 원형적 기원을 무심코 드러낸다. 내가 앞으로 더 보여 주겠지만, 동시발생적인 어떤 현상 혹은 동시성 현상은 원형들과 얽혀 있는 듯하다(이것이 내가 여기서 원형을 말하는 이유이다).

동물들의 비범한 공간 파악능력(spatial orientation)도 역시 시간과 공간의 심리적 상대성을 가리키는 것 같다. 예를 들어 성기관이 달린 꼬리 분절(tail-segment)이 10월과 11월의 하현달 전날에 바다 표면에서 나타나는 팔롤로(palolo) 벌레의 영문 모를 시간-파악능력은 그런 관련에서 언급될 수 있다.[41] 추측될 만한 원인 중의 하나는 이 시기에 달의 인력이 강해서 생기는 지구의 가속도 때문이다. 하지만 천문학적 이유에서 이런 설명은 도저히 올바를 수가 없다.[42] 인간의 월경 기간과 달의 운행 사이에 존재하는 틀림없는 관계는 달의 주기와 수적으로만 관련되어 있으며 사실상 일치하지는 않는다. 그것이 전부터 계속 그래 왔다고 입증하지 못하고 있다.

내가 집단무의식 현상을 탐구하는 중이거나 단순히 우연한 군집 혹은 '연달음'으로써는 설명할 수 없는 연관 관계에 계속 맞닥뜨리고 있을 때, 동시성의 문제는 20세기 중반 이래로 오랫동안 나를 혼란스럽게 해왔다.[43] 내가 발견한 것은 '일치'였는데, 그것은 매우 의미 있게 연관되었기에 그 '우연한'동시발생이 천문학적인 숫자로 표현될 만큼 거의 확률이 없는 정도를 나타내는 것이었다. 여기서 나는 하나의 관찰에서 어떤 우연한 사건을 언급하겠다. 내가 치료하는 어떤 젊은 여성이 치료

---

41 좀 더 정확히 하면, 떼짓기(swarming)가 최고조에 이르는 시기는 이날 조금 전에 시작되어서 다음날 약간 뒤에 마친다. 떼짓는 달은 지역에 따라 다양하다. 암보이나(Amboina)의 팔롤로 벌레 또는 와우(wawo)는 3월 보름에 나타난다고 한다. 크레머(A. F. Krämer), 『산호초 구조에 대해서』(Über den Bau Korallenriffe), 라이프치히, 1897.

42 프리츠 단스(Friz Dahns), 「팔롤로의 군집」(Das Schwämen des Palolo), 『자연과학자』(Der Naturforscher) VIII, 리히테펠트-베를린, 1932: 11, 379~382쪽.

진행의 중요한 시점에서 그녀에게 황금색 풍뎅이(golden scarab)가 주어진 꿈을 꾸었다. 그녀가 이 꿈을 내게 말하고 있을 때, 나는 닫힌 창에 등을 기대고 앉아 있었다. 별안간 나는 내 뒤에서 부드럽게 톡톡거리는 듯한 소리를 들었다. 나는 등을 돌려서 창밖에서 창유리를 두드리며 날고 있는 곤충 한 마리를 보았다. 나는 창문을 열고서 그 생물을 공중에서 나르고 있는 채로 잡았다. 그 놈은 우리 지방에서 쉽게 볼 수 있는 풍뎅이과의 딱정벌레(scarabaeid beetle)였다. 보통은 장밋빛 풍뎅이(rose-chafer, Cetonia aurata)로서 황금빛 풍뎅이와 거의 유사한 것이었는데, 그 놈은 평상시의 습성과는 다르게 이런 특별한 순간에 어두운 방안으로 들어오고자 하는 충동을 확실하게 느끼고 있었다. 나는 이와 같은 일이 이전에도 이후에도 일어날 일이 없을 것이라는 것과 환자의 꿈은 내 경험 속에 아주 독특한 것으로 머물러 있을 것이라 인정해야겠다.[44]

나는 어떤 사건들의 범주에 전형적인 다른 사례를 언급하고 싶다. 내 환자들 중의 하나인 50살 먹은 남자의 아내가 언젠가 나와의 대화 도중에 그녀의 어머니와 할머니의 임종시에 한 무리의 새떼가 임종하는 침상의 창밖으로 모였었다고 말했다. 나는 비슷한 이야기를 다른 사람들에게서도 들은 적이 있다. 그녀의 남편의 치료가 신경증(neurosis)이 완전히 정리되면서 거의 막바지에 접어들 때 나에게는 심장병인 것처럼 생

---

43 심지어 그전에도 내게는 심리학에서 인과율의 무제한적인 적용 가능성에 대한 어떤 의심이 일고 있었다. 『분석심리학 논문 모음』(Collected Papers on Analytical Psychology), 롱(C. E. Long) 편, 런던, 1916, 1판 서문에서 나는 이렇게 썼다: "인과율은 다만 하나의 원리이고 심리학은 본질적으로 인과론적 방법으로만 모두 규명될 수 없다. 왜냐하면 마음(정신, mind = psyche)은 마찬가지로 목적으로 살아간다." 심리적 궁극성은 단지 무의식적 배열일 때만 문제가 되는 어떤 '선존재적'(pre-existent) 의미에 의존한다. 그런 경우에 우리는 모든 의식에 선험적인 어떤 '지식'을 가정해야 한다. 한스 드리에슈(Hans Driesch)도 같은 결론에 이르렀다. 『기본적인 자연요소로서의 영혼』(Die 'Seele' als elementarer Naturfaktor), 라이프치히, 1903, 80쪽.
44 이 책의 「동시성에 대하여」 참고.

각되는 상태가 나타났다. 나는 그를 전문의에게 보냈는데 의사는 그를 진찰한 뒤에 불안해할 만한 어떤 원인도 찾을 수 없다는 소견을 적었다. (호주머니에 의사의 소견서를 넣은 채로) 진찰을 받고 돌아오는 길에 이 환자는 길거리에서 쓰러졌다. 집으로 옮겼을 때는 벌써 죽어 있었다. 그의 아내는 이미 극심한 불안 상태에 있었는데, 남편이 의사에게 진찰을 받으러 떠난 잠시 뒤에 커다란 새떼가 그가 사는 집 위에 내려앉았기 때문이다. 그녀는 당연히 어머니와 할머니가 세상을 떠날 때 일어난 비슷한 일을 회상했고 나쁜 일이 있지나 않을까 두려워했다.

나는 개인적으로 관련된 사람들과 교분이 있고 여기에 소개된 사실이 진실이란 것을 잘 알지만, 이것이 그런 일들을 단순한 '우연'이라고 치부하는 사람의 마음을 돌리게 한다고는 한 순간도 상상하지 않았다. 이 두 가지의 사건을 관련시키는 단 하나의 목적은 실제의 생활에서 의미 있는 일치가 얼마나 흔하게 나타나는지를 약간 지적하자는 것뿐이다. 의미 있는 연결은 첫 번째의 사례에선 주요한 대상(풍뎅이와 딱정벌레)의 근사적인 동일성이라는 점에서 충분히 명백하지만, 두 번째 사례에서 죽음과 새떼는 서로가 어울리지 않는다. 하지만 만일 우리가 바빌로니아(Babylonia)의 지옥에서 영혼은 '깃털옷'(feather dress)을 입는다는 것과 고대 이집트(Egypt)에서 바(ba) 또는 영혼이 새(bird)로써 생각된 것을 고려한다면,[45] 계속 존재하고 있는 어떤 원형적 상징이 있을지도 모른다고 가정해 보는 것도 그다지 무리는 아니다. 이와 같은 우연한 사건이 꿈속에서 일어나면 그 해석은 비교심리학적 자료로 정당화될 수 있을 것이다. 첫 번째 사례에도 어떤 원형적 토대가 있는 듯하다. 그것은 치료

---

45 호머(Homer)의 시에서 사자(死者)의 영혼은 지저귄다(twitter).

하기에 특별히 어려운 사례였으며, 꿈꿀 때까지는 어떤 치료상의 진전도 있지 않았다. 이 경우의 중요한 이유는 내 환자의 아니무스(animus)라는 것을 설명해야겠다. 즉 그녀의 아니무스는 르네 데카르트의 이원론(Cartesian dualism) 철학에 깊이 빠져 있고 실재에 대한 그 철학의 관념에 매우 경직되어 있어서, 세 의사의 노력도 그것을 약화시킬 수 없었다. 명백히 아주 비합리적인 어떤 것이 만들어지기 위해서는 내 능력을 넘어서 있는 것이 필요했다. 그 꿈만으로도 아주 미약하게 환자의 합리적인 태도를 흐트러뜨리는 것이 충분했다. 하지만 '풍뎅이'가 현실적 사실로 창문을 통해 날아들어 왔을 때, 그녀의 있는 그대로의 존재는 그녀의 아니무스가 점령한 갑옷으로 뛰어 들어오고 변형(transformation)의 과정이 결국 움직이기 시작할 수 있었다. 태도의 어떤 본질적인 변화는 보통 환자의 꿈과 환상에서 재생(rebirth)의 상징을 동반하는 어떤 심리적 부활을 의미한다. 풍뎅이는 재생의 상징의 고전적 견본이다. 『저승에는 무엇이 있는가』(What Is in the Netherworld)라는 고대 이집트의 경전은 어떻게 죽은 태양의 신이 열 번째 역에서 스스로를 케프리(Khepri), 즉 풍뎅이로 자신을 변모시킨 뒤에 열두 번째 정거장에서 다시 젊음을 찾은 태양의 신을 아침 하늘로 실어 나르는 나룻배를 타는가 등의 방식을 묘사하고 있다. 여기서의 유일한 어려움은 (비록 내 환자가 이 상징을 알아채지 못했다 하더라도) 교육받은 사람들이 가진 잠재 기억을 확실하게 제외할 수 없다는 것이다. 하지만 이것이 심리학자는 상징적 유사함의 출현을 설명할 때는 꼭 집단무의식이라는 가정을 사용해야 하는 사례들에 계속해서 마주치고 있다는 사실을 변화시키지는 못한다.[46]

---

46 당연하지만 이것은 의사 자신이 상징학(symbology)에 대한 필수적 지식을 소유하고 있을 때만 정당화될 수 있다.

그러므로 의미 없는 우연 군집[47]과는 구분되어야 하는 의미 있는 일 치는 원형적인 토대에 의존하는 듯하다. 적어도 내 경험 속에서는 무수 한 사례가 이런 특징을 보여 준다. 이것이 의미하는 것을 나는 이미 위 에서 지적하였다.[48] 비록 이 분야에서 나와 경험을 함께 하는 누군가가 그것들의 원형적 특성을 잘 인식하고 있더라도, 그 사람은 그것들을 라 인의 실험에서의 심리적 상황과 적절히 연결시키기가 어렵다는 점을 알 것이다. 왜냐하면 심리적 상황은 원형의 배열(constellation)이라 말할 만한 어떤 증거도 포함하고 있지 않기 때문이다. 나의 사례처럼 정서 적인 상황도 아니다. 그런데도 라인이 함께 했던 일련의 첫 번째 실험 은 아주 좋은 결과를 냈으나, 그 다음에 갑자기 결과가 안 좋아졌다는 점은 기억해야 한다. 그러나 원래 본질적으로 지루한 이 실험에서 어 떤 새로운 흥미가 불러일으켜질 수 있었을 때 그 결과들은 다시 향상되 었다. 이 점으로부터 정서적 요인이 중요한 역할을 한다는 것이 도출된 다. 하지만 감정 상태는 대부분 본능(instinct)에 달려 있으며, 그 형식적 측면은 원형이다.

비록 아주 명확하지는 않지만, 내 두 가지 사례와 라인의 실험 사이 는 또 다른 심리학적 유비가 존재한다. 이런 명백히 매우 다른 상황들 은 그 공통적 특징으로서 어떤 '불가능성'(impossibility)의 요소를 가지고

---

47 통계적 분석은 원인들이 발견될지도 모르는 유의미한 분산(dispersion)에서 무작위(random) 활동에 기인한 군집(즉 분산)을 분리하기 위해 설계된다. 하지만 융 교수의 가설에 대해 우연 에 기인한 분산은 의미 있는 것과 의미 없는 것으로 세분될 수 있다. 우연에 기인한 의미 없는 분산은 사이코이드(精神樣) 원형의 활동에 의해 의미가 있게 된다.-편집자

분산의 개념에서 모든 값들에 대한 일반적인 값 즉 평균의 의미를 함축하고 있다. 모든 현 상은 평균을 중심으로 일정한 확률값을 가지고 있다. 그리고 이 현상에 대한 확률값은 분포로 서 생각할 수 있다. 분포에 대한 해석은 분포가 평균을 중심으로 어느 정도 퍼져 있느냐(분산) 에 따라서 유의미한 분산과 무의미한 분산으로 대별 가능하다. 융은 이런 현상에 대한 양적 표시인 분포를 해석하는 데 분산의 개념을 이원화시키고 있다.-역자

48 『정신의 본성에 대하여』 참고.

있다. 풍뎅이와 관련 맺은 그 여환자는 치료가 중지된 상태에서 더이상 막다른 골목에서 나올 방도가 없어 보였기 때문에 '불가능한'상황에서 자신을 발견한 것이다. 그런 상황에서 그 상황이 충분히 중요하다면 우리가 결코 생각한 적도 없는 가능한 활로(活路)의 윤곽을 명시할 원형적 꿈이 나타날 것이다. 매우 큰 규칙성을 가지고 원형들을 배열하는 것은 바로 이와 같은 종류의 상황이다. 그러므로 어떤 경우에 심리치료사는 환자의 무의식이 조종하는 합리적으로 해결할 수 없는 문제를 발견하지 않으면 안되는 것을 알게 된다. 일단 이것이 발견되면 원초적 이미지들인 무의식의 깊은 층이 활성화되어서 성격의 변형은 도상(途上)에 접어들 수 있게 된다.

두 번째 사례에서는 반(半)무의식적(half-unconscious) 두려움과 상황에 대한 어떤 충분한 인식도 가지지 못한 치명적 종말에 대한 위협이 있었다. 라인의 실험에서는 궁극적으로 피험자의 주의를 그 자신 안에서 진행되는 과정에 고정시켜서 무의식에 자신을 들어낼 기회를 주는 것이 과제의 '불가능'이다. ESP 실험이 제기한 문제는 시작 직전부터 정서적인 영향을 가지고 있다. 왜냐하면 알지 못하는 어떤 것을 잠재적으로 알 수 있는 것으로 가정하고, 그 방식으로 기적의 가능성을 진지하게 고려했기 때문이다. 피험자의 회의를 불문하고 이것은 기적을 목격할 준비가 된 피험자가 가진 무의식의 준비완료 상태가 인간 모두에게 잠재된 채로 그와 같은 것이 아직 가능할 수 없는 소망에 즉각적으로 호소한다. 원시적 미신은 극도로 완고한 사람의 표면 바로 아래에 놓여 있는데, 미신에 가장 극렬하게 대항하는 사람들과 미신의 암시적인 영향에 제일 먼저 굴복할 사람들이 바로 그렇다. 그러므로 배후에 대단한 과학적 권위를 가진 어떤 중요한 실험이 그런 준비완료 상태를 촉발할 때 그것은 굉장한 감정 상태를 동반하며 실험을 인정하거나 거부하는 정서를 피할 수 없이 일으킨다. 모든 사건에서 감정적인 기대는 그것이 부정될지라도 하나나 그 이상의 형식으로 현존한다.

여기서 나는 'Synchronicity'라는 용어로 인해 일어날지도 모를 오해에 대해 주의를 요하고자 한다. 나는 의미심장하지만 인과적으로 연결되지 않는 두 사건들의 동시적 발생이 내게는 본질적인 기준으로 보이기 때문에 이 용어를 선택한다. 그러므로 같거나 혹은 유사한 의미를 지니면서 두 개 이상의 인과적으로 연결되지 않은 사건들의 시간에서의 일치라는 특별한 의미로서 'synchronicity'를, 단순히 두 사건의 동시적 발생만을 뜻하는 'synchronism'과는 구분해서 사용할 것이다.

따라서 'synchronicity'는 의미 있는 병행으로서 순간적인 주관적 상태에 나타나는 하나 혹은 그 이상의 외부 사건을 가진 어떤 심리적 상태의 동시적 발생을 의미한다. 그리고 어떤 경우에는 그 반대도 역시 같다. 내 두 가지 사례는 상이한 방식으로 이것을 예증하고 있다. 풍뎅이의 경우 그 동시발생은 즉각적으로 명백하지만, 두 번째 사례는 그렇지 못하다. 새떼는 막연한 두려움을 일으킨 것이 사실이지만 그것은 인과적으로 설명될 수 있다. 내 환자의 아내는 내가 가진 우려와 비교될 수 있는 두려움을 느끼기 전에는 틀림없이 의식적이지 못했다. 왜냐하면 인후의 통증이라는 징후는 전문가가 아닌 사람들에게 나쁜 일이 아닐까 하는 의심이 들게 만드는 그런 종류는 아니기 때문이다. 하지만 무의식은 종종 의식 보다 더 많이 알고 있는데, 나는 부인의 무의식이 이미 위험을 눈치 챘다고 생각한다. 그러므로 만일 치명적 위험이라는 생각과 같은 어떤 의식적인 심리적 내용을 제외한다면, 전통적 의미에서의 새떼와 남편의 죽음 사이에는 명백한 동시발생이 있다. 만일 우리가 그 가능하지만 여전히 예증하기에는 분명치 않은 무의식의 자극을 무시한다면, 심리적 상태는 외부적인 사건에 의지해서 나타난다. 그럼 에도 불구하고 그 여인의 정신은 새들이 자기 집의 지붕에 내려앉고 그 녀가 그것을 관찰하는 정도까지는 연루되었다. 이런 이유로 나는 그녀 의 무의식은 사실상 배열되었다고 본다. 새떼는 또한 전통적인 주술적 의미를 갖는다.[49] 이것은 부인 스스로의 해석에서도 명확하다. 그래서 그것이 마치 새들이 죽음의 무의식적 전조를 표상한 듯이 보인다. 낭만 주의 시대의 의사들이었다면 '공감'(sympathy)이나 '자성'(磁性, magnetism)을 말했을 것이다. 하지만 내가 말한 대로 그런 현상은 만일 우리가 아주 환상적(공상적)인 방편적 가설을 인정하지 않는다면 인과적으로 설명될 수 없다.

새들을 어떤 징조로 해석하는 것은 우리가 느낀 대로 비슷한 종류를 가진 더 이전의 두 가지 일치에 근거를 두고 있다. 그것은 할머니의 임 종 때는 아직 존재하지 않고 있었다. 거기서 일치는 다만 죽음과 새들 이 모여드는 것에 의해서만 표상되었다. 그 때와 어머니의 죽음에서의 일치는 명백하지만, 세 번째 경우는 죽어가는 남자가 집으로 옮겨왔을 때에야 증명될 수 있었을 뿐이다.

나는 이것들이 동시성이라는 개념에 대해 중요한 의미를 담고 있기 때문에 이런 혼동을 언급한다. 또 다른 예를 들어보자. 내가 아는 어떤 사람은 모든 특징적인 세부사항을 가진 꿈에서 자기 친구의 갑작스런

---

49 문학에서 보이는 예는 『이비쿠스의 황새』(The Cranes of Ibycus)가 있다. 비슷하게 깍깍대는 까 치떼가 지붕 위에 앉을 때 그것은 죽음을 의미한다는 것 등등. 점(augury)의 의미를 참고. 실 러(J. F. von Schiller, 1759~1805)의 시(1798)는 황새떼의 출현을 통해 천벌을 받은 강도들에 의 해 살해된 그리스 시인의 이야기에 영감을 받았다. 황새들이 그 범죄의 광경 위로 날아오르자 살인자들은 그 광경에 울부짖으며 본성을 드러냈다.

죽음을 보았다. 꿈꾼 사람은 그때 유럽에 있었고, 그 친구는 미국에 있었다. 그 죽음은 다음날 아침 전보로 알려졌고 10일 뒤에는 편지로 자세하게 확인되었다. 유럽 시간과 미국 시간을 비교했을 때 그 죽음은 적어도 꿈꾸기 한 시간 전에 일어났음을 알 수 있다. 꿈꾼 사람은 늦게 잠자리에 들었는데 잠을 이루지 못하다가 새벽 한 시쯤이 되어서야 잠들었다. 그 꿈은 아침에 두 번 간격으로 나타났다. 그 꿈의 경험은 그 죽음과 동시적(synchronous)이지 않다. 이런 종류의 경험은 종종 결정적인 사건보다 조금 앞이나 뒤에 빈번히 일어난다. 뒤네(J. W. Dunne)는 보어 전쟁(Boer War)에 참전하던 1902년 봄에 경험한 당시의 특별히 교훈적인 어떤 꿈을 언급한다.[50] 그는 어떤 폭발하는 화산에 서 있는 듯했다. 그것은 섬이었는데 전에도 꿈을 꾸었던 까닭에 알고 있던 곳이고, 크라카토아(Krakatoa)[51]처럼 파국적인 화산 폭발로 위협받고 있는 곳이었다. 두려웠기 때문에 그는 4천 명의 섬 주민들을 살리고 싶었다. 그는 이웃 섬에 있는 프랑스 관공서가 구조 작업을 위해 모든 승선 가능한 배들을 움직일 수 있도록 하기 위해 노력했다. 여기서 꿈은 서두르고 달아나고 제때 도달하지 못하는 것 등의 전형적인 악몽의 모티브를 나타내기 시작했으며, 그러는 동안 "만약 ~못한다면 4천 명이 죽을 것이다"라는 말이 뇌리에 지워지지 않았다. 며칠 뒤에 뒤네는 런던 발행의 신문 「데일리 텔레그래프」(Daily Telegraph)의 사본 하나를 우편으로 받았다. 그의 눈은 아래와 같은 머릿기사에 떨어졌는데,

---

50 『시간 실험』(*An Experiment with Time*), 뉴욕, 1938, 34쪽.
51 크라카타우(Krakatau)라고 한다. 인도네시아 자바섬과 수마트라섬 사이의 순다 해협에 있는 라카타섬의 화산으로서, 1883년의 폭발은 유사 이래 가장 큰 화산 활동 중의 하나이다. 이 화산 활동으로 $21km^3$나 되는 바위가 공중으로 날아갔고, 3,520km 떨어진 오스트레일리아까지 소리가 들릴 정도였으며, 이 폭발로 인해 남아메리카와 하와이까지 연속적인 해일이 일어나게 되었다. 1980년대 초반까지도 분화가 계속되었다. 『브리태니커』 관련 항목 참고.-역자

마르티니크 화산재앙

도시전폐 / 화염사태 / 4만여 명 이상 사망 추정

그 꿈은 실제 재난의 순간에 일어난 것이 아니라, 그 신문이 이미 그에게 소식을 담고 오는 도중에 일어났다. 신문을 읽는 동안 그는 4만을 4천으로 잘못 읽었다. 그 실수는 파람네시아(paramnesia, 기억 착오)로 굳어지게 되었다. 그래서 그가 그 꿈을 말할 때면 언제나 4만 대신에 4천으로 말했다. 15년이 지난 뒤에 그는 그 기사를 모두 카피할 때에야 비로소 자신의 실수를 알게 되었다. 그의 무의식적인 지식은 그 자신과 같은 오독을 범했던 것이다.

그가 그 소식이 자신에게 도착하기 직전에 그것을 꿈꿨다는 사실은 상당히 자주 일어나는 것이다. 우리는 종종 답장 편지를 쓰는 사람에 대해 꿈꾸곤 한다. 나는 편지 꿈을 꾸는 순간에 이미 그 내용이 수신인의 사서함에 있었다는 몇 가지 경우를 조사했다. 또한 나는 내 경험상으로 오독을 인정할 수 있다. 1918년 크리스마스 동안 나는 오르페우스교(Orphism)에 매우 사로잡혀 있었는데, 특히 마라라스(Malalas)의 오르페우스 사상을 담고 있는 단편에서 그랬었다. 그곳에서 원초의 빛은 "삼위일체의 메티스(Metis), 파네스(Phanes), 에리케파에우스(Ericepaeus)"로 기술되어 있다. 나는 계속 에리케파에우스(Ericepaeus) 대신에 에리카파에우스(Ericapaeus)로 마치 텍스트가 그런 듯이 독해했다(사실 두 가지의 독해가 발생한다). 이 실수는 파람네시아로 굳어졌고, 그 뒤에도 나는 늘 그 이름을 에리카파에우스로 기억했다. 그런데 30년 뒤에야 마라라스의 텍스트에 에리케파에우스로 써져 있음을 알게 됐다. 이 무렵 나의 연구에 대해서도 모르고 있던 한 환자가 꿈을 꾸었다. 그 꿈은 어떤 모르는 남자가 그녀에게 종이쪽지를 건네줬는데, 그 위에 '라틴어'로 에리키파에 우스(Ericipaeus)라고 불리는 신에게 바치는 찬송가가 써져 있었다는 것이다. 꿈꾼 사람은 잠에서 깨어난 뒤에 그 찬송가를 써내려갈 수 있었다. 거기에 써진 언어는 특별히 라틴어, 불어, 이탈리아어와 섞인 것이었다. 그 여인은 라틴어를 초보적으로 알고 있었고 이탈리아어는 조금 더 많이 알았고 불어는 유창했었다. '에리키파에우스'라는 이름은 그녀에게는 전혀 생소한 것이었는데, 그녀는 그 고전에 대한 지식이 없었기 때문에 이것은 놀라운 일도 아니다. 우리가 사는 도시는 50마일이나 떨어져 있고, 한 달 동안 우리 사이에는 소식도 없었다. 희한하게도 그 이름의 변형은 나 또한 에(e) 대신에 아(a)로 오독한 바로 그것과 같은 모음에 영향을 끼쳤다. 하지만 그녀의 무의식은 그것을 에(e) 대신에 이(i)처럼 다른 방식으로 오독하였다. 나는 다만 그녀가 '무의식적'으로 내 오독이 아닌 라틴 음역인 '에리케파에우스'(Ericepaeus)가 나타나 있는 텍스트를 읽었고, 확실히 내 오독이 그녀가 꿈을 깬 뒤에 그 내용을 적어 내려가는 필치를 방해한 것이라 가정할 수 있을 뿐이다.

동시성적 사건들은 두 개의 상이한 심리적 상태들의 동시적 발생(simultaneous occurrence of two different psychic states)에 의존한다. 그것들 중의 하나는 정상적이고 개연적인 상태이며(즉 인과적으로 설명 가능한 것), 다른 하나는 결정적인 경험인데 그것은 처음부터 인과론적으로 도출될 수 없는 것이다. 갑작스런 죽음의 사례에서 경험은 '초감각적 지각'(ESP)처럼 즉각적으로 인식될 수 없었고 다만 후일에야 입증될 수 있을 뿐이다. 그러나 '풍뎅이'의 사례에서조차도 즉각적으로 경험된 것은 어떤 심리적 상태 혹은 단지 즉각적으로 증명될 수 있기 때문에 꿈 이미지와는 다른 심리적 이미지이다. 새떼의 사례에서는 여인에게 어떤 무의식적인 동요가 내게는 틀림없이 의식적이며 나로 하여금 심장전문의에게 환자를 보내게 만든 두려움이 있었다. 이 모든 사례들에서 이것이 공간적 ESP 이든 시간적 ESP든 우리는 인과적으로는 도출되지 않고 그 객관적 존재가 후일에야 입증될 수 있는 또 다른 상태 혹은 경험을 지닌 정상이거나 평범한 상태의 동시발생을 발견한다. 우리는 이 정의를 특히 그것이 미래 사건의 문제일 때는 명심해야 한다. 그것은 명백히 동시적(synchronous)이지 않고 동시성적(synchronistic)이다. 왜냐하면 그것은 그 객관적 사건이 이미 존재했을지라도 현존하고 있는 심리적 이미지로서 경험되기 때문이다. 몇 가지 객관적인 외부의 사건과 직접적·간접적으로 연결된 예기치 않은 내용이 평범한 심리적 상태와 일치한다. 이것이 내가 말하는 동시성이다. 그리고 사건의 객관성이 공간 혹은 시간에서 나의 의식과 분리해서 등장하든 어떻든 간에 우리는 확실히 사건의 같은 범주를 다룬다고 나는 주장한다. 이 관점은 사건들이 시간 또는 공간에서의 변화에 의해 영향 받지 않는 정도까지는 라인의 결과에 의해서 입증된다. 운동체의 개념적 좌표인 시간과 공간은 아마도 근본에서 동일한 것이다(그것이 우리가 길거나 짧은 '시간 간격'이라고 말하는 이유이다). 그리고 필로 유다에우스(Philo Judaeus)[52]는 오래전에 "천체 운동의 연장은 시간"이라고 말했다.[53] 공간에서의 동시성은 시간에서의 지각처럼 똑같이 생각될 수 있다. 하지만 공간에서처럼 시간에서의 동시성을 뚜렷하게 이

---

52 필로 유다에우스(Philo Judaeus, 기원전 15년경~기원후 50년경. Philo of Alexandria로도 불린다)는 헬레니즘 유대주의를 대표하는 가장 중요한 인물이다. 『모세오경』에 대한 해석을 통해 유대 신학과 플라톤의 이데아론을 독창적인 방식으로 결합시켰다. 그 결과 계시 신앙과 철학적 이성을 종합하려고 했던 최초의 인물로서 기독교인들은 그를 기독교 신학의 선구자로 생각하고 있다. *Encyclopedia of Philosophy*, Routledge, 1998, 관련 항목 참고.-역자

53 『세계의 일에 대하여』(*De opificio mundi*), 26. "Διάστημα τῆς τοῦοὐρανοῦχινήσεώσ ἐστι ὁχ ρόνος."

해하는 것은 쉽지 않다. 왜냐하면 우리는 미래의 사건이 객관적으로 현재에 존재하고 이 공간적 거리의 축소를 통해 그와 같이 경험될 수 있는 어떤 공간을 상상할 수 없기 때문이다. 그러나 경험을 통해 어떤 조건 아래에서 공간과 시간은 거의 영점(零點)으로 환원될 수 있고, 인과율이 시간과 공간을 따라 사라지는 것을 볼 수 있다. 왜냐하면 인과율은 시간과 공간과 물리적 변화의 존재에 메어 있고, 본질적으로 원인과 결과의 연속에 놓여 있기 때문이다. 이런 이유로 동시성적 현상들은 원리적으로 인과율의 어떤 개념과도 관련이 있을 수 없다. 그러므로 의미 있는 일치의 요인들의 상호 연결은 반드시 무인과적인 것으로 생각되어야 한다.

여기 예증할 만한 원인이 부족하기 때문에 우리 모두는 초월적인 것을 가정하고픈 유혹을 받는다. 하지만 '원인'은 예증가능한 양일 수 있을 뿐이다. '초월적 원인'(transcendental cause)은 의미상의 모순이다. 왜냐하면 선험적인 어떤 것은 정의상 예시될 수 없기 때문이다. 만약 우리가 무인과성이라는 가설을 세우는 위험을 원치 않는다면, 그때 유일한 대안은 동시성적 현상을 단순한 우연으로 설명하는 것이다. 하지만 그것은 우리에게 라인의 ESP 발견과 초심리학(超心理學, parapsychology)의 문헌에서 보고된 그 밖의 잘 입증된 사실들과 충돌을 일으키게 한다. 혹은 그것 외에도 우리는 내가 위에서 서술한 종류의 생각에 이끌리게 되고, 공간과 시간은 심리적 조건과 무관하게 측정될 때만 어떤 주어진 체계에서 지속적이라는 비판 아래 우리의 기본적 설명 원리를 두어야 한다. 그것은 과학적 실험에서 규칙적으로 일어나는 것이다. 그러나 한 사건이 실험적인 제약 없이 관찰되었을 때, 그 관찰자는 '수축'(contraction)에 의해 공간과 시간을 변형시키는 정서적 상태에 의해서 쉽게 영향 받을 수 있다. 모든 정서적 상태는 자네(Janet)가 의식 수준의 저하라고 부르는 의식의 변형을 낳는다. 즉 그것은 어떤 의식의 편협함과 무의식의 상응하는 강성화(强性化)가 있음을 말하는데, 특별히 강한 감정의 경우는 비전문가조차도 식별할 수 있다. 무의식의 색조는 고조되고 그럼으로써 무의식이 의식을 향하여 흐를 수 있는 물고가 만들어진다. 그때 의식은 무의식적인 본능적 충동들(impulses)과 내용들 아래에 들어오게 된다. 이것들은 당연히 그 궁극적 기초가 원형인 콤플렉스들, 곧 '본능적 패턴들'(instinctual patterns)이다. 무의식 또한 잠재의식적(subliminal) 지각을 포함한다(그것은 마찬가지로 그 순간에 재생될 수 없으며 아마도 전혀 그렇게 되지 않을 듯한 잊혀진 기억-이미지들을 포함한다). 잠재의식적 내용 중에서 내가 불가해한 '지식' 혹은 심리적 이미지의 '즉각성'이라고 말한 것에서 지각들을 구별해야 한다. 반면에 감각 지각들은 의식의 문지방 아래(識閾下)에서 개연적이거나 가능한 감각 자극들과 관련될 수 있다. 반면에 이 '지식' 혹은 무의식적 이미지들의 '직접성'은 인지 가능한 토대도 없으며, 또한 그밖에 어떤 이미 존재하고 있는(종종 원형적인) 내용과 인지 가능한 인과적 관련이 있음을 발견하게 된다. 하지만 이미 존재하고 있는 기초에 근원을 두든지 아니든지 이런 이미지들은 어떤 인지가능성도 없고, 심지어 생각할 수 있는 인과적 관계도 없는 객관적인 발생과 비유적이거나 동등한(equivalent, 즉 의미 있는) 관계를 맺게 된다. 시간과 공간에서 멀리 떨어진 어떤 사건이 상응하는 심리적 이미지를 생성하는 데 필요한 에너지의 전달을 생각할 수조차 없을 때 그런 이미지를 어떻게 만들 수 있었을까? 그것을 아무리 이해할 수 없더라도 우리는 결국 무의식 속에 선험적 지식 혹은 어떤 인과적 토대가 결여된 사건들의 '직접성'과 같은 무언가가 존재한다고 가정할 밖에 도리가 없다. 어쨌든 우리의 인과율이라는 개념으로는 그 사실을 설명할 수 없다.

이 복잡한 상황을 생각해서 위에서 토의된 논점을 요약해 보는 것도 가치 있을 것인데, 우리가 가진 여러 예들의 도움으로 무난할 수 있을 것이다. 라인의 실험에서 나는 다음과 같이 가정했다. 강렬한 기대감이나 피험자의 정서적 상태 때문에 그 결과의 이미 존재하고 있는 올바르나 무의식적인 이미지는 그의 의식적 마음을 '적중'의 우연한 수치 이상으로 점수를 매기게 할 수 있을 것이다. 풍뎅이의 꿈은 다음날 발생할 그 상황 — 즉 상세한 꿈 이야기와 장미빛 풍뎅이의 출현 — 의 이미 존재하고 있는 이미지인 무의식으로부터 생겨난 하나의 의식적 표상이다. 죽은 환자의 아내는 임박한 죽음에 대한 무의식적 지식을 가졌다. 새떼는 상응하는 기억-이미지들과 그에 따른 그녀의 두려움을 불러 일으켰다. 비슷하게 그 남편의 비명횡사에 대한 거의 동시적인 꿈이 이미 존재하고 있는 무의식적 지식에서 생겨났다.

이 모든 사례들과 유사한 다른 사례들에는 선험적인, 즉 그 당시에는 알 수 없는 어떤 상황의 인과적으로 설명할 수 없는 지식이 있는 듯하다. 그러므로 동시성은 두 가지 요소로 되어 있다. 첫째, 어떤 무의식적 이미지가 직접적이거나(문자를 통해) 혹은 간접적으로(상징화되거나 암시되어) 꿈, 생각, 전조의 형식으로 의식화된다. 둘째, 어떤 객관적 상황이 그 내용과 일치한다. 전자는 후자만큼이나 혼동스럽다. 어떻게 무의식적 이미지가 발생하고 일치는 어떻게 일어나는가? 내가 다만 이해하는 것은 사람들이 이런 것들의 실재를 의심하는 것을 왜 더 좋아하는가 하는 점이다. 여기서는 단지 의문에 부치겠다. 이 연구의 말미에서 나는 거기에 답할 참이다.

동시성적인 사건들의 발생에서 감정이 갖는 역할을 고려할 때, 나는 이것이 전혀 새로운 발상이 아니라 아비켄나(Avicenna)[54]와 알베르투스 마그누스(Albertus Magnus)[55]에게 이미 알려져 있었음을 말해야 하겠다. 마술의 주제에 관해서 마그누스는 말했다:

나는 아비켄나의 『리베르 섹스투스 나투랄리움』(*Liber sextus naturalium*, 여섯 가지 자연의 책)에서 (마술에 대한) 교훈적인 설명을 발견했다. 그곳에서 말하길 사물을 변형하는 어떤 힘(Virtus)은 인간의 영혼에 거주하고, 특히 그 힘이 극도의 사랑과 미움 혹은 그에 상당하는 어떤 것에 엄습될 때 다른 사물들을 그 힘에 복종시킨다고 한다.[56] 그러므로 한 인간의 영혼이 어떤 극한의 열정에 빠졌을 때, [그 극한인] 사물을 [마술적으로] 연루하고 극한이 원하는 방식으로 변형한다는 것이 실험에 의해 증명될 수 있다.[57] 그리고 오랫동안 나는 그것을 믿지 않았으나, 검은 마술 (black magic: 악마의 도움을 받아 하는 마술)과 부호와 마술에 관한 책을 읽은 뒤로는 인간 영혼의 감동(affectio)은 이 모든 것들의 주요한 원인임을 알

---

54 아비켄나는 라틴어명, 본래는 이븐 시나(Ibn Sinā, 980~1037)이다. 그레코-로망(Greco-roman)의 정수(精髓)를 보존했다가 르네상스의 사상가들에게 전해준 이슬람 세계의 위대한 사상가 중의 한 사람이다. 의사, 철학자, 과학자였으며, 특히 의학과 아리스토텔레스 철학의 연구에 기여한 업적으로 유명하다. 만년에는 동양철학(al-hikmat al-mashriqīyah)의 체계를 세우려고 노력했다. 저서로는 『치료의 서(書)』(*Kitāb ash-shifā*)와 『의학정전(醫學正典)』(*al-Qānūn fiattibb*)이 있다. *Encyclopedia of Philosophy*, 1998. 관련 항목 참고.-역자

55 알베르투스 마그누스(Albertus Magnus, 1193~1280)는 도미니쿠스 수도회에 들어가 공부하였고, 그 뒤로 그리스어본과 아랍어본을 라틴어로 번역한 아리스토텔레스의 저작과 12세기 스페인 태생의 아베로에스가 기술한 아리스토텔레스 주석서들을 연구하였다. 자신의 『자연학』(*Physica*)에서 자연과학의 전 분야와 모든 학문을 '라틴 민족'에게 알리는 일을 착수하였다. 그의 가장 위대한 제자인 토마스 아퀴나스(Thomas Aquinas, 1225~1274)와 더불어 학문 작업을 하면서 아리스토텔레스주의를 주창한 사람으로서 당대 최고의 학자로 '대왕'(마그누스, Great)의 명성을 얻었다. 『브리태니커』 관련 항목 참고.-역자

56 아비켄나, 『리베르 섹스투스 나투랄리움』(*Liber sextus naturalium*), "quando ipsa fertur in magnum amoris excessum aut odii aut alicuius talium."

57 같은 책, "fertur in grandem excessum alicuius passionis invenitur experimento manifesto quod ipse ligat res et alterat ad idem quod desiderat,"

게 되었다. 즉 영혼의 강한 질서 탓에 자신의 육체적 실체와 영혼이 갈구하는 다른 사물들을 변형하기 때문인지, 영혼의 존엄함 탓에 다른 열등한 것을 쉽게 부리기 때문인지, 적합한 시간 혹은 점성술적 상황 혹은 또 다른 힘이 매우 과도하게 어떤 감정과 일치하기 때문인지 그 어느 쪽이든 말이다. 그래서 우리는 결론적으로 이 힘을 행하는 것은 영혼에 의해 행해진다고 믿는다.[58] … 이것을 행하거나 행하지 않는 비밀을 배우려는 사람은 누구든지 모든 사람은 어떤 극한에 빠지면 마술적으로 모든 것에 영향을 끼칠 수 있다는 것을 알아야 한다. … 그리고 그 사람은 그와 같은 극한이 그에게 생기는 바로 그 시간에 그것을 해야 하며, 영혼이 처방하는 것을 가지고 조작해야 한다. 영혼은 그때 자신의 조화를 성취하는 어떤 것을 그 일에 딱 어울리는 사물을 지배하는 좀더 중요하고 더욱 점성술적인 시간에 멈춘다. … 이렇게 어떤 사물을 더욱 강렬하게 원하는 것은 영혼이며 그래서 그것은 사물을 더욱 효과적이고 더욱 나타남직한 것처럼 만든다. … 그러한 것이 영혼이 강렬하게 바라는 모든 것을 만들어내는 방식이다. 영혼이 계획 속에서 그 목적을 가지고 행하는 모든 것은 원동력과 영혼이 갈망하는 효능을 손에 넣는다.[59]

우리는 이 문헌에서 동시성적(마술적) 사건은 감정에 의존하는 것으로서 여겨지고 있음을 명확히 볼 수 있다. 당연히 마그누스는 그의 시대 정신에 따라 이것을 심리적 과정 그 자체가 외부의 물리적 과정을 예견

---

58 "cum tali affectione exterminata concurrat hora conveniens aut ordo coelestis aut alia virtus, quae quodvis faciet, illud reputavimus tunc animam facere."

59 『세계의 신이(神異)에 대하여』(De mirabilibus mundi), 스위스 취리히 젠트랄비블리오테크 (Zentralbibliothek), 연대 미상.(1485년이라 표기된 쾰른 판이 있다.)

하고 있는 일치하는 표상만큼 '배열되어'있다고 생각하지 않고, 영혼 속에 마술적인 어떤 능력을 가정함으로써 설명하고 있다. 이 표상은 무의식 속에 근원을 두고 있으므로 아르노르 게링크스(Arnold Geulincx)[60]의 의견대로 신에 의해 불어넣어지고 우리의 사유에서 연유하지 않는 "코기타티오네스 쿠아에 순트 아 노비스 인데페덴테스"(cogitationes quae sunt a nobis independentes), 우리로부터 독립적인 사유에 속한다.[61] 요한 볼프강 폰 괴테(Goethe)는 동시성적인 사건을 그와 같은 '마술적인' 방식으로 생각했다. 그래서 그는 요한 페터 에커만(Eckermann)과의 대화에서 말하길: "우리 모두는 내부에 전기적(electric)이고 자력을 가진(magnetic) 힘을 가지고 있어서 같은 것 혹은 같지 않은 것과 접촉함에 따라 우리 스스로는 당기고 밀어내는 힘을 발휘한다."[62]

이런 일반적인 생각을 끝내고 동시성의 경험적 토대에 관한 문제로 돌아가 보자. 여기서 주된 어려움은 우리가 합리적으로 어떤 결론을 끌어낼 수 있는 경험적인 자료를 마련하는 것이나, 불행히도 이 어려움은

---

60 게링크스(Arnold Geulincx, 1642~1669). 벨기에의 철학자로 데카르트의 추종자였으며 논리학, 윤리학, 물리학, 형이상학 등을 다루었다. 데카르트의 심신이원론은 심(心)과 신(身)을 각각 실체(實體, substance)로 설정했기 때문에 엄밀히 말해 양자는 상호작용이 없다. 그러나 데카르트는 인간의 육체(身)를 기계적으로 설명하면서 동시에 정신(心)이 의지의 활동을 통해 인간의 행위에 영향을 끼친다는 가능성에서 정신과 육체가 접촉하는 장소로 송과선(松果腺, pineal gland)을 상정했다. 엄격한 데카르트주의자라면 이것을 인정하지 않을 것이다. 이 이론은 게링크스와 말브랑슈, 스피노자에 의해서 버림받았다. 게링크스는 이 난점을 해결하기 위해 병행설(竝行說, parallelism)을 주장한다. 곧 육체적인 활동과 비(非)물질적인 의지는 동시에 일어나는 병행한 행위이고, 이것을 태초로부터 부여한 것은 신(神)이라고 주장했다(옮이 인용한 것은 이 부분이다). 러셀은 이것을 '매우 이상한'이론이라고 농을 하고서 심신의 상호작용의 실재(實在)를 부정하면서도 그 현상(現象)을 설명한 것이라 평한다. 『철학대사전』 관련 항목 참고. 러셀(B. Russell), 최민홍 옮김, 『서양철학사』(*The history of western philosophy*), 집문당, 1989, 784~798쪽 참고.-역자

61 「제2의 과학」(Secunda scientia), 『진정한 형이상학』(*Metaphysica vera*), III부. 랜드(J. P. N. Land) 편, 『철학 저작』(*Opera philosophica*), vol. II, 1892, 187쪽.

62 문(R. O. Moon), 『괴테와 에커만의 대화』(*Eckermann's Conversations with Goethe*), 런던, 1951, 514쪽.

해결하기에 쉬운 것이 아니다. 해당되는 경험들은 가까이에 있지 않다. 그러므로 만약 우리가 자연에 대한 이해의 토대를 확장하고 싶다면, 우리는 가장 모호한 구석들을 조사하고 용기내어 우리 시대의 편견에 충격을 주어야 한다. 갈릴레오(Galileo)[63]가 자신이 만든 망원경으로 목성(Jupiter)의 달들을 발견했을 때, 그는 즉시 동시대의 동료 학자들의 편견과 정면충돌하게 되었다. 아무도 망원경이 무엇인지도 그것이 무엇을 할 수 있는 것인지도 몰랐다. 이전에는 누구 하나라도 목성의 달들을 말한 적이 결코 없었다. 당연히 각 시대는 그전의 모든 시대가 편견에 잡힌 것을 생각하는데, 오늘날 우리는 편견에 사로잡혀 생각했던 과거 시대들만큼이나 그릇되어 있다. 우리는 얼마나 흔히 진리는 단죄될 수 없음을 보아 왔던가! 인간은 역사로부터 아무 것도 배우지 못한다는 것은 슬프지만 불행히도 사실이다. 이런 구슬픈 사실은 우리가 이 어두운 주제에 한 가닥 빛을 던져줄 경험적인 자료를 모으기 시작하자마자 아주 커다란 어려움으로 나타날 것이다. 왜냐하면 우리는 모든 권위들이 우리에게 아무 것도 발견될 수 없다고 단언한 곳에서 그것을 찾을 상당한 확신이 있기 때문이다.

　매우 믿을 만하지만 대단히 고립된 사례의 보고서들은 이점(利點)이

---

63 갈릴레오(Galileo, 1564~1642)는 수학적 합리주의를 주창하여 아리스토텔레스의 논리에 대항하며 실험에 입각한 물리학을 제시한 근대과학의 창시자 가운데 한 사람이다. 역학을 과학의 한 분야로 성립시켜서 후일 뉴턴에 이르는 길을 예비했으며, 천문학에서는 망원경을 제작하여 관측에 의한 많은 새로운 발견을 했다. 케플러의 법칙을 무시하고 원운동을 고수한 점과 중력을 마술적이라는 이유로 거부한 것은 근대과학의 선구자로서의 한계를 보여 준다. 주저로는 문학과 철학 분야의 걸작으로 알려진 『2개의 주된 우주 체계—프톨레마이오스와 코페르니쿠스—에 관한 대화』(*Dialogo sopra i due massimi sistemi del mondo tolemaico e copernicaon*)와 역학 원리와 실험 결과를 담은 『두 가지 새과학에 관한 논의와 수학적 논증』(*Discorsi e dimostrazioni mathe- matiche intorno a due nuove scienze attenenti alla meccanica*)이 유럽 전역에 널리 퍼졌다. 이 책에 등장하는 토리첼리는 그의 제자이다. 『브리태니커』 관련 항목 참고.-역자

없는데, 기껏해야 그런 보고서를 기술한 사람들을 신빙성 없는 사람들로 만들 것이다. 구르니, 마이어즈, 포드모어들의 작업에서처럼 그와 같은 다수 사례들의 주의 깊은 기록과 입증조차도 과학계에 거의 어떤 인상도 던지지 못했다. 대다수의 '전문적인' 심리학자와 심리치료사들은 이런 연구들에 완전히 무지한 듯하다.[64]

ESP와 PK실험의 결과들은 동시성의 현상을 평가하는 데 통계적인 토대를 제공했으며, 동시에 심리적 요인이 수행한 중요한 역할을 지적했다. 이 사실로 인해 나는 그것이 한편으로는 동시성의 존재를 예시하는 방법, 다른 한편으로는 관련된 심리적 요인의 본성에 대한 어떤 단서를 줄지도 모르는 심리적 내용들을 밝힐 수 있는 방법을 발견할 가능성의 여부에 대답해 보고자 한다. 다시 말하면 나는 측정 가능한 결과를 산출하고 동시에 동시성의 심리적 배경에 통찰을 줄 수 있는 방법이 있는지 없는지를 자문한다. 비록 ESP 실험은 일치의 사실에 제한된 사례의 본성 안에 있고 더 이상의 조명 없이 그 심리적 배경을 강조하고 있지만, 우리는 동시성적 현상을 위한 어떤 본질적인 조건들이 있다는 것을 ESP 실험을 통해 이미 보아 왔다. 나는 심리적 요인에서 시작해서 동시성의 존재를 명백한 것으로 여기는 직관적 혹은 '주술적'(mantic) 방법이 있음을 오랫동안 알고 있었다. 그러므로 나는 무엇보다 『주역(周易)』이라 불리는 중국의 매우 특징적인 전체의 상황을 파악하기 위한 직

---

64 최근 파스쿠알 요르단(Pascual Jordan)은 공간 투시(spatial clairvoyance)에 관한 과학적 탐구를 위한 탁월한 사례를 제시했다. 「사이비 심리적 현상들에 대한 실증주의적 관찰들」(Positivistische Bemerkungen über parapsychischen Erschei- nungen), 『심리 치료를 위한 중앙신문』(Zentralblatt für Psychotherapie) IX, 라이프치히, 1936. 나 역시 미시물리학과 무의식의 심리학 사이의 관계에 관심을 가지고 그의 『억압과 상보성』(Verdrängung und Komplementarität), 함부르크, 1947에 주의를 기울였다.

관적인 기술에 주의를 돌리겠다.[65] 그리스 문화에 단련된 서양의 마음과는 달리 중국인의 마음은 그 자체를 목적으로 하고 디테일을 파악하는 것을 목표하지 않는, 디테일을 전체의 부분으로 보는 관점을 목표로 했다. 명백한 이유 때문에 이런 종류의 인지적 작용은 무엇인가의 도움을 받지 않은 지성에게는 불가능하다. 그러므로 판단은 의식의 비합리적 기능 곧 감각(sens du réel, 현실감)과 [식역하(識閾下)의 내용에 의한 지각인] 직관에 보다 더 의존해야 한다. 우리가 고대 중국철학의 실험적 토대라고 부를 수 있는 『주역』도 전체적으로 상황을 파악하고 음양의 상호 작용이라는 우주적 배경에 대해 그 디테일을 배치하는 가장 오래전에 알려진 방법 가운데 하나이다.

이 전체를 파악하는 것은 확실히 과학의 목적이기도 하지만, 가능한 한 어떤 때라도 과학은 실험에 의하고 모든 사례에서 통계적인 절차를 밟기 때문에 필연적으로 그 목적과 거리가 매우 멀어지게 된다. 하지만 실험은 혼동을 초래하거나 관련이 없는 것을 가능한 한 배제시킨 한정적 의문을 제기하는 데 있다. 그것은 조건을 만들어 자연에 부여하고, 이런 식으로 인간에 의해 고안된 질문에 답하도록 자연에 강요한다. 자연은 그 가능성의 충만함으로부터 대답하는 것이 막혀 있다. 왜냐하면 이러한 가능성은 실행할 수 있는 만큼 제한되었기 때문이다. 이 목적을 위해 실험실에서는 인위적으로 그 질문에 제한되고 자연이 모호하지 않은 대답을 하지 않으면 안 되는 상황이 창조되어 있다. 제한적이지 않은 전체성에서 자연이 하는 활동은 완전히 배제되어 있다. 만약 우리가 이 활동이 무엇인지 알고 싶어 한다면, 우리는 가장 최소화된 가능

---

65 리하르트 빌헬름(Richard Wilhelm)의 번역(獨語飜譯)을 대본으로 캐리 베인즈(Cary F. Baynes)가 영역한 것. 뉴욕, 1950; 런던, 1951.

한 조건을 부과하는 탐구의 방법이 필요하고, 가능한 어떤 조건도 전혀 없다면 자연을 자신의 충만함으로부터 대답하도록 내버려두는 방법이 필요하다.

실험실에서 설계된 실험에서 기존의 정립된 절차는 통계적인 자료 수집과 결과 비교에서 안정된 요인을 형성한다. 반면에 직관적인 혹은 '주술적인' 전체성의 실험에서는 조건을 부과하고 자연 과정의 전체성을 제한하는 어떤 질문도 필요하지 않다. 그것은 자신을 드러낼 모든 가능한 기회가 주어진다. 『주역』에서 동전들은 그것들에 적합하게 일어나는 대로 떨어진다.[66] 어떤 관찰자의 관점으로부터 미지의 질문이 합리적으로 비이성적인 해답에 의해 일어난다. 그래서 전체적인 반응을 위한 조건들이 상당히 긍정적으로 더할 나위 없다. 그러나 불리한 점이 대뜸 눈에 띈다: 과학적 실험과는 대조적으로 누구도 무엇이 일어났는가는 모른다. 이 약점을 극복하기 위해 자연의 통일성이라는 가설에 기반하고 있는, 현재로부터 12세기 전에 두 명의 중국 성인(聖人)인 문왕(文王)과 주공(周公)은 물리적 과정을 가진 심리적 상태의 동시적 발생을 의미의 상응(equivalence of meaning)으로써 설명하려고 했다. 다시 말하면 그들은 똑같이 살아 있는 실재가 물리적인 상태에서처럼 심리적인 상태에서 현현된다고 가정했다. 하지만 그러한 가설을 입증하기 위해 이 명백히 무제한적인 실험에서 약간의 제한을 가한 조건이 필요하

---

66 전통적인 시초점으로 실험이 행해진다. 49개의 산가지를 나누는 것은 우연 요인을 나타낸다. 융은 빌헬름이 번역한 『주역』의 「서문」(iv)에서 다음과 같이 말한다. "나는 이 책을 인격화하고, 어떤 의미에서, 그 판단을 요청하고 있다···."편집자 가운데 한 사람이 이 말의 명백한 모순을 설명해 달라고 하자(우연인데 사람에게 묻듯이 하면 우연이 아니지 않은가?), 융은 대답했다. "나는 한 인간 개체의 일을 가지고 『주역』을 이용할 때면 뚜렷한 질문을 던지지 않는다. 이것은 나의 개인적 선택이다. 중국에서 그 나라 사람들은 명확한 질문을 한다. 「서문」에서 나는 이 과거의 방법을 따랐다. 왜 이것이 모순이어야 하는가? 「서문」에서는 한 인간 개체의 질문이라곤 없다."-편집자

다. 즉 물리적 절차의 한정된 형식인, 자연에게 홀수(奇數)·짝수(偶數)로 대답하도록 하는 방법 혹은 기술이 필요했다. 음양으로 대표되는 이것은 발생하는 모든 것의 '아버지'와 '어머니'로서 대극(opposites)의 특징적인 형식으로 무의식과 자연에서 발견된다. 그러므로 그것은 심리적인 내부의 세계와 물리적인 외부의 세계 사이에서 테르티움 콤파라티오니스(tertium comparationis, 비교의 중심으로서 제3자)를 형성한다. 이렇게 두 성인은 어떤 내부의 상태는 외부의 것으로(그 반대도 역시) 표상될 수 있는 방법을 고안했다. 당연히 이것은 각 신탁의 형상이 갖는 의미에 대한 직관적 지식을 먼저 가정한다. 그러므로 『주역』은 가능한 음양 조합의 각각에 대한 의미가 산출되는 64개의 해석의 모음으로 되어 있다. 이 해석들은 그 순간의 의식의 상태와 상응하는 내부의 무의식적 지식을 정식화하며, 이 심리학적 상황은 동전을 떨어뜨리거나 시초점의 결과에서 비롯된 홀수·짝수를 얻는 방법의 우연한 결과와 일치한다.

이 방법은 모든 점술적이거나 직관적인 기술들처럼 무인과적 혹은 동시성적 연결 원리에 기초한다.[67] 실제로 편견 없는 사람이라면 인정하듯이 명백한 동시성의 사례가 실험 도중에 많이 발생했는데, 그것들은 단순한 투사들(projections)로써 합리적이고 다소 자의적으로 설명될 수 있었다. 하지만 그것이 진정 있는 그대로 나타난 것이라 가정한다면, 그때 그것은 우리가 아는 만큼 어떤 인과적 설명도 없기 때문에 다만 의미 있는 일치일 수 있다. 그 방법은 49개의 산대를 무작위로 두 더미로 나누고, 넷씩 나누어 세거나, 또는 3개의 동전을 6번 던지든지 해서 앞

---

67 나는 이 용어를 1930년 5월 10일 뮌헨에서 행한 리하르트 빌헬름을 위한 회고 연설에서 처음으로 사용했다. 그 연설은 후일 『태을금화종지(太乙金華宗旨)』(*The secret of the Golden Flower*), 런던; 뉴욕, 1931의 부록에 실렸다. 그 책에서 나는 "『주역』의 과학은 인과율에 기반하지 않고 내가 잠정적으로 동시성적(synchronistic) 원리라고 부르는 원리에 기반한다"고 말했다(142쪽).

면과 뒷면의 결과치(앞이 3, 뒤가 2)로 결정해서 괘의 각 효를 만든다.[68] 그 실험은 삼가(三價) 원칙(triadic principle, 팔괘八卦)에 기초를 두고 각각 심리 적 상황과 상응하는 64가지(8卦×8卦=64卦)의 변환을 포함한다. 이것을 문 헌에다 길게 논의하고 주석을 덧붙였다. 또한 『주역』과 동일한 일반적 인 원리에 기반하고 있으며, 매우 고대에 기원을 두고 있는 서양의 방 법이 있는데, 유일한 차이점은 서양에서는 이 원칙이 삼가(三價)가 아니 라 의미심장하게도 사가(四價)라는 것이다.[69] 그래서 그 결과는 음·양의 효(爻)로 만들어진 괘(六爻의 卦)가 아니라, 홀수·짝수로 구성된 16개의 형 상이다. 그것들 가운데 12개는 어떤 규칙에 따라 점성술의 사(舍)(house) 들에 배열된다. 그 실험은 질문자가 오른쪽에서 왼쪽으로 모래와 종이 위에 표시한 점의 무작위적 숫자로 이루어진 가로 4줄·세로 4줄(4×4) 에 기반하고 있다.[70] 진정 서양적인 방식으로 이 모든 요인들의 조합은 『주역』보다 상당할 정도로 보다 상세하게 미치고 있다. 여기서도 또한 매우 많은 의미 있는 일치가 있지만, 대체적으로 이해하기가 어려워서 『주역』보다 명확하지 않다. 서양식 방법에서는 아르스 게오만티카(Ars Geomantica, 地相占術) 혹은 반점술(Art of Punctation)로서 13세기 이래로 알려 지고 널리 유행되어 왔지만,[71] 진지한 주석은 없었다. 왜냐하면 그것의

---

68 『주역』, 392쪽.

69 시빌레(Siville)의 이시도레(Isidore)가 『어원학』(Liber etymologiarum), VIII, ix, 13에서 언급하였다. 이 문헌은 J. P. 미뉴(Migne)의 『라틴 교부학』(Patrologia latina), LXXXII, cols, 73~72B에 있다.

70 옥수수 알갱이나 주사위가 사용될 수도 있다.

71 이 방면의 잘된 설명은 로버트 플러드(Robert Fludd)의 『지상 점술에 대하여』(De arte geomantica)에서 보인다. 린 손다이크(Lynn Thorndike), 『마술과 실험과학의 역사』(A History of Magic and Experimental Science) II, 뉴욕, 1929, 110쪽 참고. 게오만티카는 동양의 풍수지리(風水地理)를 번역하는 데 쓰인다. 지상(地相)이란 관상(觀相), 수상(手相), 족상(足相)처럼 땅의 상 (相, 모습)을 말한다. 그러나 위에서 융이 설명한 것과 같은 방법을 가진 게오만티카 혹은 반점 술은 아랍과 아프리카에서 시작되었다고 보는데, 우리나라 및 이웃 중국의 풍수지리의 방법 과는 전혀 다른 것이다. 『SCC』, 14장 의과학과 회의론의 전통 참고.-역자

사용이 단지 주술적이었고, 『주역』처럼 철학적이지 못했기 때문이다.

　두 절차의 결과가 바라던 방향을 가리키지만 통계적 평가를 위한 어떤 기초도 주지 않는다. 그러므로 나는 또 다른 직관적 기술을 숙고하다가 적어도 그 현대적 형식에서 점성술을 생각해냈다. 그것은 개인의 특징에 대한 많던 적던 전체적인 상(相)을 줄 자격이 있다. 여기에는 주석이 부족하지 않다: 실로 주석이 대단히 풍부한 것을 알게 된다. 그것은 해석이 단순하지도 특별하지도 않다는 확실한 표시이다. 우리가 탐구하는 의미 있는 일치가 점성술에서는 즉각적으로 명백하다. 왜냐하면 천문학적 자료들이 개인의 성격적 특성에 상응한다는 점성술사의 말이 있기 때문이다. 가장 멀리 떨어진 시대로부터 다양한 행성들(planets)과 사(舍)들(houses), 황도(黃道) 12궁들(zodiacal signs), 좌상(座相)들(aspects) 등등, 이 모든 것들은 인물 연구나 주어진 상황의 해석을 위한 기초로서 기여하는 의미들이 있다. 그 결과가 해당되는 상황과 인물의 성격에 대한 우리의 심리학적인 지식과 일치하지 않는 것은 언제나 거부할 수 있다. 성격에 대한 지식이 매우 주관적인 일이라는 주장을 반박하기는 어렵다. 왜냐하면 성격학(characterology)에서는 어떤 무오류성도 없고, 심지어는 어떤 식으로든 측정되고 계산될 수 있는 믿을 만한 표시도 없기 때문이다. 즉 그것은 실지로 많은 사람들이 승인하고 있는 필적학(graphology)에 대해서도 적용되는 거부와 같은 것이다.

　성격의 특성을 결정하는 믿을 만한 기준이 없는 것과 함께 이런 비판은 홀로스코프(horoscope, 天宮圖) 상의 구조와 점성술사가 정식화한 개인의 성격과의 의미 있는 일치를, 논의 중에 있는 이곳의 목적을 위해서는 적용할 만하지 않은 것처럼 여겨진다. 그러므로 점성술이 우리에게 사건의 무인과적 연결에 대한 어떤 것을 알려주길 바란다면, 우리는 이런 불확실한 성격의 진단을 내던지고 그곳에다 절대적으로 확실하고 의심이 필요 없는 사실을 놓아야 한다. 그러한 사실의 하나는 두 사람 사이의 결혼 관계이다.[72]

고대 이래로 결혼에 대한 주요한 전통적인 점성술적·연금술적 상응은 코니운크티오 솔리스[☉] 에트 루나에[☽](coniunctio Solis et Lunae, 태양과 달의 합), 코니운크티오 루나에 에트 루나에(coniunctio Lunae et Lunae, 달과 달의 합)가 있었고, 달과 상승점의 합(☽)이 있었다.[73] 다른 것도 있지만 그것들은 주요한 전통적인 흐름에는 들어오지 못한다. 상승점-하강점 축은 전통에 들어 왔는데, 그것은 특별히 성격에 중요한 영향을 미치는 것으로 오랫동안 여겨져 왔었다.[74] 내가 성격을 화성(Mars)과 금성(Venus)의 합과 충(opposition)으로 설명할 때, 나는 여기서 이 두 행성의 합과 충이 사랑의 관계를 가리키기 때문에 결혼과 관련 있으며, 이것이 결혼의 성사 여부라는 것을 말할 것이다. 나의 실험이 관련된 이상 우리는 결혼하지 않은 쌍의 홀로스코프와 관련한 결혼한 쌍의 홀로스코프에서 일

---

72 또 다른 명백한 사실로는 살인과 자살이 있다. 통계는 헤르베르트 폰 클뢰클러(Herbert von Kloeckler)의 저서, 『경험과학으로서의 점성술』(Astrologie als Erfahrungswissenschaft), 라이프치히, 1927, 232쪽, 260쪽에서 찾을 수 있을 것이다. 그러나 불행히도 그 통계는 정상 평균치와 비교하지 않아서 우리의 목적에는 이용될 수 없다. 다른 한편 폴 플랑바르(Paul Flambart)의 『과학적 점성술의 증거와 기초』(Preuve et Bases de l'astrologie scientifique), 파리, 1921, 79쪽은 123명의 현저히 지적인 사람들의 상승점들(ascendents)에 대한 통계 그래프를 보여 준다.

73 이 관점은 프톨레미(Claudius Ptolemy, 기원전 2세기)까지 거슬러 올라간다. "프톨레미는 세 가지 등급으로 조화를 가정한다. 첫 번째 등급은 남자의 홀로스코프의 태양과 여자의 홀로스코프의 태양 또는 달, 두 남녀의 홀로스코프의 달이 트라인(trigonal, 삼각)이나 섹스타일(sextile, 육각) 좌상에서 각자의 장소에 있을 때이다. 두 번째 등급은 남자의 홀로스코프에서의 달, 여자의 홀로스코프에서의 태양이 동일한 방식으로 배열된다. 세 번째 등급은 전자(남자의 홀로스코프에서의 달)가 후자(여자의 홀로스코프에서의 태양)를 잘 받아들인다." 같은 쪽에서 카르단(Cardan)은 프톨레미(『점성술적 판단에 대하여』를 인용한다: "일반적으로 그들의 삶은 함께 두 파트너의 홀로스코프에서 태양과 달이 조화롭게 배열될 때 길고 지속적이 된다." 프톨레미는 여성의 태양과 남성의 달의 삭을 특별히 결혼에 길한 것으로 생각하였다. 제롬 카르단(Jerome Cardan), 『프톨레미의 '점성술적 판단에 대하여'에 대한 주석』(Commentaria in Ptolemaei librorum de iudiciis astrorum), IV권 (카르단의 『전집』 V, 1663, 332쪽).

치하는 좌상인 해·달[☉☽], 달·달[☽☽], 달·상승점[☽Asc.]을 탐구해야 한다. 위의 좌상의 관계를 주요한 전통의 흐름에 단지 일부분만 속한 좌상의 관계와 비교하는 것은 더욱 흥미 있을 것이다. 출생-데이터(birth-data), 천체 책력(astronomical almanac), 홀로스코프 제작을 위한 대수표(table of logarithm) 말고는 그러한 탐구를 수행하는 데 점성술에서는 어떤 신념도 필요치 않다.

위의 세 가지 주술적 절차가 보여 주는 대로 우연의 본성에 가장 적합한 방법은 수를 이용한 방법이다. 먼 옛날 이래로 인간은 의미 있는 일치, 즉 해석될 수 있는 일치를 자리 잡게 하기 위해 숫자를 사용해 왔다. 수에 대해서는 심지어 신비하다고 말할 수 있는 특별한 것이 있다. 수는 결코 자신의 신성한 오라(aura)를 빼앗긴 적이 없다. 수학의 문헌이 보여 주는 대로 사물의 군집이 성질이나 특성의 개개의 단일한 하나로 떨어지더라도, 수는 환원할 수 없는 어떤 것임을 나타내는 듯한 그 수가 여전히 남는다(나는 여기서 수학적 논증의 논리에 관한 것이 아닌 수의 심리학에 대해서만 관심을 갖고 있다). 자연수의 배열은 동일한 단위의 단순한 행렬 이상의 돌연한 것임을 입증한다. 즉 그것은 수학의 전체와 아직 이 분야에서 발견되지 않는 모든 것을 포함한다. 그러므로 수는 어떤 의미에서 예측

---

74 현역 점성술가들은 결코 여기서 웃음을 억누를 수 없을 것이다. 왜냐하면 그에게 이 상응은 절대적으로 자명한데, 괴테(Goethe)와 크리스티아네 벌피우스(Christiane Vulpius, 괴테의 연인)가 연결된 다음과 같은 고전적 예증이기 때문이다: 처녀좌에서의 태양(5도)과 처녀좌에서의 달(7도)과의 합(☉5°♍ ♂☽7°♍). 나는 점성술에 대한 고대의 기술과 기법에 익숙하지 않은 독자를 위해 몇 가지 설명을 덧붙여야 하겠다. 점성술의 기초는 홀로스코프인데, 그것은 어떤 개인의 탄생의 순간에 황도의 12궁에서 상대적인 위치에 따라 태양과 달 그리고 행성들의 순환적 배열이다. 거기에는 세 가지의 주요한 위치가 있는데, 곧 태양[☉] 달[☽], 그리고 이른바 상승점(Asc.)이 그것이다. 마지막 것은 출생의 해석을 위해 매우 중요하다. 상승점은 탄생의 순간에 동쪽 지평 위로 떠오르는 12궁의 각도를 나타낸다. 홀로스코프는 12개의 소위 숨(house)라고 불리는 30도씩의 부분으로 구성되어 있다(30도*12=360도). 점성술적 전통은 이질적 특성을 다양한 '좌상', 즉 행성과 루미나리아(태양, 달)의 각도 관계와 12궁 등에 돌린다.

할 수 없는 실체이다. 비록 나는 수와 동시성 같은 명백히 비교할 수 없는 것들 사이의 내적 관계에 대해 해명하는 어떤 것을 말하는 책임을 지고 싶지는 않지만, 그 둘은 늘 서로 관련이 되어 있을 뿐만 아니라 둘의 공통되는 특성으로서 신성함과 신비를 가지고 있음을 지적하지 않을 수 없다. 수는 변함없이 몇몇 신성한 대상의 특징을 나타내는 데 사용되어 왔다. 그리고 1부터 9까지의 모든 수는 '신성하다.' 10, 12, 13, 14, 28, 32, 40 등의 수들도 어떤 특별한 중요성을 지니고 있다. 어떤 대상에 대한 가장 기초적인 성질은 그것이 하나인가 다수인가이다. 수는 현상의 혼돈(chaos)에 질서를 부여하는 데 다른 어떤 것보다도 더 큰 도움을 준다. 그것은 질서를 창조하기 위한 혹은 이미 존재하고 있지만 여전히 미지의 규칙적인 배열 아니면 '질서정연함'(orderedness)을 파악하기 위해 미리 예정되어 있는 도구이다. 1에서 4까지의 수가 대단한 빈도로 발생하고 가장 넓은 범위를 가지고 있다는 것을 본다면, 그것은 인간의 마음속에 있는 질서의 가장 시원적인 요소인 듯하다. 다른 말로 하자면 질서의 시원적인 패턴은 대부분 삼가(三價, triads)든지 사가(四價, tetrads)이다. 수가 원형적 토대를 가진다는 것은 어쨌든 나의 추측이 아니라(적당한 때 보게 되겠지만) 수학자라는 사람들의 추측이다. 그러므로 우리가 심리학적으로 수를 의식화되어 있는 질서의 한 가지 원형으로 정의한다 하더라도 그다지 지나친 결론은 아니다.[75] 매우 놀랍게도 무의식에 의해 동시적으로 산출된 전체성의 심리적 이미지, 만다라 형식에서의 자기 자신(Self)의 상징 또한 수학적인 구조를 갖는다. 그것들은 대체로 사위들(quaternities 혹은 4의 배수 형태)이다.[76] 이 구조들은 질서를 표현할

---

75 『정신의 상징성』(*Symbolik des Geistes*), 취리히, 1948, 469쪽.
76 『무의식의 형상들』(*Gestaltungen des Unbewussten*), 취리히, 1950, 95쪽, 189쪽 참고.

뿐만 아니라 질서를 창조한다. 이것이 일반적으로 혼돈 상태를 보상하기 위해 심리적 방향 상실의 시기든, 신성한 경험의 정식으로서 그것들이 나타나는 이유이다. 그것은 의식적 마음의 발명이 아니라 경험에 의해 충분히 보여져 왔듯이 무의식의 동시적인 산물임을 다시 강조할 필요가 있다. 당연히 의식적 마음은 이 질서의 패턴을 모방할 수 있지만, 그와 같은 모방은 그 오리지널(원판)이 의식의 발명임을 증명하지 못한다. 이것으로부터 다음과 같은 사실은 반박될 수 없을 것이다. 즉 무의식은 질서를 만드는 요인으로서 수를 이용한다.

일반적으로 수는 발명되거나 인간에 의해 창안되었다고 믿어지기 때문에, 수는 인간의 지성에 의해 앞서 표현되지 않은 것을 아무 것도 포함하지 않은 단지 양의 개념일 뿐이라고 생각한다. 하지만 수가 찾아지거나 발견되었다는 것도 역시 가능하다. 그 경우에 수는 개념일 뿐만 아니라 다소간 양 이상을 포함하는 자율적인 실체라는 그 이상의 무엇이기도 하다. 개념과는 달리 수는 어떤 심리적 조건이 아닌 그것 자체의 특성, 즉 어떠한 지성적 개념으로 표현될 수 없는 '그러함'(so-ness)에 기반하고 있다. 이런 조건에서 수에는 여전히 발견되어야 하는 특성이 쉽게 부여될 수 있다. 나는 수가 발명된 것만큼 발견되었으며, 원형의 그것과 비견될 만한 어떤 상대적인 자율성을 가지고 있다고 생각하고 싶다. 수는 원형과 공통적으로 의식에 앞서 선재한다는 성질, 그러므로 간혹 의식에 조건화되기보다는 오히려 그것을 조건화하는 성질을 가지고 있다. 표상의 선험적인 관념적 형식처럼 원형 또한 발명된 만큼 발견된다. 즉 그것은 우리가 무의식적이고 자율적인 존재에 대해 모르기 때문에 발견되었으며, 그것의 현존이 유비적인 표상적 구조에서 추론되었기 때문에 발명되었다. 따라서 자연수는 원형적 특성을 가지고 있는 듯하다. 그러하다면 어떤 수나 수의 조합은 어떤 원형에 대해 관계나 영향을 가지고 있을 뿐만 아니라, 그 반대도 마찬가지일 것이다. 첫 사례는 수마술(number magic)에 대응하지만, 둘째의 것은 점성술에서 발견된 원형의 조합과 관련해서 수가 특별한 방식으로 행동하는 경향을 보여 주는지 어떠한지를 탐구하는 것에 해당한다.

2장

점성술 실험

 내가 이미 말했듯이 우리는 점성술의 배열과 결혼한 상태를 나타내는 두 가지 다른 사실이 필요하다.

 조사되어야 할 자료인 결혼 홀로스코프들(marrage horoscopes)[1]은 취리히, 런던, 로마, 비엔나에 있는 호의적인 제공자들에게서 얻은 것이다. 원래 그 자료는 순전히 점성술적 목적으로 소집되었는데, 일부 자료들은 수년전의 것이다. 그래서 그 자료를 모았던 사람들은 그 수집과 현재의 연구 목적간의 어떤 연관에 대해서도 모른다. 이 사실은 내가 강조하는 것인데, 그 자료가 특별히 어떤 계획 아래 목적을 갖고 선택되었다는 오해를 살지도 모르기 때문이다. 하지만 그렇지 않다. 그 표본은 무작위적인 것이다. 홀로스코프 혹은 탄생 자료는 우편물이 시간순

---

1 홀로스코프(horoscope)라는 단어는 그리스어의 'hora'(hour)와 'skopos'(scope)가 합성하여 생겨난 것으로 'hour'가 '시간', 'scope'가 '보는 기계'의 뜻을 갖기 때문에 직역하면 '시간을 관찰하는 도구'가 된다.-역자

으로 우송되듯 연대기적 순서로 모여진 것이다. 180쌍의 부부 홀로스코프가 입수되었을 때, 360개(180×2=320)의 홀로스코프가 만들어지자 수집을 중지했다. 나는 차후에 사용할 방법들을 시험하고 싶었으므로 파일럿 조사(pilot survey)[2]를 목적으로 이 첫 번째 집단을 이용하였다.

이 자료들은 본래 직관적 방법에 대한 경험적 기초들을 시험하기 위해 수집되었기 때문에 일반적인 언급들은 자료를 수집하고자 했던 취지와 관련해 부적합하지는 않을 것이다.

결혼의 심리학적 내용은 비록 생각할 수 있는 모든 변동을 보여 주기는 하지만 결혼은 잘 특성화된 자료이다. 점성술적 관점에 따르면 홀로스코프들에서 가장 뚜렷하게 나타나는 것은 정확히 결혼의 좌상이다. 홀로스코프에 의해 특성화된 개인들이 우연하게 서로 결혼할 가능성은 반드시 줄어들 것이다. 즉 모든 외적 요인들은 그것들이 심리학적으로 나타나는 한에서만 점성술적 평가가 가능할 것이다. 성격학적(characterological) 변동들의 수가 매우 많기 때문에 결혼이 유일한 점성술적 형태로 특성화되기를 기대하는 것은 매우 힘들 것이다. 그것보다는 점성술적 가정들이 모두 옳다면 결혼 배우자를 선택하는 데 어떤 경향성을 가리키는 몇 가지 형태가 있을 것이다. 이와 관련해 나는 널리 알려진 태양 흑점(sun-spot)의 주기와 사망 곡선 사이의 일치에 독자들의 주의를 환기해야겠다. 그 연결고리는 태양에서 나오는 양자(陽子, proton) 방출시의 동요에서 기인하는 지구 자기장의 교란으로 나타난다. 이 동요는 전파를 반사하는 전리층(ionosphere)을 간섭함으로써 전파 상태에

---

2 전문가들로부터 일치된 견해나 문제의 해결책을 찾기보다는 문제의 성격에 대한 보다 명확한 이해와 관련 변수들 사이의 관계에 대한 여러 사람들의 견해를 듣고 참고하여 새로운 아이디어를 찾으며, 문제 해결 과정에서 조언을 구하기 위해 실시되는 조사이다. 채서일, 『사회과학 방법조사론』, 학현사, 1993, 92쪽. -역자

영향을 미친다.[3] 이러한 간섭들에 관한 조사에서 행성들의 합(合), 충(衝), 사각(四角, quadratic)의 좌상들은 양자 방출을 증가시킴으로써 전자기 폭풍우를 일으키는 데 상당한 역할을 하는 것으로 보여진다. 다른 한편 점성술적으로 우호적인 삼각(trine)과 육각(sextile)의 좌상들은 단일한 전파 상태를 만드는 것으로 보고되어 왔다.

이런 관찰들은 점성술에 대한 가능성 있는 인과적 토대에 어떤 기대하지 않았던 이해의 실마리를 준다. 어쨌든 이것은 케플러의 날씨 점성술에 대해서 틀림없는 사실이다.[4] 그러나 양자 방출에 대한 기존의 생리학적 결과들 외에 점성술의 진술에서 그 우연한 본성을 박탈하고 그 진술들을 어떤 인과적 설명의 범위 내에 놓는 일이 생기는 것도 가능하다. 비록 탄생 홀로스코프의 타당성이 어디에 있는지를 아무도 모른다고 할지라도, 행성들의 좌상들과 심리-생리학적(psycho-physiological) 성향 사이에 인과적 관계가 있다고 생각할 수 있다. 그러므로 점성술적 관찰의 결과들을 동시성적 현상으로 여기지 않고 원래의 가능한 인과적 현상으로 취급할 것이다. 왜냐하면 너무나 동떨어져서 원인이 상정되는 곳에서는 동시성이 지극히 의심스러운 명제가 되기 때문이다.

여하튼 현재로서는 점성술적 결과들이 단순한 우연 이상의 것이라거나, 광범위한 수를 포함한 통계가 통계적으로 어떤 의미 있는 결과를 도출한다고 믿기에는 근거가 충분하지 않다.[5] 광범위한 연구가 부족하기 때문에 나는 어떤 종류의 형태들이 나타나는지 알아보기 위해 많은 수의 부부쌍들의

---

3 이것에 대한 포괄적인 설명은 막스 크놀(Max Knoll)의 「우리 시대 과학의 변형」(Transformations of Science in Our Time), 『인간과 시간』(Man and Time), 에라노스 연보(Eranos Year books) III, 뉴욕: 런던 참고.
4 이 책의 파울리의 글을 참고.
5 크라프트(K. E. Krafft)의 통계 결과 참고. 『우주생물학의 특성』(Traité d'astro- biologie), 파리, 1939, 23쪽.

홀로스코프를 이용하여 점성술의 경험적 토대를 조사하기로 결정했다.

파일럿 조사

첫 번째 정리된 집단을 가지고 나는 우선 태양과 달의 합[ơ]과 충[♂]에 착수했다.[6] 이 태양과 달의 좌상은 점성술에서 대체로 대등하게 강한 것(비록 대극적 의미지만), 즉 천체간의 강렬한 관계를 의미하는 것으로 여겨졌다. 화성[♂]·금성[♀]·상승점[Asc.]·하강점[Dec.]의 합[ơ]과 충[♂]을 더해서 태양·달·화성·금성·상승점·하강점들은 50개의 상이한 좌상들을 산출한다.[7]

⟨그림 1⟩

		⊙	☾	♂	♀	Asc.	Desc.
여성	⊙	ơ♂	ơ♂	ơ♂	♂ơ	ơ	ơ
	☾	ơ♂	ơ♂	♂ơ	ơ♂	ơ	ơ
	♂	♂ơ	ơ♂	ơ♂	ơ♂	ơ	ơ
	♀	ơ♂	♂ơ	ơ♂	♂ơ	ơ	ơ
	Asc.	ơ	ơ	ơ	ơ	ơ	ơ
	Des.	ơ	ơ	ơ	ơ		

ơ=合   ♂=衝

---

6 사각(quadratic), 삼각(trigonal), 육각(sextile)의 좌상들과 남중점(Medium Coeli, MC)과 북중점(Imum Coeli, IC)의 관계들이 마땅히 고려되어야 하지만, 나는 너무 복잡한 설명을 피하기 위해 여기서는 그것들을 생략하였다. 논의의 초점은 결혼 좌상들이 무엇을 의미하는지에 관한 것이 아니라, 그것들이 홀로스코프에서 발견될 수 있느냐 하는 것이다.

7 ⟨그림 1⟩은 태양·달·화성·금성·상승점·하강점 들이 180개의 결혼한 쌍에서 실제로 발생했던 50개의 상이한 좌상들을 분명하게 보여 준다.

내가 이러한 결합들을 선택했던 이유는 내가 앞 장에서 점성술적 전통에 대해 언급했기 때문에 독자들은 잘 알고 있을 것이다. 나는 합(合)과 충(衝)에 관해서 화성과 금성의 결합은 아래와 같은 것으로부터 쉽사리 식별되기 때문에 나머지 다른 결합들보다 그다지 중요하지 않다는 것만을 덧붙이면 된다. 즉 화성과 금성의 관계는 사랑의 관계를 나타낼 수 있지만, 결혼이 항상 사랑의 관계인 것은 아니며 사랑의 관계가 항상 결혼인 것은 아니다. 그렇기 때문에 화성과 금성의 합과 충을 포함시킨 나의 목적은 그것들을 나머지 다른 합 및 충과 비교하는 데 있었다.

먼저 180쌍의 부부에 대해 50가지 좌상들을 연구했다. 여기에 있는 180명의 남성들과 180명의 여성들은 결혼하지 않은 상대들과 짝지어질 수도 있다는 것은 명백하다. 사실상 180명의 남성들 중에 어느 한 사람이 자신과 결혼하지 않은 179명의 여성들 가운데 어떤 사람과도 짝지어질 수 있으므로, 180쌍의 결혼 집단으로부터 180×179=32,220이라는 결혼하지 않은 쌍들을 조사할 수 있음이 확실하다. 이렇게 되었을 때 아래의(표 참고) 결혼하지 않은 쌍들에 대한 좌상 분석을 결혼한 쌍들에 대한 좌상 분석과 비교하였다. 모든 계산에 대하여 시계방향이든 시계 반대방향이든 12궁의 안쪽뿐만 아니라 바깥쪽으로도 각각 8도의 궤도를 가정하였다. 나중에 부가적으로 결혼 집단을 처음 조사 집단에 더해서 총계가 모두 483쌍과 966개의 홀로스코프가 실험되었다. 아래의 설명이 보여 주는 대로 실험과 그 결과를 나타낸 표는 집단별로 실행되었다.

먼저 내가 가장 관심을 기울인 것은 물론 확률의 문제였다. 즉 우리가 얻은 최대 결과들은 과연 '유의미한' 수치인가 아닌가? 다시 말해 그 수치들이 그럴듯한 것인가, 그렇지 않은가의 문제였다. 수학자들이 했던 계산은 첫 번째 집단과 후일 뒤이은 세 집단 모두에서 10%라는 평균 빈도수가 결코 유의미한 수치를 나타내지 않음을 명백히 보여 주었다. 그 확률은 너무나 크다. 다시 말해 최대 빈도수들이 우연에 기인한 단순한 편차 이상이라고 가정할 만한 어떠한 근거도 없다.[8]

첫 번째 집단의 분석

우선 우리는 결혼한 180쌍과 결혼하지 않은 32,220쌍에 대해 태양[☉], 달[☽], 금성[♀], 화성[♂], 상승점[Asc.], 하강점[Desc.] 사이의 모든 합(合)과 충(衝)을 계산하였다. 그 결과들을 〈표 1〉에서 엿볼 수 있는데, 그곳에서 좌상들이 결혼한 쌍과 결혼하지 않은 쌍의 발생 빈도에 의해 배열되었다는 것을 관찰할 것이다.

확실히 결혼한 쌍과 결혼하지 않은 쌍에서 좌상들의 관찰된 발생에 관한 〈표 1〉의 2열과 4열에서 보이는 발생 빈도들은 각각 즉각적으로 비교되지는 않는다. 왜냐하면 전자는 180쌍에서의 발생이고, 후자는 32,220쌍에서의 발생이기 때문이다.[9] 그러므로 5열은 4열에 180/32,220이 곱해진 수치라는 것을 알 수 있다. 만일에 오른편(결혼하지 않은 쌍들)이 1이면, 우리는 18:8.4=2.14:1이라는 비율을 얻을 것이다. 〈표 2〉는 빈도에 따라 나열된 〈표 1〉의 2열과 5열에 있는 수치 사이의 비율을 나타낸다.

---

8 융은 10%는 통계적으로는 의미가 별로 없는 수치이지만, 우연이라고 하기에는 큰 수치라고 말하고 있다.-역자

9 이런 식으로 대략적인 통제 집단(control group)을 얻었다. 그렇지만 (180쌍과 비교해서 32,220이라는) 결혼한 쌍들보다 훨씬 많은 쌍들로부터 도출되었다는 것을 알아야 한다. 이것은 180쌍에 대한 우연적 특성을 보여 주는 확률을 가진다. 모든 수치들은 우연에 의존한다는 가설 위에서, 우리는 많은 수에서 훨씬 더 큰 정확성을 기대할 수 있기 때문에 그 수치들에서 보다 작은 범위를 기대할 수 있다. 즉 결혼한 180쌍의 범위는 18-2=16이며, 반면에 결혼하지 않은 180쌍에서는 9.6-7.4=2.2를 얻는다.

좌상(Aspect)			결혼한 180쌍에서 관찰된 발생		결혼하지 않은 32,220쌍에서 관찰된 발생수	결혼하지 않은 180쌍에서 계산된 빈도수	
여성		남성	실제로 발생한 수	발생수의 백분율		실제의 빈도수	빈도수의 백분율
달	☌	태양	18	10.0%	1506	8.4	4.7
Asc.	☌	금성	15	8.3%	1411	7.9	4.4
달	☌	Asc	14	7.7%	1485	8.3	4.6
달	☍	태양	13	7.2%	1438	8.0	4.4
달	☌	달	13	7.2%	1479	8.3	4.6
금성	☍	달	13	7.2%	1526	8.5	4.7
화성	☌	달	13	7.2%	1548	8.6	4.8
화성	☌	화성	13	7.2%	1711	9.6	5.3
화성	☌	Asc.	12	6.6%	1467	8.2	4.6
태양	☌	화성	12	6.6%	1485	8.3	4.6
금성	☌	Asc	11	6.1%	1409	7.9	4.4
태양	☌	Asc	11	6.1%	1413	7.9	4.4
화성	☌	Desc	11	6.1%	1471	8.2	4.6
Desc	☌	금성	11	6.1%	1470	8.2	4.6
금성	☌	Desc	11	6.1%	1526	8.5	4.7
달	☍	화성	10	5.5%	1540	8.6	4.8
금성	☍	금성	9	5.0%	1415	7.9	4.4
금성	☌	화성	9	5.0%	1498	8.4	4.7
금성	☌	태양	9	5.0%	1526	8.5	4.7
달	☌	화성	9	5.0%	1539	8.6	4.8
태양	☌	Desc	9	5.0%	1556	8.7	4.8
Asc	☌	Asc	9	5.0%	1595	8.9	4.9
Desc	☌	태양	8	4.3%	1398	7.8	4.3
금성	☍	태양	8	4.3%	1485	8.3	4.6
태양	☌	달	8	4.3%	1508	8.4	4.7

좌상(Aspect)			결혼한 180쌍에서 관찰된 발생		결혼하지 않은 32,220쌍에서 관찰된 발생수	결혼하지 않은 180쌍에서 계산된 빈도수	
여성		남성	실제로 발생한 수	발생수의 백분율		실제의 빈도수	빈도수의 백분율
태양	☍	금성	8	4.3%	1502	8.4	4.7
태양	☍	화성	8	4.3%	1516	8.5	4.7
화성	☍	태양	8	4.3%	1516	8.5	4.7
화성	☌	금성	8	4.3%	1520	8.5	4.7
금성	☍	화성	8	4.3%	1531	8.6	4.8
Asc.	☌	달	8	4.3%	1541	8.6	4.8
달	☍	달	8	4.3%	1548	8.6	4.8
Desc.	☌	달	8	4.3%	1543	8.6	4.8
Asc.	☌	화성	8	4.3%	1625	9.1	5.0
달	☌	금성	7	3.8%	1481	8.3	4.6
화성	☍	금성	7	3.8%	1521	8.5	4.7
달	☌	Desc.	7	3.8%	1539	8.6	4.8
화성	☍	달	7	3.8%	1540	8.6	4.8
Asc.	☌	Desc.	6	3.3%	1328	7.4	4.1
Desc.	☌	화성	6	3.3%	1433	8.0	4.4
금성	☌	달	6	3.3%	1436	8.0	4.4
Asc.	☌	태양	6	3.3%	1587	8.9	4.9
화성	☌	태양	6	3.3%	1575	8.8	4.9
달	☍	금성	6	3.3%	1576	8.8	4.9
금성	☌	금성	5	2.7%	1497	8.4	4.7
태양	☍	달	5	2.7%	1530	8.6	4.8
태양	☌	금성	4	2.2%	1490	8.3	4.6
화성	☍	화성	3	1.6%	1440	8.0	4.4
태양	☌	태양	2	1.1%	1480	8.3	4.6
태양	☍	태양	2	1.1%	1482	8.3	4.6

〈표 2〉

좌상(Aspect) 여성		남성	결혼한 쌍에 대한 좌상 빈도의 비율	좌상(Aspect) 여성		남성	결혼한 쌍에 대한 좌상 빈도의 비율
달	☌	태양	2.14	태양	☍	금성	0.95
Asc.	☌	금성	1.89	태양	☍	화성	0.94
달	☌	Asc.	1.68	화성	☍	태양	0.94
달	☍	태양	1.61	화성	☌	금성	0.94
달	☌	달	1.57	금성	☍	화성	0.94
금성	☍	달	1.53	Asc.	☌	달	0.93
화성	☌	달	1.50	달	☍	달	0.93
화성	☌	화성	1.46	Desc.	☌	달	0.92
화성	☌	Asc.	1.44	Asc.	☌	화성	0.88
태양	☌	화성	1.39	달	☌	금성	0.85
금성	☌	Asc.	1.39	화성	☍	금성	0.82
태양	☌	Asc.	1.36	달	☌	Desc.	0.81
화성	☌	Desc.	1.34	화성	☍	달	0.81
Desc.	☌	금성	1.34	Asc	☌	Desc.	0.81
금성	☌	Desc.	1.29	Des.	☌	화성	0.75
달	☍	화성	1.16	금성	☌	달	0.75
금성	☍	금성	1.14	Asc.	☌	태양	0.68
금성	☌	화성	1.07	화성	☌	태양	0.68
금성	☌	태양	1.06	달	☍	금성	0.68
달	☌	화성	1.05	금성	☌	금성	0.60
태양	☌	Desc.	1.04	태양	☍	달	0.59
Asc.	☌	Asc.	1.02	태양	☌	금성	0.48
Desc.	☌	태양	1.01	화성	☍	화성	0.37
금성	☍	태양	0.96	태양	☌	태양	0.24
태양	☌	달	0.95	태양	☍	태양	0.24

통계학자들에게 이러한 수치들은 어떤 것을 확정하는 데 사용될 수 없으며, 그러기에 무가치한 것이다. 왜냐하면 그것들은 우연한 분산이기 때문이다.[10] 그러나 심리학적인 토대 위에서 나는 단순히 우연한 수치를 다루고 있다는 생각을 버렸다. 자연적 사건들에 대한 모든 그림에서 평균치만큼이나 규칙에서 벗어나는 예외들을 고려하는 것 또한 중요하다. 이것은 통계학적 그림의 오류이다. 곧 통계학적 그림은 실재의 평균적 측면만을 나타내고 전체적인 그림을 배제하므로 일방적이다. 세계에 대한 통계학적 관점은 단지 추상이며, 그러므로 불안전하고 심지어는 오류를 저지르며, 인간의 심리학을 다룰 때는 특히 그러하다. 우연한 최대와 최소가 발생하므로 그것들은 사실들이고, 내가 탐구하려고 착수한 사실의 본성이다.[11]

〈표 2〉[12]에서 우리의 주의를 끄는 것은 빈도값의 불균등한 분포이다. 위의 7개 좌상과 아래의 6개 좌상은 뚜렷이 강한 분산을 보이고, 반면 중간에 있는 수치들은 1:1의 비율 주위로 뭉치는 경향이 있다. 나는 별도의 그래프를 사용해 이 특이한 분포를 나타내 보겠다.

(여성) 달 ♂ (남성) 태양   2.14:1

(여성) 달 ☍ (남성) 태양   1.61:1

---

10 여기서 말하는 우연한 분산의 의미는 한정된 자료를 통해서 보다 포괄적인 해석을 하려는 것에서 기인하는 오류를 의미한다.-역자

11 〈표 1〉에서 여성과 남성의 좌상은 각각 6개의 양태를 갖고 있다. 〈그림 1〉에서는 이 양태의 조합이 50개임을 보여 주고 있다. 예를 들어 "달 ♂ 태양"의 경우 발생수는 18개이고, 발생수의 백분율은 18/180×100=10.0%이다.-역자

12 위의 표에서 여성과 남성의 좌상이 달·태양의 경우 결혼한 쌍에 대한 좌상 빈도의 비율이 2.14가 나오는 이유는 10%:4.7% = 10/4.7:1≒2.13%:1%이다. 그러므로 위에서 제시된 2.14는 약간 잘못된 계산값이다.-역자

흥미 있는 점은 결혼과 달-태양 좌상들 간에 전통적인 점성술적·연금술적인 상응에 대한 확증이다.

반면 금성-화성 좌상들에 대해서는 강조할 만한 어떤 증거도 없다.

50개의 가능한 좌상들에서 결혼한 쌍들에 대한 결과는 빈도가 1:1의 비율을 훨씬 넘는 배열이 15개 있다는 것을 보여 준다. 최고치는 앞에서 언급한 달-태양의 합(合)이며, 그 다음으로 높은 수치는 1.89:1로서 (여성) 상승점-(남성) 금성 사이의 합 또는 1.68:1을 보이는 (여성) 달-(남성) 상승점 사이의 합(合) 등과 상응한다. 그러므로 명백히 상승점의 전통적 중요성을 확증하고 있다.

이 15개의 좌상 중에서 달의 좌상은 여성들에게서 4번 나타나며, 반면 오직 6개의 달 좌상만이 35개의 나머지 가능치에 분포되어 있다. 모든 달 좌상의 평균 비례값은 1.24:1이다. 표에 인용된 4번째까지의 평균 비례값은 모든 달 좌상들의 평균값인 1.24:1과 비교해서 1.74:1이다. 달은 남성보다 여성에게 더 강조되는 듯하다.

남성에게는 태양이 아닌 상승점-하강점의 축이 동등한 역할을 한다. 〈표 2〉에 나타난 15번째까지의 좌상들 중에서 상승점-하강점 좌상은 남성에게서 6번 나타나고 여성에게서는 단지 2번만 나타난다. 6번의 평균값은 1.42:1로서, 한편으로 상승점 또 하강점과 다른 한편으로 네 천체(天體)들(태양·달·금성·화성) 중의 한 천체 사이의 모든 남성의 좌상에 대한 평균치 1.22:1과 비교된다.

〈그림 2〉와 〈그림 3〉은 좌상(座相)들의 분산이라는 관점으로부터 〈그림 1〉에서의 주어진 값들의 빈도에 대한 그래프이다.

이러한 배열은 서로 다른 좌상들에 대한 발생 빈도의 분산을 시각화시킬 뿐만 아니라 추정치로서 중앙값을 사용해서 각 좌상 발생의 평균

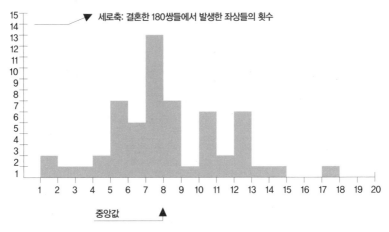

세로축: 결혼한 180쌍들에서 발생한 좌상들의 횟수

중앙값

가로축: 결혼한 180쌍들의 좌상빈도

〈그림 2〉

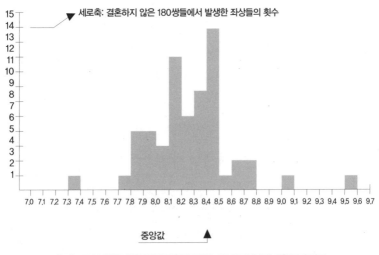

세로축: 결혼하지 않은 180쌍들에서 발생한 좌상들의 횟수

중앙값

가로축: 32,220쌍들에서 관찰된 결혼하지 않은 180쌍들 각각에 대한 좌상 빈도

〈그림 3〉

수에 대해 신속히 추정하게 해준다.

반면에 산술적 평균값을 얻기 위하여 좌상들의 빈도를 종합한 다음에 좌상의 개수로 나누어야만 하는데, 반만큼 세어 나가서 뒤에 절반이 남는 그 지점까지 막대기둥을 세어서 내려가면 중앙빈도를 찾을 수 있다. 50개의 막대기둥이 있는 경우는 25개의 막대는 8.0을 초과하지 못하고 25개 막대는 8.0을 초과하기 때문에 중앙값은 8.0이다〈그림 2〉 참고〉.

결혼한 쌍들의 경우 중앙값은 8이지만, 결혼하지 않은 사람들의 조합에서는 8.4로 더 높다〈그림 3〉 참고〉. 결혼하지 않은 쌍에 대한 중앙값은 산술적인 평균과 일치하는〈양쪽 모두 8.4〉 반면, 결혼한 쌍들에 대한 중앙값은 상응하는 평균값인 8.4보다 더 낮다. 이것은 결혼한 쌍들보다 더 작은 값들이 나타나기 때문이다.

〈그림 2〉를 다시 한 번 보면 〈그림 3〉에서는 평균수 8.4근처에 뭉치는 것과는 대조적으로 여기서는 광범위한 값의 분산을 볼 수 있다. 〈그림 3〉에서는 빈도가 9.6을 넘는 경우가 한 차례도 없는 반면에, 〈그림 2〉의 결혼한 쌍들 중의 한 좌상은 거의 두 배에 달하는 빈도를 보여 주고 있다.

모든 집단의 비교

〈그림 2〉의 명백한 분산이 우연에 기인한다는 가정 아래 나는 첫 번째 집단 180쌍과 두 번째 집단 220쌍을 합쳐서 총 400쌍〈개인 홀로스코프 800개〉을 만들어서 더 많은 결혼 홀로스코프들의 수를 조사하였다. 비록 나는 여기서 중앙값을 넘는 최고 수치들이라 확신했지만, 첨가한 자료

들에 대한 결과는 〈표 3〉에 보이는데, 이미 논의한 180사례에 반대하는 경향을 보인다. 수치들은 백분율이다.

〈표 3〉

첫째집단				둘째집단				양쪽집단			
결혼한 180쌍				결혼한 220쌍				결혼한 400쌍			
달	☌	태양	10.0%	달	☌	달	10.9%	달	☌	달	9.2%
Asc.	☌	금성	9.4%	화성	☍	금성	7.7%	달	☍	태양	7.0%
달	☌	Asc.	7.7%	금성	☌	달	7.2%	달	☌	태양	7.0%
달	☌	달	7.2%	달	☍	태양	6.8%	화성	☌	화성	6.2%
달	☍	태양	7.2%	달	☍	화성	6.8%	Desc.	☌	금성	6.2%
화성	☌	달	7.2%	Desc.	☌	화성	6.8%	달	☍	화성	6.2%
금성	☍	달	7.2%	Desc.	☌	금성	6.3%	화성	☌	달	6.0%
화성	☌	화성	7.2%	달	☍	금성	6.3%	화성	☍	금성	5.7%
화성	☌	Asc.	6.6%	금성	☌	금성	6.3%	달	☌	Asc.	5.7%
태양	☌	화성	6.6%	태양	☍	화성	5.9%	금성	☌	Desc.	5.7%
금성	☌	Desc.	6.1%	금성	☌	Desc.	5.4%	금성	☌	달	5.5%
금성	☌	Asc.	6.1%	금성	☌	화성	5.4%	Desc.	☌	화성	5.2%
화성	☌	Desc.	6.1%	태양	☌	달	5.4%	Asc.	☌	금성	5.2%
태양	☌	Asc.	6.1%	태양	☌	태양	5.4%	태양	☍	화성	5.2%

첫 번째 열에서의 180쌍들은 첫 번째 수집의 결과를 나타내며, 두 번째 열의 220쌍들은 1년 이후에 수집되었다. 두 번째 열은 그 좌상들이 첫 번째 열과 다를 뿐만 아니라 빈도값의 저하가 뚜렷이 나타난다. 유일한 예외가 고전적인 ☽☌☽을 나타내는 맨 꼭대기 숫자이다. 그것은 첫 번째 열에서 동등하게 고전적인 ☽☌☉을 대체한다. 첫 번째 열의 14개

좌상들 중에서 오직 4개만이 두 번째 열에서 다시 나오지만, 이것들 중에는 달의 좌상이 3개나 되는데 이것은 점성술적 예상과 맞아떨어진다. 첫 번째 열과 두 번째 열의 좌상들 사이에 상응이 없는 것은 자료가 매우 불균등하다는 것을 가리키는데, 이것은 자료가 넓게 분포되어 있기 때문이다. 결혼한 400쌍들에 대해 모아진 수치들에서 이러한 사실을 엿볼 수 있다. 곧 편차를 균등히 만든 결과로서 그것들은 모두 뚜렷한 감소를 보인다. 그러한 비율이 〈표 4〉에 매우 명료하게 주어져 있다.

〈표 4〉

백분율(%)에서의 빈도수	☾♂☉	☾♂☾	☾☍☉	평 균
결혼한 180쌍	10.0	7.2	7.2	8.1
결혼한 220쌍	5.4	10.9	6.8	7.4
180+220 = 결혼한 400쌍	7.0	9.2	7.0	7.7
결혼한 83쌍 첨가	7.2	4.8	4.8	5.6
83+400 = 결혼한 483쌍	7.2	8.4	6.6	7.4

위의 표는 가장 자주 발생하는 세 배열에 대한 빈도수를 보여 준다. 즉 둘은 달의 합이며, 하나는 달의 충이다. 원래의 결혼한 180쌍에 대한 가장 높은 평균 빈도는 8.1%이고, 나중에 합하여 모아진 220쌍의 최고 평균은 7.4%로 떨어지며, 훨씬 뒤에 첨가되었던 83쌍에 대한 평균은 단지 5.6%에 불과하다. 원래의 180집단과 220집단에서의 최고값은 ☾♂☉, ☾♂☾이라는 여전히 동일한 좌상을 구성하지만, 맨 마지막 83집단에서의 최고값은 Asc. ♂☾, ☉♂♀, ☉♂♁, Asc. ♂Asc.라는 각기 다른 좌상들로 구성되었음이 밝혀졌다. 이 4가지 좌상들에 대한 평균 최고치는 8.7%이다. 이 높은 수치는 제1집단에 대한 최고 평균값인

8.1%를 넘으며, 이러한 사실은 "긍정적으로 주어진" 우리의 최초의 결과가 얼마나 우연한 것이었는가를 증명할 뿐이다. 그럼에도 불구하고 지적할 만한 것은 흥미진진하게도 마지막 집단에서의 9.6%라는 최고치는[13] Asc.☌☽ 좌상, 말하자면 결혼의 특징이라 여겨지는 또 다른 달의 좌상으로 구성되어 있다는 것이다. 즉 상승점 또는 홀로스코프스는 태양, 달과 더불어 운명과 성격을 결정하는 삼위일체를 형성한다는 전통에 따른다면, 틀림없이 매우 기묘한 어떤 루수스 나투라에(자연의 유희 또는 자연의 術數, lusus naturae)이다. 누군가 통계학적 발견들을 전통과 조화시키기 위해 그 발견들이 거짓임을 입증하길 원했더라도, 그 일을 이것보다 더 성공적으로 해내지는 못했을 것이다. 〈표 5〉는 결혼하지 않은 쌍들에 대한 최고 빈도수를 보여 준다.

〈표 5〉 각각에 대한 백분율(%)에서의 최고 빈도

1. 무작위로 결합된 300쌍 ------------------------- 7.3
2. 제비로 뽑힌 325쌍 ---------------------------- 6.5
3. 제비로 뽑힌 400쌍 ---------------------------- 6.2
4. 32,220쌍 -------------------------------- 5.3

첫 번째 결과는 나의 동료인 릴리안 프레이-호온 박사에 의해 얻어졌다. 남성의 홀로스코프와 여성의 홀로스코프를 따로 나눈 뒤에 맨 꼭대기에 위치한 각 쌍들을 조합하였다. 실제의 결혼한 쌍은 우연히 조합되지 않았다는 것을 꼭 유념해야 한다. 7.3%이라는 계산된 결과의 빈도

---

[13] 83개의 결혼한 쌍에서 8개의 그와 같은 좌상들. 백분율로 9.6%에 해당한다.

수는 결혼하지 않은 32,220쌍에 대한 매우 그럴 듯한 5.3%의 최고 수치와 비교한다면 꽤 높은 수치이다. 나는 이 첫 번째 결과에 대하여 다소 의심을 품었다.[14] 그래서 나는 우리가 직접 그 쌍들을 조합하지 말고, 다음과 같은 방법으로 착수하자고 제안했다. 다시 말해 325개 남성들의 홀로스코프에 번호를 매겨서 그 번호들을 각각의 종이쪽지에 적은 뒤에 한 단지 속에 넣어 섞는다. 그런 다음 점성술 및 심리학은 물론 이러한 조사에 대해 아무 것도 모르는 사람을 초대하여 단지 속에서 쪽지를 하나씩 뽑게 하는데, 물론 그 사람은 쪽지를 보지 못한다. 결혼한 쌍들은 우연히 모이지 않았다는 것에 다시 유념하면서, 그 번호들은 각각 여성의 홀로스코프 파일 맨꼭대기와 비교되었다. 이러한 방식으로 325라는 인위적인 쌍이 얻어졌다. 계산 결과 6.5는 확률에 보다 더 가깝다. 결혼하지 않은 400쌍에서 얻어진 결과값은 훨씬 더 그럴 듯하다.

---

14 이러한 것들이 얼마나 미묘할 수 있는지는 다음의 사실들이 보여 준다. 최근 저녁 식사에 초대되었던 사람들의 인원수를 맞추기 위한 테이블 자리 배열을 하는 일이 내 동료에게 맡겨졌다. 그녀는 이 일에 주의를 기울이고 신중을 기했다. 그러나 마지막 순간에 어떤 귀한 남자 손님이 예기치 않게 나타났는데, 그 분은 어떻게 해서든지 적절한 자리에 있어야 하는 사람이었다. 그래서 그 테이블 자리는 다시 배열되어야 했기 때문에 서둘러서 새로운 자리 배열을 짜야 했다. 이것저것 따져서 숙고할 시간적 여유가 없었다. 우리가 테이블의 자리에 앉을 때, 아래와 같은 점성술적 그림이 그 손님의 바로 근처에서 나타났다.

숙녀	숙녀	손님	숙녀
사자자리(♌)에서의 ☉	물고기자리(♓)에서의 ☉	황소자리(♉)에서의 ☽	물고기자리(♓)에서의 ☉
숙녀	숙녀	신사	숙녀
사자자리(♌)에서의 ☉	물고기자리(♓)에서의 ☽	황소자리(♉)에서의 ☽	물고기자리(♓)에서의 ☽

♌ : 사자자리, ♓ : 물고기자리, ♉ : 황소자리, ☉ : 해, ☽ : 달

4개의 ☉☽의 결혼들이 생겼다. 물론 나의 동료는 점성술적 결혼 좌상들에 대한 지식에 정통하였으며, 그녀는 문제가 되는 사람들의 탄생 홀로스코프를 또한 잘 알고 있었다. 그러나 새로운 테이블 자리의 배열이 만들어져야 하는 속도 때문에 그녀는 숙고할 시간을 갖지 못했다. 그래서 무의식은 비밀스럽게 그 '결혼들'을 배열하는데 행동의 자유를 가지고 있었다.

그렇다고 할지라도 이 수치(6.2)는 여전히 너무 높다.

우리가 가진 수치들의 다소 이상스런 행위 때문에, 비록 이 행위가 통계학적 변동의 해명에 어떤 도움을 줄 것 같았지만 최대한 신중을 기해서 내가 여기서 언급하는 그 이상의 실험 결과를 가져다주었다.

그 실험은 심리학적 상태가 정확히 알려져 있는 세 명의 사람과 함께 실행되었다. 실험은 무작위로 400개의 결혼 홀로스코프를 취하여 그 가운데 200개에 번호를 부여하는 것으로 이루어진다. 다음으로 이 중에서 20개는 피험자가 제비뽑기를 했다. 이 결혼한 20쌍은 우리가 가진 50개의 결혼 특성에 대하여 통계학적으로 조사되었다. 첫 번째 피험자는 실험시 강렬한 정서적 흥분 상태에 있다는 것을 느끼고 있는 여성 환자였다. 20개의 화성의 좌상들에 대해서는 10개나 강조되었는데 빈도수는 15.0이었다. 달의 좌상들은 9개가 강조되고 빈도수는 10.0이었으며, 태양의 좌상들은 9개가 강조되고 빈도수는 14.0이었다. 화성에 대한 고전적 중요성은 그 감동성(emotionality)에 있는데, 이 경우 남성적 태양에 의해 뒷받침되고 있다. 우리의 일반적 결과들과 비교했을 때 화성의 좌상들이 우세했다. 이것은 피험자의 심리와 완전히 일치하는 것이다.

두 번째 피험자는 여성인데, 주요 문제가 자신의 자기 억압적 경향에 마주해서 스스로의 성격을 깨닫고 자신감을 가져야 하는 그런 사람이었다. 이 경우는 성격에 대한 특성이라고 가정된 주축 좌상들(상승점, 하강점)은 빈도 20.0으로 12번 나타났으며, 달의 좌상들은 빈도 18.0으로 나타났다. 점성술적으로 생각했을 때 이 결과는 피험자가 당면한 실제의 문제와 완전히 일치하였다.[15]

세 번째 피험자는 자신의 내부에 강한 적대 심리를 지니고 있었던 여성으로서 그런 심리의 통합과 화해가 주된 문제인 그런 사람이었다. 달의 좌상들은 빈도수 20.0으로 14번 나타났고, 태양의 좌상들은 빈도수 15.0으로 12번 나타났으며, 주축 좌상들(상승점, 하강점)은 빈도수 14.0으로 9번 나타났다. 대극의 통합에 대한 상징으로 고전적인 코니운크티오 솔리스 에트 루나에(coniunctio Solis et Lunae, 태양과 달의 합)가 확실히 강조된다.[16]

이 모든 경우에서 제비뽑기로 결혼 홀로스코프들을 선별한 것은 그 이전에 영향을 받았던 것이 드러나는데, 이것은 『주역(周易)』과 다른 주술적 절차들에서의 경험과 부합한다. 비록 이 모든 수치들은 확률적 한계 내에 놓이기 때문에 우연 이상의 어떤 것으로 생각될 수는 없다. 하지만 놀랍게도 매번 피험자의 심리 상태와 매우 잘 일치하는 것은 여전히 생각해 볼 일이다. 그 심리적 상태는 통찰과 결정이 의지에 반대되는 어떤 무의식의 극복할 수 없는 장벽에 직면하는 상황으로 특징지어진다. 이렇게 의식적 마음의 힘이 상대적으로 패배하는 것은 적당한 원형을 배열한다. 그래서 첫 번째 경우의 피험자는 화성 곧 정서적 말레피쿠스(maleficus, 사악함)로 등장하고, 두 번째 피험자는 성격을 강화시켜

---

15 인간의 가장 핵심적 요소로서의 달은 우리의 기질과 운명을 해석하는 데 중요한 단서를 제공한다. 왜냐하면 달은 태양의 개성을 덮어서 보호하는 동시에 그의 의지력과 외부 세계 사이에 감성의 다리 역할을 하기 때문이다. 홀로스코프 속의 달은 감성의 다리 역할을 한다. 달의 좌상은 주인공의 유년 시절, 어머니와의 관계, 가정생활을 이해하는 열쇠이다. 존 로저스(J. Rodgers), 유기천 편역, 『점성학 첫걸음』(the art of astrology), 정신세계사, 1995, 122쪽 이하 참고.-역자

16 고대 점성학에서는 태양을 위시한 모든 행성들이 하늘나라 왕국의 중요한 구성원으로 생각되었다. 어떤 행성은 서로서로 사이가 좋고, 어떤 것은 그렇지 못한 관계를 갖고 있었다. 달과 금성, 목성은 서로 통하는 점들이 있고, 태양과 화성도 상호간에 공감할 수 있는 부분을 갖는다. 태양과 달은 서로를 상호 보완하는 관계에 있으며, 금성과 화성, 목성과 토성은 서로 대극을 이루거나 상대방을 견제하고 보충한다. 그렇지만 달과 화성 같이 상호간에 친하기 어려운 행성도 우호적인 좌상(조화좌상 60도, 120도)을 이루는 경우 좋은 에너지를 교환하면서 건설적인 방향으로 작용한다. 반면에 적대적인 좌상(90도, 180도)인 경우는 달과 금성 같이 조화로운 공감대를 갖는 행성들마저 부정적인 결과를 낳을 수 있다. 위의 책, 110~111쪽 참고.-역자

서 균형을 유지하게 해주는 주축의 체계로 나타나며, 세 번째 피험자는 최상의 대극에 대한 히에로스 가모스 혹은 코니운크티오(hieros gamos or coniunctio, 성스러운 결혼 혹은 융합)로 나타난다.[17] 심리적이고 물리적인 사건 (즉 피험자가 당면한 문제와 홀로스코프의 선택)은 배경에 있는 원형의 본성과 상응하므로 어쩐지 그럴 것처럼 보이는데, 어떤 동시성적 현상을 나타낸다.

나는 고등수학에 능숙하지 못하므로 전문가의 도움을 받아야 했기 때문에 바젤(Basel)에 있는 마르쿠스 피에르츠(Markus Fierz) 교수에게 최고 수치에 대한 확률을 계산해 달라고 부탁하였다. 그는 매우 친절하게 계산해 주었는데, 포와송 분포(Poisson distribution)[18]를 사용하여 처음의 두 최고 수치들에 대해 1:10,000이라는 근사적인 확률값이 나왔으며, 세 번째에 대해서는 1:1,300이라는 확률이 나왔다.[19] 나중에 그는 그 계산을 검산해서 착오를 발견하고 첫 번째의 두 가지 최고 수치를 1:1,500 으로 상향 수정했다.[20] 더 많은 검사를 거쳐서 세 개의 최고 수치에 대한 확률이 각각 1:1,000, 1:10,000, 1:50임을 증명하였다.[21] 이 계산으

---

17 연금술에서 해와 달의 결혼을 참고. 『심리학과 연금술』(Psychology and Alchemy), 뉴욕; 런던, 1953. 이 저서의 색인에서 태양과 달(son and moon) 항목을 참고.

18 이 분포는 주어진 시간 또는 영역에서 어떤 사건의 발생 횟수에 대한 확률 모형을 의미하며, 포아송 분포는 단위 시간이나 단위 공간에서 희귀하게 일어나는 사건의 횟수 등에 유용하게 사용된다. 여기서 모든 계산값들이 포아송 분포를 가정하는 이유는 자료의 개수에 비해 발생할 확률의 수치가 매우 작은 값을 가지기 때문에 그렇다.-역자

19 2장의 색인 참고.-영역자주

20 피에르츠(Fierz) 교수는 이 문장을 다음과 같이 정정하기를 원한다. "나중에 그는 3가지 좌상들에서 순서는 문제되지 않는다는 사실에 주목할 것을 나에게 요구하였다. 6개의 가능한 순서들이 있으므로, 우리는 주어진 1:1500의 확률에 6을 곱해야 한다." 이 점에 대해 나는 그런 종류에 대해서는 어떠한 것도 제시할 수 없다고 답변했다. 그 순서, 즉 세 가지 슴들이 서로의 뒤를 잇는 그런 방법은 전혀 중요하지 않다. 세 가지 좌상들의 순서가 문제시된다면 총 6개의 경우의 위치를 생각할 수 있다. 따라서 1:1500 확률의 순서를 생각한다면 6을 곱해야 한다.-역자

21 부록(b) 참고. 이 구절은 피엘즈 교수에 의해 제공된 세 조의 확률을 포함하기 위하여 다시 써졌다.-편집자

로부터 명백해진 것은 비록 우리의 최선의 결과인 $☽σ☉$, $☽σ☽$ 들이 실제에는 전혀 그럴 듯하지 않다고 하더라도, 그것들은 이론적으로 매우 그럴듯하기에 우리 통계의 직접적 결과들을 우연 이상의 어떤 것이라고 여길 만한 정당성은 별로 없다. 예를 들어 내가 전화를 걸어 원하는 번호를 연결할 수 있는 가능성이 1:1500라고 한다면, 혹시 전화통화를 하지 않을까 기다리는 대신에 편지를 쓰는 것이 더 나을 것이다. 우리의 조사가 보여 주는 것은 빈도값이 결혼한 쌍들의 최대 다수의 평균에 근접할 뿐만 아니라, 어떤 우연한 짝짓기는 유사한 통계적 비율을 산출한다는 점이다. 과학적인 관점에서 보았을 때 우리의 조사결과는 몇 가지 측면에서 점성술을 고무시키지 못한다. 왜냐하면 다수의 사례에서 '결혼한' 결혼좌상들에 대한 빈도값과 '결혼하지 않은' 결혼좌상들에 대한 빈도값의 차이가 전혀 나타나지 않기 때문이다. 그래서 과학적인 관점에서 보았을 때 점성술적 상응이 법칙을 따른다는 어떤 것도 증명할 가망이 별로 없다. 동시에 나의 통계적 방법이 너무 자의적이고 서툴러서 수많은 심리적이고 점성술적인 결혼좌상들을 정확히 평가할 수 없다는 점성술사의 반대에 대항하는 것도 그다지 쉽지만은 않다.

그래서 우리의 점성술적 통계에서 여분으로 남은 본질적인 것은 180쌍의 결혼 홀로스코프로인 첫 번째 집단은 $☽σ☉$에 대한 18개의 뚜렷한 최고 수치를 보이며, 200쌍의 결혼 홀로스코프로인 두 번째 집단은 $☽σ☽$으로 된 최고 수치를 보인다는 점이다. 이러한 두 좌상들은 결혼 특성을 나타내는 것으로서 고대 문헌에서 오랫동안 언급되어 왔기 때문에 그것들은 최고(最古)의 전통을 대표한다. 앞에서 이미 말했듯이 세 번째 집단 83쌍의 결혼 홀로스코프는 $☽☉$ Asc.에 대하여 8개의 최고치를 갖는다. 이 집단들은 대략 확률이 각각 1:1000, 1:10,000, 1:50이다. 나는 하나의 예를 들어서 여기에서 일어났던 것을 예증(例證)하고 싶다.

　　성냥통 세 개를 가지고, 검은 개미를 첫째 통에는 1,000마리를 넣고, 둘째 통에는 10,000마리, 셋째 통에는 50마리를 넣고서, 성냥통 세 개에 흰개미 한 마리씩을 각각 넣은 뒤에 뚜껑을 덮는다. 그리고 한 번에 개미 한 마리만 겨우 빠져 나올 수 있는 작은 구멍 하나를 각 통마다 뚫는다. 세 통의 각각에서 바깥으로 나오는 첫 개미는 항상 흰개미이다.

　이것이 실제로 일어날 가능성은 전혀 없을 것 같다. 처음 두 경우조차 확률은 1:1000×10,000이 되는데, 이것은 그러한 일치가 10,000,000 (천만)번에 1번일 경우에만 기대된다는 의미이다. 어느 누가 이런 경험을 해보았다고 생각하기는 어렵다. 그렇지만 나의 통계학적 조사에서는 이런 일이 일어났는데, 정확히 점성술적 전통에서 강조되었던 세 가지 합(合)이 가장 있을 법하지 않은 방식으로 결합되었다.

　하지만 정확성을 위해서 매번 나타나는 첫 번째 흰개미는 동일한 흰개미가 아니라는 점이 지적되어야 한다. 즉 비록 항상 달의 합(合)과 결정적인 중요성을 지니는 '고전적' 합(合)이 있다고 할지라도, 그것들은 서로 다른 합(合)들이다. 왜냐하면 매번 그 달은 다른 짝과 결합하기 때문이다. 이것들은 물론 홀로스코프의 세 가지 구성요소, 즉 상승점이나 그 순간을 특징짓는 황도 12궁의 떠오르는 각도, 그 날을 특징짓는 달과 탄생한 달을 특징짓는 태양이다. 그러므로 만약 우리가 처음의 두 집단만을 생각한다면, 각 성냥통에 대하여 흰개미 두 마리를 가정해야만 한다. 이러한 수정은 일치하는 달의 합(合)들의 확률을 1:2,500,000으로 높인다. 만약 우리가 세 번째 집단을 마찬가지로 취한다면, 세 가지 고전적 달 좌상들의 일치는 1:62,500,000의 확률을 갖는다. 첫 번째 비율은 그것만으로 취해질 때조차도 의미가 있다. 왜냐하면 일치는 매우 일어날 것 같지 않게 보이기 때문이다. 그러나 세 번째 달의 합(合)과의 일치는 매우 주목할 만하기 때문에 점성술의 편을 드는 어떤 고의적인 배열처럼 보인다. 그러므로 만약 우리의 실험 결과가 단순한 우연 이상의 유의미한 확률을 갖고 있음이 발견되어야 한다면, 그 경우 점성술에 대하여 가장 만족할 만한 방법으로서 증명될 것이다. 반대로 만약 그 수치들이 실제로 우연 확률의 한계 내로 떨어진다면 그것들은 점성술의 주장을 지지하지 않을 것이며, 점성술의 예상에 대하여 상상의 대답을 우연하게 모방할 뿐이다. 그것은 통계학적 관점에서 오는 어떤 우연한 결과일 뿐이지만, 이러한 예상을 정당화하는 것처럼 보인다는 사실 때문에 의미가 있다. 이것이 바로 내가 동시성적 현상이라고 부르는 것이다. 통계학적으로 유의미한 진술은 오직 규칙적으로 발생하는 사건들에 관심을 가질 뿐이며, 만약 그 진술을 공리적인 것으로 생각한다면 그것은 규칙에 예외되는 모든 것을 단지 폐기하는 것에 불과하다. 그것은 단순히 자연적 사건들에 대한 평균적인 그림을 만들어낼 뿐이며, 있는 그대로의 세계에 대한 진실한 그림은 아니다. 그러나 예외들 — 내 실험의 결과들은 예외들이며, 게다가 가장 있을 법하지 않은 것들이다 — 은 규칙들만큼이나 중요하다. 통계학은 예외들이 없다면 이치에 닿지 못할 것이다. 모든 환경 아래서 참인 규칙은 없다. 여기는 현실이지 통계학적인 세계가 아니기 때문이다. 왜냐하면 통계학적 방법은 평균적인 측면만을 보여 주기 때문에 그것은 실재의 어떤 인위적이고 개념적인 그림을 만들어낸다. 이것이 우리가 자연에 대한 완전한 기술과 설명을 위하여 상보적인 원리를 필요로 하는 까닭이다.

만약 우리가 이제 라인이 행한 실험들의 결과, 특히 그 실험들이 대부분 피험자의 능동적 관심에 의지한다는 사실을 생각한다면, 우리는 우리가 가진 사례들에서 발생하였던 것을 동시성적 현상으로 간주할 수 있다.[22] 통계학적 자료가 보여 주는 것은 이론적으로나 실제적으로 있을 법하지 않은 우연한 조합이 가장 주목할 만한 방법으로 전통적인 점성술적 예상들과 일치한다는 것이다. 그러한 일치가 대체로 일어난다는 것은 너무 있을 법하지 않고 믿기지 않기 때문에 아무도 그와 같은 것을 감히 예측할 수 없었을 것이다. 정말로 통계학적 자료가 어떤 긍정적인 결과를 주기 위하여 조작되고 배열되었던 것처럼 보인다. 수년 동안 동시성의 문제에 나의 주의를 쏟았던 것과는 별도로, 동시성적 현상에 대해 필요한 정서적이고 원형적인 조건들은 이미 주어졌다. 왜냐하면 나 자신과 나의 동료는 이 실험의 결과에 흥미진진했다는 것은 명백하기 때문이다. 사실상 발생했었다고 여겨지는 것, 그리고 유구한 점성술적 전통을 염두에 두면서 종종 발생했었다고 여겨지는 것은 아마도 이전의 역사상에서 여러 번 발견되었던 어떤 결과를 우리가 얻은 것일 것이다. 만약 점성술사들이(극히 적은 예외이겠지만) 스스로 통계학에 더욱 많은 관심을 갖고 어떤 과학 정신 속에서 그들의 해석의 정당성에 의문을 가졌더라면, 그들은 오래전에 그들의 진술이 근거가 불확실한 토대에 서 있었음을 발견했을 것이다. 그러나 나는 그들의 경우도 내가 가진 것처럼 하나의 비밀 곧 자료와 점성술사의 심리적 상태 간에 모종의 상호 묵인이 존재했다고 상상한다. 이 상응은 다른 어떤 기분이

---

22 슈미에들러(G. Schmiedler), 「로르샤흐 연구에서 보여진 ESP의 성격 상관물」(Personality Correlates of ESP as Shown by Rorschach Studies), 『초심리학 저널』(*Journal of parapsychology*) 13, 더럼(Durham), 1950, 23~24쪽. 저자는 ESP의 가능성을 받아들이는 사람들은 기대 이상의 결과를 얻을 것이며, 반면에 그것을 부정하는 사람들은 부정적인 결과를 얻는다고 지적한다.

좋던지 상관없이 성가신 사건처럼 거기에 있을 뿐이며, 나로서는 그 이상의 어떤 것이라고 과학적으로 입증될 수 있는 것인지 의심스럽다.[23] 어쩌면 일치에 의해 우롱당했을 것이다. 그렇지만 우리는 50개의 가능성들로부터 세 번 정확히 전통에 의해 전형적인 것으로 간주된 최대치들로 나타났다는 사실에 감명 받지 않기 위해 매우 둔감해야 한다.

우리는 이런 놀랄 만한 결과를 더욱 더 인상적으로 만들기 위해 무의식적 속임수가 이용되었다는 것을 알게 되었다. 처음 통계학을 운용할 때 나는 다행히 제때에 발견했던 많은 실수들에 의해 순조롭게 운용하게 되었다. 이 어려움을 극복한 뒤에 나는 이 저작의 스위스 판에서 다음과 같은 언급을 잊었다. 곧 개미의 비유가 만일 우리의 실험에 적용된다면, 매번 두어 마리의 개미가 가정되면 적당할 따름이다. 이것은 우리 결과가 있을 법하지 않다는 사실을 감소시켜 준다. 마지막에 피에르츠 교수는 그의 확률 계산을 다시 한 번 검사하면서 그는 요인 5에 속았음을 알게 되었다. 있을 법한 것으로 서술할 수 있었던 정도에 다다르지 않고도 우리의 결과가 있을 법하지 않다는 사실은 다시 감소되었다. 실수들은 온통 점성술에 호의석인 방식으로 결과들을 과장하는 경향이 있으며, 매우 의심스럽게 어떤 인위적이거나 기만적인 배열에 대한 인상을 덧붙인다. 이것은 관련된 사람들에게 너무 굴욕적이기 때문에 아마도 그에 대해 침묵을 지키는 편이 더 나았을 것이다.

하지만 나는 이런 일들에 대한 오랜 경험을 통해서 동시성적 현상은

---

23 나의 통계가 보여 주듯이, 그 결과들은 더 큰 수치들로 인하여 망쳐진다. 그래서 만약 더 많은 자료가 수집된다면 더 이상 유사한 결과를 산출하지 못할 것이다. 그렇기 때문에 우리는 이 명백하게 유일무이한 루수스 나투라에(lusus naturae, 자연의 유희 또는 자연의 術數)에 만족해야만 하는데, 비록 그 유일무이함이 어떤 방식으로도 그 사실들을 편견에 물들게 하지 않는다고 하더라도 그렇다.

무슨 수를 써서라도 관찰자를 발생하고 있는 사태 속으로 끌어들이며, 때로는 그 행위의 공모자로 만든다는 것을 알고 있다. 이 점이 초심리학적 실험에 내재한 위험이다. 실험자와 피험자가 가진 어떤 정서적 요인에 대한 ESP의 의존이 적절한 하나의 사례이다. 그러므로 나는 그 결과에 대해 가능한 한 하나의 완전한 설명을 하고, 통계적 자료뿐만 아니라 흥미 있는 부분들에 대한 심리적 과정들이 어떻게 동시성적 배열에 의해 영향 받는지를 보여 주는 것이 과학적 임무라고 생각한다. 이전의 경험을 경계삼아 나는 4명의 저명인사(그들 중 2명은 수학자)에게 스위스 판에서 했던 나의 최초의 설명을 납득시킨 덕에 마음을 놓을 수 있었다.

여기서 했던 그 수정은 최고 빈도수가 세 개의 고전적 달 좌상들에 달려 있다는 사실을 어쨌든 바꾸지는 못했다.

그 결과의 우연적 본성을 납득하기 위하여 나는 통계학적 실험을 한 번 더 하였다. 나는 원래의 우연한 연대기적 순서를 헝클어뜨렸는데, 처음의 150개 결혼쌍을 마지막의 150개 결혼쌍과 섞음으로써 세 집단으로 균등하게 된 우연한 분할은 나중 순서의 것이 처음으로 가는 역전된 순서를 갖게 만들었다. 즉 나는 처음의 것을 가장 뒤의 것의 앞에 놓고, 그 다음으로 두 번째 것은 바로 그 위에 놓는 식으로 배열했다. 그 다음으로 나는 300개의 결혼쌍을 100쌍씩 세 집단으로 나누었다. 그 결과는 아래와 같다.

	첫 번째 집단	두 번째 집단	세 번째 집단
Maximum	11%되는 좌상이 없음	☉ ♂ ☌ 11% ☽ ♂ ☌ 11%	☽ ♂ Asc. 12%

첫 번째 집단의 결과는 300개의 결혼쌍 중에서 15개 쌍만이 50개의 선택된 좌상들 가운데 어느 것도 가지고 있지 않다는 점에서 흥미롭다. 두 번째 집단은 다시 한 번 고전적 합(☌)을 대표하는 두 개의 최고치를 낳는다. 세 번째 집단은 우리가 이미 '세 번째' 고전적 합(☌)으로 알고 있는 ☽ ☌Asc.에 대한 최고치를 낳는다. 총합된 결과는 결혼에 대한 또 다른 우연한 배열이 이전의 총합에서 벗어나는 결과를 쉽게 생산할 수도 있지만, 여전히 고전적 합(☌)들이 나타나는 것을 완전히 막지는 못한다는 것을 보여 주고 있다.

우리 실험의 결과는 주술적 절차에 대한 우리의 경험과 부합한다. 사람들은 이러한 주술적 혹은 그와 같은 다른 방법들이 의미 있는 일치의 발생에 대하여 우호적인 조건을 만든다는 데 인상을 받는다. 동시성적 현상을 증명하는 일은 어려우며, 때로는 불가능한 행위라는 것은 정말 사실이다. 그러므로 나무랄 데 없는 자료의 도움으로 어떤 심리적 상태와 상응하는 객관적 과정의 일치를 예증하는 데 성공한 라인의 업적은 더욱 높게 평가되어야 한다. 통계학적 방법은 일상적이지 않은 사건들을 정당화하는 데 일반적으로 매우 부적합하다는 사실에도 불구하고, 라인의 실험들은 통계학의 황폐한 영향을 견디어 내었다. 그러므로 그 실험의 결과들은 동시성적 현상에 대한 평가들에서 고려되어야 한다.

통계학적 방법이 동시성의 양적인 결정에 미치는 수평화의 영향이라는 시각에서 보았을 때 어떻게 라인이 긍정적 결과를 얻는 데 성공하였는가를 우리는 물어야 한다. 나는 그가 한 명 또는 단지 몇 명의 피험자로서 그의 실험을 수행하였다면, 그가 산출하였던 결과를 결코 얻지 못했을 것이라고 주장한다.[24] 그는 무의식에 호의적으로 척도들을 기울어뜨리는 의식 수준의 저하라는 특징을 가진 어떤 정서인 관심과 흥미를 지속적으로 끄는 일이 필요했다. 이러한 식으로만 시간과 공간은 어느 정도 상대화될 수 있고, 그럼으로써 인과적 과정의 우연한 사건들을 줄이게 된다. 그때 발생하는 것이 일종의 무(無)로부터의 창조(creatio ex nihilo), 즉 인과적으로 설명할 수 없는 창조 행위이다. 주술적 절차들은 감동성과의 이런 동일한 연결에 그 효력을 신세지고 있다. 곧 무의식적 성질에 영향을 미침으로써 이 절차들은 흥미, 호기심, 기대, 희망, 공포를 자극하여 결과적으로 무의식에 대해 어떤 상응하는 우세함을 일깨운다. 무의식에서 효력 있는 즉 신성한 힘들은 원형(archetype)들이다. 내가 관찰하고 분석할 기회를 가졌던 월등히 많은 대다수의 자발적인 동시성적 현상들은 원형들과 직접적 관계를 맺고 있음을 쉽게 보여 줄 수 있을 것이다. 이것은 원래 집단무의식의 어떤 표상할 수 없는 사이코이드(psychoid) 요인이다.[25] 집단무의식은 한 장소에 국소화될 수 없다. 모든 개인에게 원리적으로 완전하거나 동일한 모든 장소에 존재하는 것으로 발견되기 때문이다. 당신은 한 개인의 집단무의식에서 계속적으로 나타나는 것이 다른 개인들이나 유기체들 혹은 사물들이나 상황들에서도 발생하고 있는지 어떤지를 확실하게 말할 수 없다. 예를 들어 스베덴보리(Swedenborg)[26]의 마음에 스톡홀름(Stockholm)이 불타는 영상이 생겨났을 때, 동시에 실재로 타는 불과 마음의 영상으로 보는 불 사이에 어떤 증명 가능하거나 심지어 생각할 수 있는 연관도 없이 그곳에서

---

24 여기서 나는 무작위로 선택된 피험자를 의미하지, 특정한 보상을 받은 사람들을 말하는 것이 아니다.

25 「심리학의 정신」(The Spirit of Psychology), 『정신과 자연』(*Spirit and Nature*), 에라노스 연보 1, 뉴욕, 1954; 런던, 1955. 『정신의 본성에 대하여』 참고.

맹렬하게 타오르는 불이 있었다.[27] 나는 이러한 사례에서 원형적 연관을 입증하려고 일을 착수하고 싶지는 않다. 나는 스베덴보리의 전기에는 그의 심리적 상태에 어떤 주목할 만한 실마리를 던져주는 점들이 있다는 사실만을 지적할 뿐이다. 우리는 그를 '절대지'(absolute knowledge)에 접근하게 해주었던 어떤 의식의 역치를 저하시키는 무언가가 있었다고 가정해야 한다. 스톡홀름에서 일어난 화재는 어떤 의미에서 그의 내부에서도 타오르고 있었다. 무의식적 정신에 시간과 공간은 상대적인 것처럼 보인다. 즉 공간은 더 이상 공간이 아니며 시간은 더 이상 시간이 아닌 시공 연속체 속에 있음을 지식은 깨닫게 된다. 그러므로 만약 무의식이 의식 쪽을 향해 잠재력을 발달시키거나 유지한다면 병행한 사건들이 지각되거나 '알려지는' 것이 가능하다.

라인의 작업과 비교할 때 나의 점성술적 통계학의 가장 불리한 점은 전체적인 실험들이 단 한 명의 피험자인 나 자신에 대해서만 수행되었다는 사실에 있다. 나는 다양한 피험자들과 함께 실험하지 않았다. 오히려 내 흥미를 끈 것은 다양한 자료였다. 이와 같이 나는 처음에 열정적인 피험자의 위치에 있었으나, 나중에는 ESP 실험에 익숙해지는 동안 시들해졌다. 그러므로 그 결과들은 점점 증가하는 실험들과 더불어 저하되었으며, 이 경우 집단들의 자료에 대한 해설과 상응하였다. 그래

---

26 이마누엘 스베덴보리(Emanuel Swedenborg, 1699~1772)는 스웨덴 사람으로 수학과 자연과학을 공부했는데, 자신이 천사와 영혼들과 교통할 수 있다고 하였으며, 그 능력으로『성경』의 숨은 뜻을 드러내려고 하였다. 그가 당시 전 유럽을 통하여 예언자의 명성을 얻은 데는 다음과 같은 사건이 있었다: 1756년 만찬석상에서 그는 50마일이나 떨어진 스톡홀름이 화재에 휩싸이는 것을 '보고' 있었다. 세부적인 사항을 들어가며 그 재난을 마치 눈으로 보는 것처럼 묘사하였는데, 이런 예언이 있은 직후에 도착한 실제 정황에 대한 보고는 그의 예감과 정확히 일치하였다. *Encyclopedia of Philosophy, Routledge*, 1998, 관련 항목 참고.-역자

27 이 사례는 매우 믿을 수 있는 경우이다. 칸트(Kant)의『형이상학의 꿈에 의해 예시된 어느 환상가의 꿈』(*Dreams of a Spirit-Seer, Illustrated by Dreams of Metaphysics*), 1766에 있는 내용을 참고.

서 실험의 수가 축적될수록 '순조로운' 초기의 결과를 두루뭉술하게 만들 뿐이었다. 그럼에도 불구하고 나의 마지막 실험은 원래의 순서를 버리고 홀로스코프를 자의적인 집단들로 분할해서, 비록 그 유의미함이 전적으로 명확하지는 않더라도, 예상될 수 있었듯이 모종의 다른 그림이 생겨남을 보여 주었다.

라인의 규칙들은 의학에서처럼 광범위한 수가 수반되지 않는 어떤 분야에서도 추천되어야 한다. 연구자의 관심과 기대는 매사 조심하더라도 처음의 의외로 순조로운 결과와 동시성적으로 동반되어 일어나야 한다. 오직 자연법칙의 통계학적 성격을 충분히 알지 못하는 사람들만이 이것을 '기적'이라고 해석할 것이다.[28]

만약 사건들의 의미 있는 일치나 사건들의 '교차 결합'(cross-connection)이 인과적으로 설명될 수 없다고 한다면 이것은 충분히 그럴 만한데, 연관 원리가 병행한 사건들의 동등한 유의미함이 있어야 한다. 다시 말해 그것들의 비교의 중심으로서 제3자(tertium comparationis)라는 의미이다. 우리는 의미를 어떤 심리적 과정이나 내용으로 생각하는 데 너무나 익숙해져 있기 때문에 의미가 정신의 외부에 존재할 수 있다는 가정을 우리의 머리로는 도저히 생각할 수 없다. 그러나 우리는 적어도 정신을 어떤 마술적인 힘으로 여기지 않을 만큼은 충분히 알고 있으며, 하물며 마술적인 힘을 의식적인 마음으로 생각할 수는 없다. 그러므로 만약 하나이자 동일한(선험적인) 의미가 인간의 정신과 외부적이고 독립적인 사건의 배열에서 동시적으로 자신의 모습을 드러낼 수도 있다는 가설을

---

28 스펜서 브라운(G. Spencer Brown)의 흥미로운 숙고를 참고.「확률 이론의 검증으로서 탐구한 심리 조사에 대하여」(De la recherche psychique consi-dérée comme un test de la théorie des probabilités),『형이상학 리뷰』(revue métapsychique), 파리, 5-8월호, 1954, 87쪽 이하.

받아들인다면, 우리는 그 즉시 전통적인 과학적·인식론적 견해들과 갈등을 빚을 것이다. 만약 그러한 가설에 귀를 기울이고자 한다면, 우리는 모든 일상적이지 않은 사건들을 제거할 때 자연법칙의 단순한 통계학적 정당성과 통계학적 방법의 결과를 우리 자신에게 거듭 상기시켜야 한다. 심리적 산물만은 아닌 어떤 객관적 의미의 존재를 입증할 과학적 수단이 전무하다는 데 가장 큰 어려움이 있다.[29] 그렇지만 만약 우리가 마술적 인과율로 퇴행해서 행동의 경험적 범위를 훨씬 초과하는 어떤 힘을 정신에 돌리는 것을 원하지 않는다면, 우리는 얼마간 그러한 가정을 가지지 않으면 안 된다. 그 경우 우리가 인과율을 내버리지 않길 원한다면, 스베덴보리의 무의식이 스톡홀름의 불을 일으켰든지, 아니면 반대로 그 객관적 대상이 불가해한 방식으로 스베덴보리의 뇌에 상응하는 이미지를 일으켰다고 가정해야만 한다. 이 두 가지 경우에 앞에서 논의하였던 '전달'이라는 대답할 수 없는 문제에 부딪히게 된다. 물론 그러한 가정이 더 이해할 만하다고 느끼는 것은 전적으로 주관적인 견해의 문제이다. 전통은 마술적 인과율과 초월적 의미 중에 한쪽을 선택하는 데 도움을 주지 못한다. 왜냐하면 한편으로 원시적 사고방식은 바로 이 시대에 이르기까지도 동시성을 항상 마술적 인과율로 설명하였으며, 다른 한편으로 철학은 18세기까지 자연적 사건들 사이의 어떤 비밀스러운 상응 또는 의미 있는 연관을 가정하였다. 나는 철학 쪽

---

29 인본주의 점성학자로 유명한 데인 러디아르(Dane Rudhyar, 1895~1985)는 그의 주저인 『인간의 점성학』이라는 저서에서 현대적 심층심리학과 전체론 철학의 조명 아래 점성학 원리를 재구성해야 한다고 말하고, 점성술은 사건보다도 사람을 먼저 다루어야 한다고 말했다. 그는 점성학을 경험주의적 과학이 아니라 수학과 같은 상징적 언어 체계라고 보았으며, 행성들을 물리적 영역의 전달자가 아닌 인간적 기능들의 상징 및 주기(週期) 측정의 도구로 이해했다. 그에 따르면 점성학은 '삶의 대수학'이며, 그 목적은 '인간성의 연금술'이다. 러디아르는 통계학과 같은 경험적 연구 수단을 거부하고, 점성술의 과학적 타당성을 입증하려는 것에는 초연했다. 유기천 편역, 『점성학이란 무엇인가』, 정신세계사, 1995, 372~373쪽 참고.-역자

의 가설이 원시적 사고방식의 가정처럼 인과율에 대한 경험적 개념과 갈등을 일으키지 않으며 유일한 원리로 생각할 수 있기 때문에 그것을 선호한다. 그것은 자연적 설명의 원리들을 지금까지 이해되었던 대로 바로잡을 것을 강요하는 것이 아니라, 적어도 원리들의 수를 더하도록 만드는 것으로서, 이는 가장 설득력이 있는 이유가 있어야만 정당화할 수 있는 일종의 운용이다. 그렇지만 내가 앞에서 제기하였던 암시들은 철저한 숙고를 필요로 하는 논증을 만든다고 믿는다. 모든 과학들 중에서 심리학은 결국 그러한 경험들을 간과할 수 없다. 이러한 것들은 그 철학적 함축은 별문제로 하고도 무의식을 이해하는 데 매우 중요하다.

2장의 부록

아래의 주석은 피에르츠 교수가 친절하게 개략을 제공하였던 수학적 논증의 기초 위에서 편집자들이 편집한 것이다. 이것들은 그 주제에 대한 그가 가진 가장 최근의 생각을 담고 있으며, 이 자료들은 책 속에 있는 수치들이 어떻게 산출되었는지 알고 싶은 수학이나 통계학에 특별한 관심을 가진 독자들의 편의를 위하여 이곳에 싣는다.

8도의 궤도는 합(合)과 충(衝)에 대한 추정을 위해 융 교수가 했던 계산을 기초로 취해진 것이기 때문에 합(合)(예를 들어 해 σ 달)이라고 불리는 두 천체 간의 어떤 특별한 관계에 대해 그들 중 하나는 16도의 호(arc) 안에 놓여야만 한다(유일한 관심은 분포의 성격을 검증하는 것이므로 15도의 호를 편의상 취하였다).

이제 360도의 원 위에 있는 모든 위치들은 균등하게 확률적이다. 그래서 천체가 15도의 호 위에 놓일 확률 α는

(1) $\alpha = \dfrac{15}{360} = \dfrac{1}{24}$

여기에서 확률 α는 모든 좌상들에 대해 유효하다.

하나의 결혼한 쌍에서 발생할 확률이 α라고 한다면, N개의 결혼한 쌍들에서 발생할 특정한 좌상들의 수를 n이라고 하자.

이항 분포를 적용하면 다음의 식을 얻는다.

(2) $W_n = \dfrac{N!}{n!(N-n)!}\, \alpha^n (1-\alpha)^{N-n}$

W_n이라는 수치의 값을 얻기 위해 위의 식은 간소화될 수 있다. 이 결과는 오류를 발생하지만 중요한 것은 아니다. 그 간소화시킨 식은 포아송 분포에 의하여 (2)를 재배치함으로써 도출될 수 있다.[30]

$$P_n = \dfrac{1}{n!}\, x^n \cdot e^{-x}$$

만일 α가 1과 비교해서 매우 작은 값으로 여겨지고 x가 유한하면 이 근사값은 타당하다.

이러한 고찰들을 토대로 다음과 같은 결과가 도출될 수 있다:

(a) ☾ ☌ ☉, ☽ ☌ ☽, ☾ ☌ Asc.가 동시에 나타날 확률은

$$\alpha^3 = \left(\dfrac{1}{24}\right)^3 \sim \dfrac{1}{10,000}$$

(b) 세 집단에서의 최고값들에 대한 확률 P는

---

30 수리적으로 Wn에서 N의 값(결혼 사람의 수)이 n(특정 좌상의 수)의 값에 비해 충분히 클 때 $Wn \approx Pn$이 성립한다.-역자

1. 결혼한 180쌍에서의 18 좌상들, $P = 1 : 1,000$

2. 결혼한 220쌍에서의 24 좌상들, $P = 1 : 10,000$

3. 결혼한 83쌍에서의 8 좌상들, $P = 1 : 50$

3장

동시성 관념의 선구자들

　인과율이라는 원리는 원인과 결과 사이의 연결이 필연적인 것이라고 주장한다. 동시성 원리는 어떤 의미 있는 일치라는 용어가 동시발생(simultaneity)과 의미(meaning)에 의해 연결된다고 주장한다. 그래서 만약 ESP 실험들과 수많은 다른 관찰들이 기정사실이라고 가정한다면, 원인과 결과 사이의 연결 외에도 사건들의 배열로 자신의 생각을 드러내고 우리에게 의미로서 나타나는 사실상의 또 다른 요인이 있다고 결론내려야 한다. 비록 의미가 의인화된 해석이라고 할지라도 그것은 동시성의 없어서는 안 될 기준을 형성한다. 우리에게 의미로서 나타나는 요인이 본질적으로 무엇인지 우리는 알 수 없다. 그렇지만 하나의 가설로서 그것은 보기보다는 그렇게까지 불가능하지는 않다. 우리는 서구의 합리적 태도만이 유일하게 가능한 태도는 아니고 모든 것을 포괄하는 것도 아니며, 아마도 많은 점에서 수정되어야 하는 편견이고 선입견이라는 것을 기억해야 한다. 매우 유구한 고대 중국문명은 이런 면에 대해 항상 우리와는 다르게 생각하였다. 만약 서구 문명에서 적어도 철학과 관련하여 그와 유사한 것을 찾고 싶다면, 우리는 헤라클레이토스(Heraclitus)[1]로 되돌아가야 한다. 우리는 중국과 서양 간에 원리상의 차이가 없는 것은 점성술, 연금술, 주술적 절차들에서만 발견된다는 것을 알게 된다. 이것이 동서양에서 연금술이 나란히 발전된 이유이며, 동서양이 다소 비슷한 관념을 가지고 동일한 목적을 향해 노력했던 이유이기도 하다.[2]

중국 철학에서 가장 오래된 중심 관념 가운데 하나는 제수이트(Jesuit)가 신(God)으로 번역했던 도(道, Tao)라는 관념이다. 하지만 그런 번역은 서양의 사유방식에서만 합당하다. '섭리'(providence)와 같은 번역어 및 그 비슷한 번역들은 단순한 일시적 임시방편이다. 리하르트 빌헬름은 훌륭하게 도를 의미(meaning)라고 번역한다.[3] 도(道)라는 개념은 중국의 전체 철학 사상에 배어 있다. 인과율은 서양에서 최고의 위치를 차지하지만, 그것은 한편으로는 통계학적 방법의 평준화 영향과 다른 한편으로는 형이상학적 세계관에 악평을 가져온 자연과학의 미증유의 성공

---

1 에페수스의 헤라클레이토스(Heraclitus of Ephesus, B.C. 540경~B.C. 480경). 만물을 연관 짓고 모든 자연 현상을 발생시키는 보편적인 원리인 로고스를 아는 것이 지혜라고 갈파했으며, 그 로고스는 서로 반대되는 것 사이의 근본적인 관계에서 잘 드러난다고 했다. 예를 들어 낮/밤, 上/下, 건강/질병, 삶/죽음 등의 상호 의존성과 동적 평형을 말했다. 또한 불을 만물을 통일하는 근본 물질로 생각했으며, 변화 속에서도 통일이 유지되는 것을 유명한 경구, "같은 강에 발을 담그지만 흐르는 물은 항상 다르다"를 통해 만물유전(萬物流轉)이라는 철학의 최초 직관을 말했다. Encyclopedia of Philosophy, Routledge, 1998 관련 항목 참고.-역자

2 나의 저서를 참고. 『심리학과 연금술』(Psychology and Alchemy), 런던; 뉴욕, 1953, 343쪽. 『정신의 상징성』(Symbolik des Geistes), 취리히, 1948, 115쪽. 그리고 위백양(魏伯陽)과 장자(莊子)의 진인(眞人)을 참고. 「참동계(參同契)라는 제목을 가진 연금술에 대한 고대 중국의 논문」(An Ancient Chinese Treatise on Alchemy Entitled Ts'ang T'ung Ch'i), 루츠이앙 우 옮김, 『이시스』(Isis) 18, 벨기에, 1932.

3 빌헬름·융, 『태을금화종지(太乙金華宗旨)』(The Secret of the Golden Flower), 런던, 1945, 94쪽. 빌헬름, 『중국인의 삶의 지혜』(Chinesische Lebensweisheit), 독일, 1922 참고.

덕에 단지 지난 두 세기 동안만 그 중요성을 획득했을 뿐이다.

노자(老子)는 그의 유명한 『도덕경』에서 도(道)를 다음과 같이 말한다.[4]

> 아직 완전하지 않은 형태가 없는 무언가 있었는데
>
> 그것은 하늘과 땅 이전에 존재했다.
>
> 고요하고 비어 있구나!
>
> 무(無)에 의지해서도 변치 않는다.
>
> 모든 것에 스며들어도 끊임없다.
>
> 그것을 하늘 아래에 있는 모든 것들의 어머니로 생각할 수 있다.
>
> 나는 그 이름을 모르지만,
>
> '의미'라고 부른다.
>
> 만일 내가 이름을 붙인다면 '위대함'으로 부를 것이다.
>
> (有物混成, 先天地生. 寂兮寥兮! 獨立不改. 周行而不殆. 可以爲天下母. 吾不知其名. 字之
>
> 日道. 强爲之名日大. 25장)

도는 "옷처럼 만물을 덮지만 만물의 주인을 주장하지 않는다"(衣養萬物
而不爲主. 34장). 노자는 도를 무(無, nothing)로 서술하는데,[5] 그것으로서 노
자가 의미하는 것은 빌헬름이 말하듯이 다만 무와 실재 세계와의 대조
일 뿐이다. 노자는 도의 본성을 다음과 같이 말한다.

---

4 아서 웨일리(Arthur Waley)의 『길과 그 힘』(*The Way and Its Power*, 道德經), 런던, 1934에서 인
용하지만, 때때로 빌헬름 식의 독법에 맞게 약간 수정했다.-영역자주. 융이 채택한 번역은
『노자』(『도덕경』)와 『장자』(『남화진경』)의 원문에 상당한 번역이라기보다는 주석에 의지한 것
이 많은 듯하다. 원문에 익숙한 역자들로서는 다소 불만족스러운 감이 없지 않으나, 거시적으
로 보면 큰 차이가 없다고 생각하여 융의 어투를 최대한 옮기고자 한다.-역자

5 도는 우연한 것이다. 안드레아스 스파이저(Andreas Speiser)는 '순수 무'(pure nothing)라고
정의한다. 「자유에 대하여」(Über die Freiheit), 『바젤 대학 연설』(*Basler Universitätsreden*) 28,
1950 참고.

서른 개의 바퀴살을 한데 모아 놓고 그것을 바퀴라고 부른다.

그러나 바퀴의 통일이 의지하는 것은 아무 것도 없는 공간에서이다.

진흙을 빗어 그릇을 만든다.

그러나 그릇의 통일이 의지하는 것은 아무 것도 없는 공간에서이다.

문과 창을 뚫어 집을 짓는다.

그리고 집의 통일이 의지하는 것은 아무 것도 없는 이 공간들에서이다.

때문에 있는 것을 이용하는 것처럼 있지 않은 것의 통일을 알아야 한다.

(三十輻共一轂. 當其無有車之用. 埏埴以爲器. 當其無有器之用. 鑿戶牖以爲室. 當其無有室之用. 故有之以爲利, 無之以爲用. 11장)

'무(無)'는 명백히 '의미'나 '목적'이며, 감각의 세계에 드러나지 않고서도 그것을 조직하므로 무(無)라고 부를 뿐이다.[6] 노자는 말한다.

눈으로 응시하지만 흘끗 볼 수도 없기 때문에

달아난다고 부른다.

귀로 듣지만 들을 수 없기 때문에

희박하다고 부른다.

손으로 느끼지만 찾을 수 없기 때문에

극미하다고 부른다. …

이것들은 형태 없는 형태,

형상 없는 형상,

희미한 모습이라 불리니.

---

6 빌헬름, 『중국인의 삶의 지혜』, 15쪽. "의미(道)와 실재 사이의 관계는 원인과 결과라는 범주 아래서는 이해될 수 없다."

향해 나아가도 앞을 볼 수 없다.

따라 나아가도 뒤를 볼 수 없다.

(視之不見曰夷, 聽之不聞曰希, 搏之不得名曰微 … 是謂無狀之狀, 無物之象, 是謂惚恍, 仰

之不見其首, 隨之不見其後. 14장)

빌헬름은 무(無)를 "현상 세계의 극단에 놓여 있는 어느 편이라고 결정짓기 어려운 경계선상의 개념"이라고 말한다. 그 안에서 대극들은 "무차별적으로 상쇄되지만"여전히 잠재적으로 현존한다. 빌헬름은 계속해서 '이 씨앗들'은 첫째로 가시적인 것에 상응하는 어떤 것 즉 이미지의 성질을 띠는 어떤 것을 가리키며, 둘째로 들을 수 있는 것 곧 말의 성질을 지닌 어떤 것을 가리키고, 셋째로 공간에서의 연장 즉 어떤 형태를 지닌 것을 가리킨다. 그러나 이 세 가지는 확실하게 구별되지도 않고 정의할 수도 없으며, 위/아래(上/下)와 앞/뒤(前/後)가 없는 비(非)시간적이고 비(非)공간적인 통일체이다. 『도덕경』은 말한다.

비교할 수 없고 만져 보아도 알 수 없지만,

그 안에 보이지 않게 형상들이 있네.

만져 보아도 알 수 없고 비교할 수도 없지만

그 속에 사물이 있네.

어슴푸레하고 어렴풋하네.

(惚兮恍兮, 其中有象, 恍兮惚兮, 其中有物, 窈兮冥兮. 21장)

빌헬름이 생각하기에 실재는 개념적으로 알 수 있다. 왜냐하면 중국인의 관점으로 모든 사물에는 어떤 잠재적인 '합리성'(rationality)이 있기 때문이다.[7] 이것이 의미 있는 일치의 근저에 놓여 있는 기본 관념이다. 그것은 양쪽 측면이 동일한 의미를 가지고 있기 때문에 가능하다. 의미(道)가 유행하는 곳에 질서가 생겨난다.

> 도는 영원하지만 이름이 없다.
> 통나무는 겉으로 보기에 작다 하지만
> 하늘 아래 어떤 것보다도 더 크다.
> 제왕들이 스스로 이것을 가진다면,
> 만물은 그들에게 충성을 맹세하기 위해 모여들 것이다.
> 하늘과 땅이 함께 호흡하여 감로(甘露)를 주듯이
> 법과 강제 없이 사람들은 조화롭게 살 것이다.
>
> (道常無名. 樸雖小天下莫能臣也. 候王若能守之, 萬物將自賓. 天地相合以降甘露, 民莫之令而自均. 32장)

> 도는 결코 하지 않는다.
> 하지만 그것을 통해 모든 사물들은 행해진다.
>
> (道常無爲而無不爲. 37장)

> 하늘의 그물은 넓다.
> 그물코들이 성기더라도 무엇 하나 놓치지 않는다.
>
> (天網恢恢, 疏而不失. 73장)

---

7 같은 책, 19쪽.

플라톤(Platon)과 동시대 사람인 장자(莊子)는 도가 기초하고 있는 심리적 전제에 대해 말하였다: "자아(ego)와 비(非)자아(non-ego)가 더 이상 반대되지 않는 상태를 도(道)의 추축(道樞)이라고 한다"(彼是莫得其偶, 謂之道樞, 『莊子·齊物論』).[8] 장자가 말한 "당신의 눈을 존재의 아주 작은 부분에만 고정한다면 도(道)는 희미해질 것이다"(是非之彰也, 道之所以虧也, 『莊子·齊物論』),[9] "한계는 근본적으로 생명의 의미에 근거되지 않는다. 본래 말이란 고정된 의미가 없었다. 차이는 사물을 주관적으로 보는 것을 통해 일어날 뿐이다"(夫道未始有封, 言未始有常, 爲是而有畛也, 『莊子·齊物論』).[10] 이런 언급들은 거의 우리의 과학적 세계관을 비판하는 소리로 들린다. 장자는 말한다: 옛날 성인들은 "사물의 존재가 아직 시작되지 않았던 상태를 그들의 출발점으로 삼는다. 저것은 진정 당신이 넘을 수 없는 극한이다. 그 다음 가정은 비록 사물이 존재했을지라도 아직 분리되기 시작하지 않았다는 것이다. 그 다음은 비록 사물이 어느 정도 분리되었다고 할지라도 아직 시비(是非)가 시작되지 않았다는 가정이다. 시비가 생겨났을 때 도는 사라졌다. 도가 사라지자 일방적인 집착이 일어났다"(有始也者, 有未始有始也者, 有未始有夫未始有始也者, 有有也者, 有無也者, 有未始有無也者, 有未始有夫未始有無也者, 俄而有無矣, 而未知有無之果孰有孰無也, 『莊子·齊物論』).[11] "귀로만 듣는 청각은 귀 이상을 관통하지 못하며, 아는 자들은 갈라진 존재를 어떻게 하고 싶어도 해보지 못한다. 그래서 영혼은 텅 비어 세계 전체를 흡수할 수 있다. 이 비어 있음(虛)을 채우는 것이 도(道)이다. [장자는 말하기를, 만약 당신이 통찰력을 가지고 있다면] 당신은

---

8 빌헬름 번역, 『남화진경(南華眞經)』(*Das wahre Buch vom südlichen Blütenland*) II, 3, 예나(Jena), 1912. 당나라 시대 노자를 시조로 삼는 도교가 국교로 승격되면서 장자 역시 '남화진인(南華眞人)'의 호(號)가 추증되었고(742년), 『장자』는 『남화진경』으로 불리게 되었다.-역자
9 같은 책, II, 3.
10 같은 책, II, 7.
11 같은 책, II, 5.

사물들의 본질을 꿰뚫기 위해 당신 내면의 눈과 귀를 사용하지 지식은 필요하지 않다"(無聽之以耳, 而聽之以心, 無聽之以心, 而聽之以氣, 聽止於耳, 心之於符, 氣也者, 虛而待物者也. 唯道集虛. 『莊子·人間世』).[12] 이것은 분명히 무의식의 절대지와 대우주적 사건이 소우주 안에서 드러난다는 암시이다.

이러한 도가적 관점은 전형적인 중국인의 사유이다. 그것은 중국 심리학의 탁월한 권위자인 마르셀 그라네(Marcel Granet)가 세상에 발표한 것인데,[13] 곧 전체에서 보는 어떤 사유이다. 그러한 독특함은 중국인과의 일상적인 대화에서도 엿볼 수 있다. 우리 서양인에게는 수월하게 생각되는 것, 몇 가지 세부 사항을 묻는 질문이 중국의 사상가들에게는 뜻밖의 고뇌에 찬 대답을 만들어준다. 예를 들어 풀 이파리 한 줄기를 물으면 풀밭 전체를 답으로 준다. 서양인들에게는 세부 사항들은 그 목적 자체를 위해 중요하지만, 동양의 마음에서 세부 사항들은 항상 전체의 그림을 완전히 채우고 있다. 원시 시대나 서양 중세 시대의 전(前)과학적 심리학에서처럼(여전히 살아 있는!) 이런 전체성(totality) 속에는 그 의미 있음이 전적으로 자의적으로 나타나는 어떤 일치에 의해 "우연에 의해서"만 서로 연결되어 있는 것처럼 보이는 사물들이 포함되어 있다. 이것이 상응의 이론(theory of correspondentia)[14]이 들어서는 자리인데, 이 이론은 중세 시대의 자연철학자들이 깊이 탐구한 것이며, 특히 만물의 공감(sympathy of all things)[15]에 대한 고전적 관념이다. 히포크라테스(Hippocrates)[16]는 말한다.

---

12 같은 책, IV, 1.
13 『중국인의 사유』(La Pensée chinoise), 파리, 1934. 릴리 아베그(Lily Abegg), 『동아시아의 마음』(The Mind of East Asia), 런던; 뉴욕, 1952. 아베그의 책은 중국의 동시성적 사고방식에 대한 하나의 탁월한 설명을 담고 있다.
14 "συμπάθεια τῶν ὅλων."

하나의 일상적 흐름이 있고 하나의 일상적 호흡이 있어서 만물은 공감 안에 있다. 전체 유기체와 각각의 부분들은 같은 목적을 위해 결합되어 작동하고 있다. … 위대한 원리는 가장 먼 부분까지 확장되며, 가장 먼 부분으로부터 위대한 원리, 하나의 자연, 존재와 무(無)로 돌아온다.[17]

보편적 원리는 가장 작은 분자에서조차도 발견되며, 그러기 때문에 가장 작은 분자는 전체와 상응한다.

이것과 관련하여 필로(Philo)에게 흥미로운 관념이 있다.

친근하고 사랑스런 연대감에서 창조된 것들의 처음과 끝을 통합하려고 마음 쏟고 있는 신(God)은 처음에 하늘을 만들고 끝에 사람을 만들었는데, 하늘은 감각에 나타난 죽지 않은 대상들 중에서 가장 완전한 것이며, 인간은 땅위에 태어나고 죽을 것들 중에서 가장 존귀한 것으로, 바로 그런 의미에서 축소된 하늘이다. 인간은 거룩한 이미지처럼 별자리의 배열에 상응하는 본성을 그 내부에 부여받고 있다. … 썩는 것과 썩지 않는 것은 본질적으로 서로 반대되기 때문에 신은 가장 적당한 종류들을 처음과 끝에 배당하였으니, 내가 말했듯이 하늘을 처음에 사람을 끝에 정했다.[18]

---

15 히포크라테스(Hippocrates, 기원전 460경~기원전 377경)에 대한 믿을 만한 정보는 플라톤에 의한 2번의 언급과 아리스토텔레스가 '작지만 위대한 의사'라고 말한 평가가 있다. 그는 인체를 하나의 유기체로 보아 부분과 전체의 관계를 중시하는 관점을 가지고 있었던 것으로 알려진다. 『히포크라테스 전집』(Corpus Hippocraticum)으로 알려진 저서는 이 위대한 고대의 의사의 이름에 가탁한 것이지만 수세기 동안 하나의 서양 의학의 전통으로 큰 영향을 행사했다. 『전집』 가운데는 『유행병』(Epidemics), 『아포리즘』(Aphorisms), 『공기, 물, 장소』(De aere, aquis et locis) 등이 유명하다. Encyclopedia of Philosophy, Routledge, 1998 관련 항목 참고.-역자

16 「영양론」(De alimento), 히포크라테스에 가탁한 논문이다. 존 프레코프(John Precope) 번역, 『히포크라테스의 섭생론과 위생론』(Hippocrates on Diet and Hygiene), 런던, 174쪽.

17 콜슨(F. H. colson), 휘테커(G. H. Whitaker) 옮김, 『세계의 일에 대하여』(De opificio mundi) 82. 런던: 케임브리지, 1929, 67쪽.

여기서 위대한 원리(άρχὴμεγαλη) 혹은 태초, 하늘 등은 인간 안에 소우주를 불어 넣었는데, 인간은 별과 같은 본성을 반영하고, 그래서 가장 작은 부분이자 천지 창조의 끝으로서 전체를 담고 있다.

테오프라스투스(Teophrastus)[19]에 따르면, 초감각적인 것과 감각적인 것은 공동의 유대에 의해 결합된다. 이 유대는 수학일 수는 없기 때문에 아마도 신이 틀림없을 것이다.[20] 유사하게 플로티누스(Plotinus)[21]에서는 하나의 세계영혼(World Soul)에서 생겨난 개별 영혼들은 그 거리와 상관없이 공감이나 반감에 의해 서로 관련된다.[22] 유사한 견해를 피코 델라 미란돌라(Pico della Mirandola)[23]에서 발견할 수 있다.

---

18 콜슨(F. H. colson), 휘테커(G. H. Whitaker) 옮김, 『세계의 일에 대하여』(De opificio mundi) 82. 런던: 케임브리지, 1929, 67쪽.

19 테오프라스투스(기원전 371~288)는 그리스의 소요학파 철학자로 아리스토텔레스의 제자였으며, 그를 이어서 리케이온 학원의 원장이 되었다. 테오프라스투스의 철학적 입장은 아리스토텔레스 철학의 전체에 들어 있는 초월적이고 플라톤적 요소를 줄여나가는 데 있었다. 저서로는 『성격』(Charaktēres), 『자연철학자들의 견해』(Physikōn doxai) 등이 있다. Encyclopedia of Philosophy, Routledge, 1998 관련 항목 참고.-역자

20 에두아르트 젤러(Eduard Zeller), 『그리스 철학』(Die Philosophie der Griechen), 튀빙겐, 1856, II, 654쪽.

21 플로티누스(Plotinus, 205~270)는 신플라톤주의의 창시자로서 희랍 정신의 끝이자 기독교 철학의 시작으로 평가되고 있다. 그의 생애는 제자인 포르피리(Porphyry, 233경~309)가 서술한 전기를 통해 알 수 있다. 플로티누스의 형이상학의 주된 주제는 일자(一者, the One), 정신(nous), 영혼(soul) 등의 성스러운 삼위(三位, trinity)로부터 시작한다. 포르피리가 정리한 플로티누스의 저서 『엔네아데스』(Enneads, 이집트 종교의 아홉 神들)가 전하고 있다. Encyclopedia of Philosophy, Routledge, 1998 관련 항목 참고.-역자

22 『엔네아데스』(Enneads) IV, 3, 8과 4, 32. 드류즈(A. C. H. Drews), 『플로티누스와 고대 세계관의 몰락』(Plotin und der Untergang der antiken Weltan- schauung), 예나, 1907, 179쪽.

23 피코 델라 미란돌라(Giovanni Pico della Mirandola, 1463~1494)는 이탈리아의 플라톤주의자로 피치노를 만났으며, 기독교 신학을 옹호하는 데 카발라를 이용한 최초의 기독교 학자가 되었다. 주저 『인간의 존엄성에 대하여』(De hominis dignitate oratio)는 그리스, 히브리, 아랍, 라틴 등의 철학자들에게서 끌어 모은 900개의 논제를 옹호할 목적으로 유럽 전역의 학자들을 로마로 초대하여 공개 토론을 벌이면서 지은 책이다. 이로 인하여 그는 교회측의 미움을 사게 되었다. 그의 저서는 르네상스 시대의 특징적인 저서로서 여러 철학에서 훌륭한 요소들을 선별해 결합한 혼합주의적(syncretic) 성격을 보여 주고 있다. Encyclopedia of Philosophy, Routledge, 1998 관련 항목 참고.-역자

첫째, 각 사물이 그 자신과 함께 하나로 존재하고 그 자신을 구성하며, 그 자신과 함께 응집하는 사물들에서의 통일이 있다. 둘째, 한 생물이 다른 생물들과 결합되고 세계의 모든 부분들이 하나의 세계를 구성하는 통일이 있다. 셋째, 가장 중요한 통일은 전우주가 마치 지휘관과 하나가 되는 군대처럼 창조자와 하나가 되는 것이다.[24]

피코는 삼중의 통일로서 삼위일체와 같은 세 가지 양상을 지니는 어떤 단순한 통일을 의미하고 있다. "통일은 삼중의 특성으로 구별되지만, 통일의 단순성에서 벗어나지는 않는 그런 방식으로서이다(unitas ita ternario distincta, ut ab unitatis simplicitate non discedat)." 그에게 세계란 하나의 존재 즉 보이는 신이며, 그 안에서 모든 것이 생물체의 부분들처럼 자연적으로 태초부터 배열된다. 세계는 교회가 그리스도의 육신의 신비(corpus mysticism)인 것처럼, 혹은 잘 훈련된 군대가 지휘관의 손에 쥐어진 칼이라고 불릴 수 있는 것처럼, 신의 육신의 신비로서 나타난다. 만물이 신의 의지에 따라 배열되었다는 것은 인과율을 위한 여지를 조금도 남겨두지 않는 관점이다. 생물체에서 다른 부분들이 조화 속에서 작동하고 의미 있게 서로 순응하듯이, 그렇게 세계 안에서 일어나는 사건들은 어떤 내재적인 인과율로부터 괴리될 수 없는 의미 있는 관계 속에 놓여 있다. 두 경우에서 부분들의 행위는 그것들의 상위에 있는 중앙 통제에 의지하기 때문이다.

---

24 『7개의 논점』(*Heptaplus*). est enim primum ea in rebus unitas, qua unum- quodque sibi est unum sibique constat atque cohaeret. Est ea secundo, per quam altera alteri creatura unitur, et per quam demum omnes mundi partes unus sunt mundus. Tertia atque omnium principalissima est, qua totum universum cum suo opifice quasi exercitus cum suo duce est unum.

「인간의 존엄에 대하여」(De hominis dignitate)라는 논문에서 피코(Pico)는 이렇게 말한다: "신(Father)은 인간이 탄생할 때 모든 종류의 씨앗과 고유한 생명의 싹들을 심어 놓았다."신이 세계의 (주어와 술어를 이어 주는) '계사'(copula)인 것처럼, 창조된 세계에서는 인간이 계사이다.[25] "우리의 이미지로서 인간을 만들어 보자. 인간은 네 번째 세계(fourth world)이거나 새로운 본성을 가진 어떤 것도 아니고, 차라리 세 세계(천상계, 천계, 월하계)의 융합이고 종합이다."[26] 신체와 정신 안에서 인간은 '세계의 작은 신,' 즉 소우주이다.[27] 그러므로 인간은 신처럼 사건들의 중심이며, 만물은 인간의 주위를 선회한다.[28] 근대의 지성에게는 매우 이상하게 들리는 이러한 사상은 자연과학이 자연에 대한 인간의 복종과 원인들에 대한 인간이 가진 극도의 의존성을 입증했던 몇 세대 전까지 인간의 세계상을 지배하였다. 사건들과 의미(지금은 전적으로 인간에게만 할당된) 사이의 상관관계라는 관념은 너무나 멀고도 후미진 곳으로 추방당했기 때문에 지성인들은 그 흔적을 완전히 상실하였다. 쇼펜하우어는 그 상관관계가 라이프니츠의 과학적 설명에서 주요한 사항들의 하나를 형성했었던 이후에 다소 뒤늦게 그것을 기억하였다.

소우주적 본성에 의해 인간은 창공(firmamant) 또는 대우주의 자식이

---

25 『全集』(Opera omnia), 315쪽. "Nascenti homini omnifaria semina et origenae vitae germina indidit pater."

26 『7개의 논점』38쪽. Facamus hominem ad imaginem nostram, qui non tam quartus est mundus, quasi nova aliqua trium(mundus supercoelestis, coelestis, sublunaris) complexus et colligatio.

27 "신은 … 자신의 이미지와 형상의 모습을 본떠서 세계의 중심에 인간을 위치시켰다(Deus … hominem in medio [mundi] statuit ad imaginem suam et similitudinem formarum)."

28 피코의 교설은 중세의 상응 이론의 전형적인 사례이다. 우주론적이고 점성술적인 상응에 관한 설명은 다음의 책을 참고. 알폰스 로젠베르크(Alfons Rosenberg), 『천상에서의 상징: 점성술의 세계상』(Zeichen am Himmel: Das Weltbild der Astrologie), 취리히, 1949.

다. "나는 당신과 함께 여행하는 별이다."[29] 이것은 미트라(Mithra)[30]의 기도문에서 입문 고백이다. 연금술에서 소우주는 파노폴리스(Pano- polis)의 조지모스(Zosimos)[31]의 시대 이래의 선호되던 한 가지 상징인 로툰둠(rotundum, 圓)과 동일한 중요성을 가지고 있다. 또한 이것은 모나드(Monad, 단자)로서도 잘 알려졌다.

　내부와 외부의 인간이 전체, 즉 히포크라테스(Hippocrates)의 우로메리에(οὐλομελίη, 위대한 원리)가 분할되지 않고 나타나 있는 소우주 혹은 가장 작은 부분을 형성한다는 관념은 아그리파 폰 네테스하임(Agrippa Von Nettesheim)[32]의 사상을 특징짓는다. 그는 말한다.

29 알브레히트 디에테리히(Albrecht Dieterich), 『미트라교 전례(典禮)』(Eine Mithrasli- turgie), 라이프치히, 9쪽.

30 미트라(Mithra)교는 페르시아의 종교로 조로아스터교 이전의 숭배의 대상이었는데, 콘스탄티누스의 기독교 공인 이후 급속히 쇠퇴하였다. 페르시아의 다신교 가운데 가장 중요한 신으로 '계약'과 '친구'로 묘사되었으며, 무엇보다도 태양의 신이었다. 로마 세계는 이 페르시아의 신에 대한 관심이 없었지만, 로마의 미트라교도들이 미트라교를 신플라톤적으로 해석하여 로마에 도입하자 로마는 몇 세대 지나지 않아 완전히 동화되었다. 『브리태니커』 관련 항목 참고.-역자

31 조지모스(Zosimos of Panopolis, 3세기경). 초기 그리스 연금술 문헌 저자로서 그노시스주의자(Gnostic)이다. 조지모스에 의하면 기본 물질(Prima Materia)은 죽음과 부활을 통해 금이 되어야 하는데, 이때 그 물질(금속)은 '검은 날개의 까마귀'로 비유되는 니그레도(Nigredo, 검은색, 黑), '흰 비둘기'로 비유되는 알베도(albedo, 흰색, 白), '핏빛의 홍옥(紅玉)'으로 비유되는 루베도(rubedo, 붉은색, 赤)로 변화되는 단계를 밟아간다고 한다. 조지모스는 세상에는 사람들이 원하는 물질로 만들 수 있는 어떤 원물질이 있다고 생각했고, 그것을 현자의 돌(philosopher's stone)이라 불렀다. 이것은 평범한 돌이 아니라 저급하거나 병든 금속을 변화시켜서 온전하게 만드는 원물질이다. 융은 이 연금술사를 자세하게 연구하고 있다. 「조지모스의 비전」(The vision of Zosimos), 『연금술 연구』(Alchemical studies), 『융 전집』 Vol. 13 참고.-역자

32 아그리파 폰 네테스하임(Heinrich Cornelius Agrippa Von Nettesheim, 1486~1535)은 신성 로마 제국 사람으로 히브리 문자와 피타고라스적 수비학에 대한 유대신비주의(카발라)적 분석에 기초를 두고 세계를 설명하였으며, 마술을 신과 자연을 이해하는 최상의 방법이라고 주장했다. 보통 그를 카톨릭 교회를 격앙시킨 신학자로 말하는 만큼 이단자라는 오명으로 투옥과 추방을 거듭하였다. 모든 학문을 통렬히 비판하여 르네상스 시대의 특징인 과학적 지식에 회의적인 태도를 지녔다. 저서 『은비철학론』(De occulta philosophia)은 그 시대의 마술 연구에 촉진제가 되었다. Encyclopedia of Philosophy, Routledge, 1998 관련 항목 참고.-역자

원형의 세계에서처럼 만물이 전체 안에 있고, 그래서 이 육신의 세계에서 각각의 수용적 본성을 따라서 비록 다른 방식이지만 만물이 전체 안에 있는 것이 모든 플라톤주의자들의 공통된 의견이다. 그래서 원소들은 저급한 신체뿐만 아니라 하늘, 별, 악마, 천사, 마지막으로 신에게서도 창조자이면서 만물의 원형들이다.[33]

고대인들은 말하였다: "만물은 신들로 가득 차 있다"(omna plena diis esse). 이 신들은 "사물들 내부에 퍼져 있는 신성한 힘들"(virtutes divinae in rebus diffusae)이다. 조로아스터(Zoroaster)[34]는 그것들을 '신성한 유혹들'(divinae illices)이라 불렀으며, 시네시우스(Synesius)[35]는 '상징적 매혹'(symbolicae illecebrae)[36]이라 하였다. 비록 시네시우스의 시대부터 최근에 이르기까지, 해석에 대한 가장 최신의 형식은 말할 것도 없이 어떤 인

---

33 헨리쿠스 코르넬리우스 아그리파 폰 네테스하임(Henricus Cornelius Agrippa von Nettesheim), 『은비철학 삼서론』(*De occulta philosophia Libri tres*) I, viii, 12쪽 참고. 제이 에프(J. F.) 옮김, 『은비철학의 세 책』(*Three books of Occult Philosophy*), 런던, 1651, 20쪽. 화이트헤드(W. F Whitehead)의 교정본, 시카고, 1898, I, 55쪽. "Est Platoncorum omnium unanimis sententia quemadmodum in archetypo mundo omina sunt in omnibus, ita etiam in hoc corpreo mundo, omnia in omnibus esse, modis tamen diversis, pro natura videlicet suscipientium: sic et elementa non solum sunt in istis inferioribus, sed in coelis, in stellis, in daemonibus, in angelis, in ipsodenique omnium opifice et archetypo."

34 Zoroaster(기원전 628경~551경). '차라투스트라'라고도 한다. 조로아스터교의 창시자로 신비 체험 속에서 지혜의 주(主) '아후라 마즈다'(Ahura Mazdā)를 만나서 진리 선포자로 임명받은 뒤 전도에 나섰다. 당대 그리스인들은 그를 철학자, 수학자, 점성술사, 마술사로 생각했고 유대인들과 기독교인들은 그를 예언자, 이단자로 보았다. *Encyclopedia of Philosophy*, Routledge, 1998 관련 항목 참고.-역자

35 키레네의 시네시우스(Synesius of Cyrene, 4세기경), 기독교 입장에서 처음에는 이교도였다가 후일 키레네의 주교가 되었고 정치가로 활동하였다. *Encyclo-pedia of Philosophy*, Routledge, 1998 관련 항목 참고.-역자

36 [영역자주: 제이 에프, 32쪽. 화이트헤드, 69쪽] 아그리파는 여기서 마르실리오 피치노(Marsilio Ficino)의 번역에 기초를 두었다. 『플라톤 독법』(*Auctores Platonici*), 베니스(Venice), II. 시네시우스(Synesius), 『소품(小品)』(*Opuscula*). 그리스와 라틴어 명문에서 니콜라우스 테르차기(Nicolaus Terzaghi) 번역, 로마, 1949, 148쪽. Περι ενυπνιων III B의 텍스트는 θελϒειν에서 (흥분하다, 매혹하다, 유혹하다 등을 뜻하는) το θελϒομενον을 가지고 있다.

식론적 비판도 즉 어떤 심리학적 비판도 없었지만, 이것에 대한 가장 최근의 해석은 실로 현대 심리학의 원형적 투사라는 관념에 매우 가까이 다가서 있다. 아그리파(Agrippa)는 "사물들을 상급 세계의 사물과 대단한 정도까지 일치하도록 만드는 하급 세계의 사물들에는 내재적인 힘이 있다"는 견해, 그리고 한 가지 결과로서 동물들은 '신성체들'(즉 별들)과 연결되어서 사물들에게 어떤 영향을 끼친다는 견해를 플라톤주의자들과 공유하고 있다.[37] 여기서 그는 버질(Virgil)[38]의 말을 인용한다: "나로서는 루크(rooks, 당까마귀)들이 신탁보다 더 많이 신성한 정신 혹은 사물들에 대한 예지를 부여받았다고 생각하지 않는다.[39]

그래서 아그리파는 오늘날 한스 드리에슈(Hans Driesch)에게서 다시 떠오르는 관념인 생물체에게는 타고난 '지식'이나 '상상'이 있다는 것을 암시하고 있다.[40] 우리가 좋든 싫든 진지하게 생물학에서의 목적론적 과정에 대한 숙고나 무의식의 보충 기능을 탐구하자마자, 동시성 현상을 설명하려는 시도는 말할 것도 없고, 자신이 혼란스러운 위치에 처해 있음을 알게 된다. 궁극적 원인들은 몇 가지 종류들의 예지를 우리가 어떻게 그것들을 엮어 만들던지 요청한다. 그것은 틀림없이 자아와 연관

---

37 『은비철학에 대하여』(*De occulta philosophia*), IV, 69쪽. (제이 에프, 117쪽; 화이트헤드, 169쪽.) 파라켈수스에서도 유사하다.

38 버질(Virgil, 기원전 70~기원전 19)은 베르길리우스(Publius Vergilius Maro)의 영어식 이름이다. 로마의 가장 위대한 시인으로 로마의 전설적 창시자인 아이네이아스의 이야기를 그린 서사시 『아이네이스』(*Aeneid*)로 가장 잘 알려져 있다. 이 작품은 신의 인도 아래 세계를 문명화한다는 로마의 사명을 천명하고 있다. 그의 초기 시에는 에피쿠로스 철학이 상당히 반영되어 있으나, 점차 스토아주의에 가까워지게 된다. 『브리태니커』 관련 항목 참고.-역자

39 Haud equidem credo, quia sit divinius illis Isgenium aut rerum fato prudentia maior. 「농경시」(Georgics) I, 415쪽. 까마귀는 그리스 신화에서 태양의 신(예언의 신) 아폴로의 애완조이자, 말을 할 수 있는 은빛 깃털의 새였으나, 말실수로 벌을 받아 지금처럼 검은 깃털을 가지게 되었다고 한다.-역자

40 『기본적인 자연 요소로서의 영혼』(*Die 'Seele' als elementarer Naturfaktor*), 라이프치히, 1903, 80쪽, 82쪽.

될 수 있는 지식이 아니기 때문에, 우리가 알고 있는 의식적 지식이라기보다는 내가 '절대지'라고 부르기를 좋아하는 어떤 자존적인 '무의식적' 지식이다. 라이프니츠(G. W. Leibniz)가 탁월하게 불렀던 것처럼, 그것은 인지가 아니라 이미지와 주체가 없는 시뮬라크라(simulacra, 像)들로 구성된, 보다 조심스럽게 말해서 구성되는 것으로 보이는 어떤 '지각'(perceiving)이다. 이 요청된 이미지들은 아마도 내가 말했던 원형들과 동일한 것일 텐데, 자발적 환상의 산물 속에 있는 형식적 요인들로 보일 수 있다. 현대어로 표현한다면 "모든 창조의 이미지들"을 포함하고 있는 소우주는 집단무의식일 것이다.[41] 아그리파가 연금술사들과 공유하고 있던 세계정신(spiritus mundi), 영혼과 육신의 유대(ligamentum animae et corporis), 제5원소(quinta essentia)[42]로서 그는 아마도 우리가 집단무의식이라고 부르는 어떤 것을 의미했을 것이다. 만물에 침투하거나 만물을 형태 짓는 정신은 세계영혼(World Soul)이다: "그러므로 세계의 영혼은 만물을 채우고 만물에 부여하며 만물을 결속하는, 세계를 하나의 틀로 짜맞추려고 하는 어떤 유일한 것이다. …"[43] 그러므로 이러한 정신이 특히 강한 사물들은 "그들과 비슷한 것을 낳으려는"[44] 경향, 다시 말해 상응이나 의미 있는 일치를 만들려는 경향을 지닌다.[45] 아그리파는 1:12라는 숫자에 기초하여 이러한 상응들에 관한 긴 목록을 제시한다.[46] 이

---

41 「심리학의 정신」, 『정신과 자연』 참고.

42 아그리파는 이것에 대해서 말한다(앞의 책, I, xiv, 29쪽. 제이 에프, 33쪽. 화이트헤드, 70쪽): "우리가 제5원소(quintessence)라고 부르는 것은 4원소에서 유래하는 것이 아니라 그것들 밖의 그것들을 넘어서 있는 어떤 다섯 번째의 것이다"(Quoddam quintum super illa [elemena] aut praeter illa substence).

43 II, Ivii, 203쪽.(제이 에프, 331쪽): "Est itaque anima mundi, vita quaedam unica omnia replens, omnia perfundens, omnia colligens et connectens, ut unam reddat totius mundi machinam …."

44 같은 책: "… potentius perfectiusque agunt, tum etiam promptius generant sibi simile."

와 유사하긴 하지만 보다 연금술적인 상응표는 아에기디우스 데 바디스(Aegidius de Vadis)의 논문에서 볼 수 있다. [47] 이 상응들 가운에 나는 스칼라 유니타티스(scala unitatis, 단일 척도)만을 언급하려고 한다. 왜냐하면 그것은 상징사라는 관점에서 보아서 특히 흥미롭기 때문이다: "아이오드(Iod, 4자음 문자의 첫 글자, 신성한 이름) — 아니마 문디(anima mundi, 세계영혼) — 솔(sol, 태양) — 라피스 필로소포룸(lapis philosophorum, 현자의 돌) — 코르(cor, 마음) — 루시퍼(lucifer, 샛별)"[48] 이것은 원형들의 위계질서를 세우기 위한 시도이며, 이러한 방향의 경향들은 무의식 안에 존재하는 것으로 보인다고 말하는 것으로 만족해야만 한다. [49]

아그리파는 테오프라스투스 파라켈수스(Theophrastus Paracelsus)[50]와 동

---

45 동물학자 하디(A. C. Hardy)는 유사한 결론에 도달한다: "텔레파시와 유사한 어떤 것 — 의심할 것 없이 무의식 — 이 한 종의 구성원들 사이에서 행위의 패턴을 형성하는 하나의 요인이라는 것이 밝혀진다면, 아마도 진화에 대한 우리의 관념은 바뀌어야 할지도 모른다. 만약 그러한 어떤 비(非)의식적인(non-conscious) 집단-행위(group-behaviour)의 방식이 있었다고 한다면, 개인적 토대라기보다는 집단적 토대에 놓여 있는, 새뮤얼 버틀러(Samuel Bulter)가 말한 잠재의식적인 종족 기억(sudconscious racial memory)이라는 관념과 같은 어떤 것으로 돌아가고 있다는 것을 깨달을 것이다.『디스커버리』(Discovery), 1949, 10월호, 런던, 328쪽.

46 앞의 책, Ⅱ, iv-xiv.

47「자연과 철학의 자식들 간의 대화(Dialogus inter naturam et filium philoso-phiae」,『화학의 극장』(Theatrum chemicum), 우르셀(Ursel), 1602, Ⅱ, 123쪽.

48 아그리파에서 인용. 앞의 책, Ⅱ, iv, 104쪽.(제이 에프, 176쪽)

49 아니엘라 야훼(Aniela Jaffé),「호프만의 동화 '황금단지'에서 나오는 비유들과 상징들」(Bilder und Symbole aus E. T. A. Hoffmann's Märche'n Der goldene Topf), 야훼와의 공저,『무의식의 형상들』(Gestaltungen des Unbewus-sten), 취리히, 1950. 마리 루이 폰 프란츠,「영원한 정념에 대하여」(Die Passio Perpetuae), 마리 루이 폰 프란츠와의 공저,『아이온 상징사에 대한 연구』(Aion: Untersuchungen zur Symbolgeschichte), 취리히, 1951.

50 파라켈수스(Paracelsus, Philippus Aureolus Theophrastus Bombatus von Ho-henheim, 1493~1541)는 독일 태생의 스위스 의사로, 일생을 기존의 의학적 권위에 도전한 자유롭고 과격하면서도 창조적인 인물로 평가될 수 있다. 권위에 굴복하지 않은 그의 정신은 가장 효과적인 의학적 치료 수단과 '자연치유력' 그리고 그것을 이용하는 방법을 찾기 위해 연금술에 박학다식한 소위 재야의 인물들도 마다하지 않았다. 그의 이런 태도는 기존 세력들과 항상 마찰을 가져왔으며, 그의 48세의 의문사에 대한 하나의 암시를 준다. 라틴어보다는 독일어로 강의하고 저술했다. 연금술을 공부한 만큼 의학에서 화학의 역할을 강조한 의학 철학을 정립했으며,『대외과서』(Die grosse Wundartzney)를 써서 세상의 명성을 얻었다고 전한다. Encyclopedia of Philosophy, Routledge, 1998. 관련 항목 참고.-역자

시대 사람으로 더 연장자였으며, 파라켈수스에게 상당한 영향력을 끼쳤던 사람으로 알려진다.[51] 그래서 파라켈수스의 사유가 상응의 관념에 깊이 배어 있는 것으로 알려지더라도 놀랍지 않다. 파라켈수스는 말한다.

만약 인간이 길을 잃고 방황하지 않는 철학자이고자 한다면, 하늘과 땅을 소우주로 만들어 자신의 철학적 토대를 다져야 하며 머리카락 틈만큼도 차이가 나서는 안 된다. 그러므로 의학의 토대를 다지려는 사람도 역시 아주 사소한 실수라도 방지해야만 하며, 소우주로부터 하늘과 땅에 대한 혁명을 일으켜야만 한다. 그래서 철학자는 인간에게서 발견되지 않는 것을 하늘과 땅에서 찾지 않으며, 의사는 하늘과 땅이 갖고 있지 않는 것을 인간에게서 찾지 않는다. 이 둘은 겉모양만 다를 뿐 양쪽의 형식은 동일한 사실에 관계된 것으로서 이해된다.[52]

『파라그라눔』(Paragranum)에는 의사들을 이해시킬 목적으로 말한 몇 가지 심리학적 언급이 있다.[53]

이러한 이유로 우리는 4가 아닌 하나의 비밀, 그렇지만 사방의 바람을 맞고 있는 탑처럼 4각으로 된 하나의 비밀을 가정한다. 탑이 모서리

---

51 융,『파라켈수스』, 취리히, 1942, 47쪽 이하 참고.

52 프란츠 스트룬츠(Franz Strunz) 역, 『파라그라눔』(Das Buch Paragranum), 라이프치히, 1903, 35쪽 이하. 칼 수드호프(Karl Sudhoff) 편, 전집(Sämtliche Werke)에 있는 『치유의 미로』 (Labyrinthus medicorumf), 뮌헨; 베를린, 1922~1933, XI, 204쪽 이하에 동일한 것이 많다. 『파라그라눔』은 파라켈수스가 수립한 새로운 의학을 떠받치는 네 개의 기둥으로 철학, 천문학과 점성술, 연금술, 덕(德)에 대해서 논한 것이다. 그래서『사주론(四柱論)』이라고도 한다.-역자

53 스트룬츠 역,『파라그라눔』, 34쪽.

를 결핍하지 않는 만큼 의사는 부분들 중의 하나를 결여하지 않을 것이다. … 동시에 의사는 어떻게 세계가 껍데기에 둘러싸인 계란으로 상징되며, 어떻게 모든 실제 내용을 가진 병아리가 계란 속에 숨겨져 있는지를 안다. 그래서 세계와 인간 안에 있는 모든 것은 의사 안에 숨겨져 있어야만 한다. 그리고 마치 암탉이 알을 품어서 달걀껍데기 속에 미리 그림이 그려진 세계를 병아리로 변형시키는 것처럼, 연금술은 의사 내부에 있는 철학적 비밀들을 성숙하게 한다. … 여기에 의사를 제대로 이해하지 못한 사람들의 실수가 있다.[54]

이것이 연금술에서 무엇을 의미하는지는 나의 저서 『심리학과 연금술』(Psychology and Alchemy)에 상세하게 나와 있다.

요하네스 케플러(Johannes Kepler)는 대부분 이와 동일한 방식으로 생각했다. 그는 1610년 「제3의 중재」(Tertius interveniens)에서 말한다.[55]

이것(즉 물리세계의 기초가 되는 기하학적 원리)은 아리스토텔레스의 이론에 따르면, 저급한 세계를 하늘과 연결시키고 통일시키는 가장 강한 매듭이므로 모든 그 형태들은 위에 있는 것에게 통치 받게 된다. 왜냐하면 이 저급한 세계에서, 다시 말해 지구에는 기하학(Geometria)이 가능할 수 있는 고유한 어떤 정신적 본성이 있는데, 그것은 창조적 본능으

---

54 유사한 관념이 야콥 뵈메(Jacob Böhme)에게서도 보인다. 존 엘리스톤(John Ellistone) 역·클리포드 백스(Clifford Bax) 편, 『사물의 기호』(The Signature of All Things), 만인문고(Everyman's Library), 런던, 1912, 10쪽: "인간은 실로 자신 안에 세 가지 모든 세계들의 형식을 가지고 있다. 왜냐하면 인간은 신의 완벽한 이미지 혹은 모든 존재들의 존재의 완전한 이미지이기 때문이다…"『사물의 기호에 대하여』(De signatura rerum), 암스테르담, 1635, I, 7.

55 프리쉬(C. Frisch) 편, 『요하네스 케플러의 천문학 전집』(Joannis Kepleri Astronomi Opera omnia), 마인의 프랑크푸르트(Frankfurt on the Main); 에를랑겐(Erlangen), 1858, I, 605쪽 이하.

로부터 추론 없이도(ex instinctu, sine ratiocinatione) 생명을 만들어 내고 스스로를 자극해서 기하학적이고 조화로운 하늘의 광선의 조합을 통하여 그 힘을 사용하게 만들기 때문이다. 지구뿐만 아니라 모든 동식물도 본래 그러한 능력을 가지고 있는지 어떤지는 나는 말할 수 없다. 그러나 이것은 믿을 수 없는 것은 아니다. … 왜냐하면 이 모든 사실들에는(예를 들어 꽃들이 정해진 색깔, 형태, 꽃잎의 수를 가지고 있다는 사실) 신성한 본능 (instinctus divinus), 관여적 이성(rationis particeps) 그리고 전혀 인간 자신의 지성이 아닌 것이 작용하고 있다. 인간 역시 그의 영혼과 저급한 능력을 통해 지구의 토양이 많은 방식으로 검증되고 입증될 수 있듯이, 하늘과 어떤 유사한 유연(類緣) 관계를 가지고 있다.[56]

점성술적 '특성' 즉 점성술적 동시성에 관하여 케플러는 말한다.

이러한 특성은 수용하기에 너무나 부적합한 육체 안이 아니라 점 (point)처럼 행동하는 영혼만의 본성 속으로 수용된다(이러한 이유 때문에 그것은 마치 바퀴살들이 합류하는[confluxus radiorum] 지점으로 변형될 수 있다). 이 영혼의 본성은 인간의 이성의 성질을 띨 뿐만 아니라(이런 이유로 인간은 다른 생물들보다 이성적이라고 불린다) 오랫동안 학습하지 않고도 음악에서의 성음 그리고 직경의 기하학적 질서를 즉각적으로 파악할 수 있는 또 다른 타고난 본성이 있다.[57]

셋째, 또 다른 놀라운 것은 이런 특성을 받은 본성은 그것의 상대물

---

56 앞의 책, No. 64.
57 위의 책, No. 65.

안에 있는 천체(天體)의 배열(constellationibus coelestibus) 속의 어떤 상응을 야기한다는 것이다. 어머니가 아이를 임신하여 배가 불러와 자연분만의 시간이 가까워질 때, 자연은 하늘 때문에(즉 점성술적 견해에서) 어머니의 오빠나 친정아버지의 천성(天性)과 상응하는 탄생의 일(日)과 시(時)를 택하게 되는데, 이것은 질적(質的)이지 않고 천문학적이고 양적(量的)이다 (non qualitative; sed astronomice et quanititative).[58]

넷째, 그래서 각각의 본성은 그 천체의 특성(characterem coelestem)뿐만 아니라 천체의 성위(星位, configurationes)와 매일의 경과들을 너무나 잘 알고 있는데, 행성이 선지각(先知覺, de praesenti)을 그의 상승점 특성 (characteris ascendentem)이나 특별한 지점(loca praecipua), 특히 탄생의 날 (Natalitia)[59] 속으로 움직일 때면 언제나 본성은 이것에 상응하며 다양한 방식으로 그것에 의해 영향 받고 자극받는다.[60]

케플러는 땅은 대지의 영혼(anima telluris)에 의해 생기를 갖기 때문에 놀라운 상응의 비밀이 땅에서 발견될 수 있다고 가정한다. 그 존재를 위해 그는 많은 증거들을 예증한다. 그 중에는 이런 깃도 있다: 지표 아래의 한결같은 온도, 금속, 광물, 화석을 생산할 수 있는 대지 영혼의 특별한 힘 곧 형성력(facultas formatrix) 이것은 자궁의 형성력과 유사하며, 그렇지 않다면 단지 외부에서만 발견되는 형태들 곧 배, 물고기, 왕, 교황, 승려, 군인 등을 대지의 내부에서 낳을 수 있다.[61] 더욱이 기

---

58 위의 책, No. 67.
59 in die Natalitio는 "탄생의 날에"(in the date of birth)와 같은데 "in die"라는 단어는 라틴어로 해석되었다. 카스파스(M. Caspas)·함머(F. Hammer) 편, 『전집』(The Gesammelte Werke), IV, 211 쪽 참고.
60 프리쉬 편, No. 68.
61 아래서 언급된 꿈들을 참고.

하학의 실제 그것은 다섯 가지 기하학적 입체와 수정의 6각 형태를 만들기 때문이다. 대지의 영혼은 인간의 숙고와 추론에 독립해서 어떤 본래의 충동으로부터 이 모든 것을 가지고 있다.[62]

점성술적 동시성의 자리는 행성들에 있는 것이 아니라 지구에 있다.[63] 즉 물질에 있는 것이 아니라 대지의 영혼에 있다. 그렇기 때문에 몸 안에 있는 모든 종류의 자연적이거나 생기 있는 힘은 어떤 '신성한 유사함'(divine similitude)을 지니고 있다.[64]

이와 같은 것들이 라이프니츠(Gottfried Wilhelm von Leibniz, 1646~1716)가 예정조화설(Idea of pre-established harmony), 즉 심리적 사건과 물리적 사건의 절대적 동시론(synchronism)을 표현했을 당시의 지적 배경이었다. 이 이론은 마침내 '심리-신체 병행론'(psychophysical parallelism)이라는 개념 속으로 사라졌다. 라이프니츠의 예정조화설과 위에서 언급했던 쇼펜하우어의 관념, 제1원인의 결합이 원래 인과적으로 연결되지 않은 사건들의 어떤 동시발생과 상호 관련성을 낳는다는 것은 고대 소요학파적(peripatetic)[65] 견해의 반복일 뿐이다. 쇼펜하우어의 경우는 근대의 결정

---

62 케플러·프리쉬 편, 『전집』(Opera) V, 254쪽. 그리고 II, 270쪽 이하와 VI, 178쪽 이하. "… formatrix facultas est in visceribus terrae, quac feminae praegnantis more occursantes foris res humanas veluti eas videret, in fissibilibus lapidibus exprimit, ut militum, monachorum, ponticum, regum et quidquid in ore hominum est …"

63 위의 책, II, 642쪽. "… quod scl. principatus causae in terra sedeat, non in palnetis ipsis."

64 같은 책, "… ut omne genus naturalium vel animalium facultatum in cor- puribus Dei quandam gerat similitudinem."나는 케플러에 대한 이 부분을 릴리안 프레이-호온 박사와 마리 루리 폰 프란츠 박사에게 은혜를 입었다.

65 소요학파(peripatetics)는 아리스토텔레스가 세운 철학적 전통을 잇는 사람들을 가리킨다. 아리스토텔레스주의자와 동등한 의미로 쓰인다. 소요(逍遙, walking)라는 말은 걸으면서 철학적 담론을 했던 습관에서 기인한 것이지만, 실제로는 'peripatos'(柱廊, 벽이 없이 기둥만 있는 복도)에서 연유한 것이다. Encyclopedia of Philosophy, Routledge, 1998 관련 항목 참고.-역자

론적인 색채를 가지고 있으며, 라이프니츠의 경우는 어떤 선행하는 질
서에 의한 인과율의 부분적인 대체가 있을 따름이다. 라이프니츠에게
신은 질서의 창조자이다. 그는 영혼과 신체를 동일하게 맞추어진 두 개
의 시계에 비유하고, 모나드나 엔텔레케이아(entelechies)[66]의 상호 관계
를 표현할 때도 동일한 비유를 사용한다.[67] 그가 말했듯이 "모나드들은

---

66 질료 안에서 스스로를 실현하는 형상을 말한다.-역자

67 라이프니츠(G. W. Leibniz), 던컨(G. M. Duncan) 역, 「실체들 간의 소통 체계에 대한 두 번째 설
명」(Second Explanation of the System of the Communica- tion between Substances), 『라이프니츠
철학 저작집』(*The Philosophical Works of Leibniz*), 뉴헤이븐(New Haven), 1890, 90~91쪽. "태
초로부터 신은 단지 고유한 법칙을 따름으로서, 그 존재를 용인받는 그러한 본성을 가지고 있
는 두 실체들을 각각 만들었는데, 그럼에도 불구하고 각 실체는 마치 어떤 상호적 영향이라도
있는 듯이 또는 신의 일반적인 협동작용 외에 신이 항상 그곳에 손을 대고 있는 것이라도 되
는 듯이 서로 조화를 이룬다." 파울리 교수가 친절하게 지적하였던 것처럼, 라이프니츠가 그
의 '시간이 일치하게 맞춰 놓은 시계들'(synchronized clocks)이라는 관념을 벨기에(Flemish)
의 철학자 아르노 게링크스(Arnold Geulincx, 1625~1699)로부터 차용하였다는 것은 가능하
다. 그의 『진정한 형이상학』(*Metaphysica vera*), Part Ⅲ에는 '8개의 지식'(Octava scientia)에 대
한 주석이 있는데(『철학집』, 헤이그, 1892, Vol. Ⅱ, 195쪽), 그곳에서 이렇게 말했다(296쪽): "우리
의 의지라는 시계는 신체적 운동이라는 시계와 시간이 일치하도록 동일하게 맞추어져 있다
(… horologium voluntatis nostrae quadret cum horologio motus in corpore)." 또 다른 주석은 설
명한다(297쪽): "우리의 의지는 우리의 운동에 대하여 어떤 영향도, 어떤 인과적이거나 결정
적인 힘도, 어떤 종류의 결과도 가지고 있지 않다. … 만약 우리가 스스로의 생각을 주의 깊
게 시험해 본다면, 우리는 결정에 대한 어떤 관념이나 개념도 가지고 있지 않음을 알게 된
다. … 그러므로 제일의 제일의 동자(動者, the prime mover)이자 유일한 동자(動者, only mover)
로서 오직 신만이 존재한다. 왜냐하면 신은 운동을 배열하고 명령하며, 그것을 우리의 의지
와 자유롭게 공조하도록 만들기 때문이다. 그래서 우리의 의지가 발을 앞으로 내디더 걷기
를 동시적으로 바라고, 동시적으로 내디더 걷는 동작이 발생한다(voluntas nostra nullum habet
influxum, causalitatem, determinationenis aut efficaciam quamcunque in motum-cum cogitationes
nostras bene excutimus, nullam apud nos ivenimus ideam seu notionem determinationis, Restat
igitur Deus solus primus motor et solus motor, quia et ita motum ordinat atque dispoint et ita simul
voluntati nostrae licet libere moderatur, ut eodem temporis momento comspiret et voluntas nostra
ad projiciendum v.g. pedes inter ambulandum, et simuli ipsa illa pedum projectio seu ambulatio)."
'9개의 지식'(nona scientia)에 대한 주석을 덧붙인다(298쪽): "우리의 마음은 … 완전히 우리
의 신체와 독립되어 있으며, … 우리가 신체에 대해 알고 있는 모든 것은 우리가 생각하기 이전
에 이미 신체 안에 들어 있다. 말하자면 우리는 자신의 신체 안에 있는 것을 스스로 읽을 수
는 있지만, 신체 위에 스스로 각인시킬 수는 없다. 그런 일은 오직 신만이 할 수 있을 뿐이다
(Mens nostra … penitus independens est ab illo [scl. corpore] … omnia quae de corpore scimus
jam praevic quasi ante nostram cognitionem esse in corpore, Ut illa quodam modo nos in corpore
legamus, non vero inscribamus, quod Deo proprium est)." 이러한 관념은 라이프니츠의 시계의
비유를 예상하게 한다.

창이 없기"(no windows)[68] 때문에(인과율의 상대적 폐기!) 서로간에 직접적으로 영향을 끼칠 수 없더라도, 그러한 성질을 띠고 있기 때문에 서로에 대한 지식이 없어도 항상 조화를 이룬다. 그는 각각의 모나드를 '작은 세계'(little world) 또는 "활동하는 나눌 수 없는 거울"(active indivisible mirror)[69] 이라고 생각한다. 인간은 전체를 자신 안에 넣고 있는 소우주일 뿐만 아니라, 모든 엔텔레키아나 모나드 역시 그러한 소우주에 영향을 미친다. 각각의 '단순실체'(simple substancce)는 다른 모든 단순실체들을 표현하는 연결을 갖는다. 그것은 "영원히 살아 있는 우주의 거울"(perpetual living mirror of the universe)[70]이다. 그는 살아 있는 유기체들의 모나드들을 영혼(soul)이라 부른다: "영혼은 그 자신만의 법칙을 따르고, 신체도 마찬가지로 자신만의 법칙을 따르며, 모든 실체들간의 예정조화에 의해 일치하는데, 그것들은 하나의 동일한 우주의 모든 표상들이기 때문이다."[71] 이것은 인간이 소우주라는 관념을 확실하게 표현하고 있다. 라이프니츠는 "일반적으로 영혼들은 창조된 사물들이 거주하는 우주의 살아 있는 거울들 혹은 이미지들이다"라고 말한다. 그는 마음과 신체를 구별하고 있는데, 한편으로 마음은 "우주의 체계를 알 수 있고, 체계적인 패턴으로 우주의 무언가를 모방할 수 있으며, 각각의 마음은 말하자

---

68 메리 모리스(Marry Morris) 역, 『모나드론』(*Monadology*), §7, 만인문고, 런던, 1934, 3쪽. "모나드들은 창이 없으므로 어떠한 것도 출입할 수가 없다. … 이와 마찬가지로 어떤 실체나 우유성(偶有性, accident)도 밖으로부터 모나드 속으로 들어갈 수 없다."

69 베일리(Bayle)의 사전에 있는 의견에 대한 답변. 합스(R. Habs) 편, 『철학 저작집』(*Kleinere philosophische Schriften*), 라이프치히, 1883, XI, 105쪽.

70 모리스 편, 『모나드론』, §56, 12쪽. "이제 모든 창조물이 각각에 대해 그리고 각각의 창조물들이 다른 모든 창조물들에 대해 갖는 연결 혹은 적응은 각각의 단순실체(simple substance)가 다른 모든 단순실체를 표현하는 관계를 가진다는 것을 의미하며, 따라서 단순실체는 영원히 살아 있는 우주의 거울을 의미한다."

71 같은 책, §78, 17쪽.

면 그 자신의 부분 안에 조금은 신성이 들어 있는 것으로 … 신성의 이미지들"이다.[72] 그리고 다른 한편 신체는 "운동에 의해서 동력인(動力因. efficient cause)의 법칙에 따라 행한다." 반면에 영혼들은 욕구, 목적, 수단에 의한 목적인(目的因. final cause)의 법칙에 따라 행한다.[73] 모나드나 영혼에서 그 원인이 '욕구'(appetition)인 변화들이 일어난다.[74] "통일체나 단순 실체 안에 다수를 수반하고 표상하는 순간적 상태는 이른바 '지각'에 불과하다"고 라이프니츠는 말한다.[75] 지각은 "외부의 사물을 표상하는 모나드의 내부 상태"이며, 그것은 의식적 통각(apperception)과는 구별되어야 한다. 왜냐하면 "지각은 무의식이기 때문이다."[76] 바로 여기에 통각되지 않는 지각을 무시했던 데카르트주의자들의 커다란 오류가 놓여 있다.[77] 모나드의 지각 능력은 지식에 상응하며, 그 욕구 능력은 신에게 있는 의지에 상응한다.[78]

인과적 연결을 제외하고 라이프니츠는 모나드의 내부와 외부에 있는 사건들에 대한 완전히 예정된 병행론을 요청한다는 것이 위의 인용으로부터 명백해진다. 그래서 동시성 원리는 어떤 내부의 사건이 외부의 사건과 동시적으로 발생하는 모든 경우에는 절대적인 규칙이 된다. 그러나 이에 비해 규칙을 제정하지 않고도 경험적으로 증명될 수 있는 동

---

72 같은 책, §83, 18쪽. 허가드(E. M. Huggard) 옮김, 오스틴 파러(Austin Farrer) 편, 『변신론(辯神論)』(*Theodicy*), §79, 뉴헤이븐, 1952, 215쪽 참고.

73 『모나드론』, §79, 17쪽.

74 같은 책, §15, 5쪽.

75 §14, 4쪽.

76 모리스 편, 『이성에 기반한 자연의 원리와 은총의 원리』(*Principles of Nature and of Grace. Founded on reason*), §4, 22쪽.

77 『모나드론』, §14, 5쪽. 마리 루이 폰 프란츠 박사의 데카르트의 꿈에 관한 논고를 참고. 「영혼의 시간 상실 문서」(Zeitlose Dokumente der seele), 『취리히 융 연구소 연구』(*Studien aus dem C. G. Jung Institut*), Ⅲ, 취리히, 1952.

78 『모나드론』, §48, 11쪽. 『변신론』, §149.

시성 현상은 너무 예외적이어서 대부분의 사람들은 그 존재를 의심한다는 것을 염두해야 한다. 동시성 현상들은 우리가 생각하거나 입증할 수 있는 것보다 실재로 훨씬 더 빈번히 일어나지만, 그것들이 경험의 장에서 빈번히 규칙적으로 일어나므로 우리가 그것들을 법칙에 따르는 것으로 말할 수 있는 것인지의 여부는 여전히 알지 못한다.[79] 우리는 그와 관련된 모든 현상을 설명해 줄 수 있을지도 모르는 어떤 기본적 원리가 있을 것임에 틀림없다는 것만을 알고 있을 뿐이다.

자연에 대한 고전적이고 중세적인 관점뿐만 아니라 원시적인 관점 또한 인과율과 나란히 어떠한 원리가 존재한다고 가정한다. 심지어 라이프니츠조차 인과율은 유일하거나 지배적인 관점이 아니다. 18세기를 거치면서 인과율은 자연과학의 독점적인 원리가 되었다. 19세기에 물리학이 흥기하자 동시성 이론은 표면에서 완전히 사라졌으며, 예전의 마술적 세계는 마침내 사라져 버린 것처럼 생각되었으나, 19세기 즈음에 와서 심령연구회(Society for Psychical Research)의 설립자들은 텔레파시 현상을 조사함으로써 다시금 전체적인 문제를 열어 놓았다.

내가 위에서 말했던 마음에 대한 중세의 태도는 태고 이래의 인간의 삶에서 중요한 역할을 하였던 모든 마술적이고 주술적인 절차들의 밑바탕에 잠재해 있다. 중세의 마음은 라인의 실험실에 배열된 실험들을 마술적 실행으로 여기려 하였으며, 이런 이유 때문에 그 결과는 그리 놀랍게 보이지 않았을 것이다. 그것은 어떤 '에너지 전달'로서 해석되었

---

79 나는 신체와 영혼 사이의 관계가 여전히 동시성적인 것으로 이해될 수 있다는 가능성을 다시 강조해야만 한다. 만약 이런 추측이 입증되어야 한다면, 동시성은 상대적으로 드문 현상이라는 나의 현재의 견해는 정정되어야 한다. 「꿈 연구의 시대에 어울리는 문제들」(Zeitgemässe Probleme der Traumforschung)에 실려 있는 마이어(C. A. Meier)의 관찰을 참고. 『스위스 연방공과대학: 문화학과 국가학 논문들』(Eidgenössische Technische Hochschule: Kultur- und Staatswissenschaftliche Schriften) 75, 취리히, 1950, 22쪽.

는데, 이것은 오늘날 흔히 있는 그런 일이지만, 이미 말했듯이 전달 매체에 대한 어떤 경험적으로 입증 가능한 개념을 형성하는 것은 가능하지 않다.

원시의 마음에 동시성은 자명한 사실이기 때문에 이 단계에서는 우연과 같은 것은 존재하지 않는다는 점을 지적할 필요는 없다. 불의의 사고, 질병, 죽음은 결코 우연한 것이 아니며, 또한 '자연스런' 원인의 탓으로도 여겨질 수 없다. 모든 것은 아무튼 마술적 영향 때문이다. 멱을 감고 있는 사람을 잡아먹은 악어는 마술사가 보냈고, 질병은 어떤 정신 혹은 다른 정신이 일으킨 것이며, 누군가의 어머니의 무덤가에서 보인 뱀은 분명히 어머니의 영혼이다. … 물론 원시적 수준에서 보면 동시성은 독자적인 관념으로서가 아니라 '마술적' 인과율로서 나타난다.[80] 이것은 인과율에 대한 우리의 고전적 관념의 초기 형식이며, 반면에 중국 철학의 발전은 마술적인 것의 내포로부터 도(道)라는 의미 있는 일치의 '개념'을 만들었지만 인과율에 기반한 과학을 만들지는 못했다.

동시성은 인간의 의식과 관련된 선천적이며 명백한 인간의 외부에 존재하는 어떤 의미를 가정한다.[81] 그러한 가정은 무엇보다도 플라톤의 철학에서 발견되는데, 플라톤은 경험적 사물에 대한 초월적 이미지 혹

---

80 주술의 기초가 되는 사고의 원리는 "닮은 것이 닮은 것을 낳는다"는 유사의 법칙(law of similarity)에 기반한 모방 주술(imitative magic), 이전에 "서로 접촉이 있었던 것은 분리 이후에도 계속 상호작용을 한다"는 접촉의 법칙(law of contact) 혹은 감염의 법칙(law of contagion)에 기반한 감염 주술(contagious magic)이 있다. 이 두 주술을 총칭해서 공감 주술(sympathetic magic)이라 한다. 모방 주술의 사례는 어떤 사람의 인형을 만들고 그 인형에 해를 입혀서(바늘로 찌른다든지) 실재의 그 사람에게 해를 주려는 것이고, 감염 주술의 사례는 아기의 탯줄을 함부로 버리지 않고 좋은 곳에 두면 그 아기가 건강하거나 귀하게 된다는 우리 일상 관습에서 엿볼 수 있다. 프레이저 지음(J. G. Frazer)·더글러스(M. Douglas) 편, 이경덕 옮김,『황금가지』(The illustrated Golden Bough), 까치, 1995, 53~73쪽 참고.-역자

81 동시성은 정신 신체적 현상일 뿐만 아니라 인간 정신의 참여 없이도 발생할 수 있다는 가능성의 관점에서, 나는 이러한 경우는 의미가 아니라 동등(equivalence)이나 동조(conformity)에 대해 말해야만 함을 지적하고 싶다.

은 모델, 즉 에이데(εἴδη, 형상[forms], 종[species])과 현상계에서 우리가 보는 그것의 에이도라(εἴδωλα, 반영[reflection])의 존재를 당연하게 받아들이고 있다. 이 가정은 이전 세기에는 어떤 곤란함도 나타내지 않았을 뿐만 아니라 반대로 완벽하게 자명했다. 선험적 의미라는 관념은 쉴러(Schiller)의 「아르키메데스와 그의 문인」(Archimedes and His Pupil)이라는 시에 대해서 수학자인 야코비(Jacobi)가 부연한 것처럼 고대의 수학에서도 발견된다. 그는 천왕성(Uranus)의 궤도에 대한 계산을 칭찬하며 아래와 같은 문구에 응답한다.

당신이 우주 안에서 보는 것은 오직 신의 영광의 빛일 따름이다. 올림포스 산의 신들에게 있어서 수는 영원히 지배한다.

위대한 수학자 칼 프리드리히 가우스(Gauss)[82]는 아래와 같이 말했다고 전해진다.

신은 산수를 한다.(ὁθεὸς ἀριθμητιζει)[83]

---

[82] 가우스(Carl Friedrich Gauss, 1777~1855). 아르키메데스와 뉴턴에 버금가는 가장 뛰어난 수학자로서 사후에 수학의 왕자(athematicorum princeps)라는 찬사를 받기도 했다. 18세기 수학 이론과 방법론에 일대 변혁을 가져왔으며, 유클리드 기하학의 보편성에 의문을 제기한 첫 세대였으며, 천문학의 발전에도 큰 공헌을 하였다. *Encyclopedia of Philosophy, Routledge*, 1998. 관련 항목 참고.-역자

[83] 그렇지만 1830년의 한 편지에서 가우스는 말했다: "만약 수가 단지 우리 마음의 소산일 뿐이라면, 공간은 우리 마음의 바깥에 실제를 갖는다고 매우 겸손하게 인정해야만 한다." 레오폴드 크로네커(Leopold Kronecker), 『수 개념에 대하여』(über den Zahlenbegriff), 252쪽 참고. 헤르만 바일(Hermakk Weyl)도 마찬가지로 수를 이성의 산물로 생각한다. 「인간의 상징 구조로서의 학문」(Wissenschaft als symbolische Konstruktion des Menschen), 『에라노스 연보』, 1948, 375쪽. 그러나 다른 한편 마르쿠스 피에르츠(Markus Fierz)는 플라톤의 관념을 더 선호한다. 「물리학적 인식으로」(Zur physikalischen Erkenntnis), 『에라노스 연보』, 1948, 434쪽.

고전적 중국인의 사유 기초와 중세의 소박한 관점의 토대를 이루는 동시성과 자존적 의미라는 관념은 우리에게는 어떤 대가를 치르고서라도 회피되어야 하는 케케묵은 가정으로 생각되는 듯하다. 비록 서양은 이 낡아빠진 가설을 폐기하기 위해 가능한 모든 것을 해버렸지만, 그것은 그다지 성공하지 못했다. 어떤 주술적 절차들은 소멸된 것으로 보이지만, 오늘날 전례 없는 명성을 얻고 있는 점성술은 매우 생생하게 남아 있다. 과학적 시대의 결정론은 동시성 원리의 설득력을 전혀 제압할 수 없었다. 왜냐하면 결국 그것은 미신의 문제라기보다는 오히려 진리의 문제이기 때문이다. 이 진리는 사건의 물리적 측면보다는 단지 사건의 심리적 측면과 관계되었다는 이유만으로 오랫동안 은폐되어 왔다. 인과율이 어떠한 부류에 대해 설명하지 못하는 경우, 우리가 어떤 설명 원리로서 형식적 요인을 고려해야 한다는 것을 입증한 것은 현대 심리학과 초심리학(parapsychology)이었다.

심리학에 관심 있는 사람들을 위해 이쯤에서 어떤 자존적 의미라는 독특한 관념이 꿈에서 암시된다는 것을 언급하고자 한다. 한때 이 관념이 나의 서클 안에서 논의되던 중에 누군가 다음과 같은 의견을 말했다: "기하학적 방형(方形, square)은 수정을 제외하고는 어디에서도 발견되지 않는다."이곳에 참석했던 어떤 숙녀가 그날 밤 다음과 같은 꿈을 꾸었다.

정원에는 큰 모래 놀이터가 있었는데, 그 위에 폐물이 쌓여 층을 이루고 있었다. 그녀는 그 층 한군데에서 녹색을 띤 사문석(蛇紋石)의 얇은 석판들을 발견하였다. 그 석판들 중 하나에는 동심원상으로 배열된 검은색 방형이 있었다. 그 검은 색은 칠해진 것이 아니라 마치 마노(瑪瑙)

속의 반점처럼 돌 속에 배어들어 있었다. 그와 비슷한 표시들이 두어 개 다른 석판들에서도 보였는데, 그녀와 조금 안면이 있던 미스터 에이 (Mr. A)가 그녀에게서 가져갔다.[84]

동일한 종류의 또 다른 꿈의 주제는 다음과 같다.

꿈을 꾸는 사람은 거친 산악 지역에 있었는데, 그곳에서 트라이아스 기(紀, triassic)[85]의 암석이 연속된 층을 발견했다. 그는 넓적한 석판들을 흩트려 놓았는데, 그 표면에 얕은 양각으로 인간의 머리들이 새겨져 있 는 것을 발견하고 한없이 놀라워했다.

이 꿈은 긴 간격을 두고 여러 차례 반복되었다.[86] 또 다른 시기에 꿈 을 꾸는 사람이 있었다.

시베리아 툰드라 지역을 여행하면서 오랫동안 찾았던 동물을 발견했 다. 그것은 실물보다 큰 수탉이었는데, 수척한 모습에 무색 유리 같은 것으로 만들어져 있었다. 그러나 그것은 살아 있었으며, 어떤 종류의 동물로도 변할 수 있고, 심지어는 인간이 사용하는 물체 혹은 어떤 크 기를 가진 것이라도 변할 수 있는 힘을 가진 극미한 단세포 생물체에서

---

84 꿈 해석의 규칙에 따른다면, 이 꿈에 등장하는 미스터 에이는 무의식의 의인화로서 그 무늬를 도로 찾아가는 아니무스(animus)를 표상한다. 왜냐하면 의식적 마음은 그 무늬를 필요로 하지 않으며, 그것을 단지 루수스 나투라에(lusus naturae, 자연의 유희)로만 여기고 있기 때문이다.
85 트라이아스기(紀, Triassic Period)는 페름기 이후 쥐라기 이전에 존재했으며, 중생대의 시작을 의미한다. 기온이 높은 시기였으며, 육지에서는 양치식물, 소철류, 침엽수가 있었고 공룡이 급속히 번성해 갔다. 최초의 포유류 화석이 후기 트라이아스기 암석층에서 발견되었다. 『브 리태니커』 관련 항목 참고.-역자
86 꿈의 반복은 의식적 마음에 앞서 꿈의 내용을 불러내는 무의식의 끈덕진 시도를 나타낸다.

우연히 나왔다. 다음 순간 이 우연한 형태들은 저마다 흔적 없이 사라졌다.

여기에 동일한 유형의 또 다른 꿈이 있다.

꿈을 꾸는 사람은 숲이 우거진 산림 지역을 걷고 있었다. 그는 가파른 언덕 위에서 벌집처럼 구멍이 숭숭 뚫린 바위가 있는 산등성이로 왔는데, 거기서 그는 그 바위에 입혀진 산화철과 같은 색깔을 하고 있는 조그만 갈색의 인간을 보았다.[87] 그 조그만 사람은 바쁘게 굴을 파고 있었는데, 그 뒤편으로는 자연 그대로의 바위에서 한 무더기의 기둥을 볼 수 있었다. 각 기둥들의 꼭대기에는 큰 눈이 달린 암갈색의 사람 머리가 있었다. 그것은 갈탄처럼 매우 단단한 돌을 아주 주의 깊게 새긴 것이었다. 그 조그만 사람은 그것을 에워싸고 있는 무정형의 덩어리로부터 그 구조물을 자유롭게 하였다. 꿈을 꾸는 사람은 처음에 자신의 눈을 거의 믿을 수 없었지만, 그 기둥들은 아주 옛적부터 자연 그대로의 바위로 존속되었기 때문에 인간의 도움이 없어도 존재해 왔다는 것을 인정해야 했다. 그는 바위가 적어도 50만 년은 되었으며, 그 인공 유물은 도저히 인간의 손으로 만들어졌을 가능성이 없다고 곰곰이 생각하였다.[88]

이러한 꿈들은 자연에서의 어떤 형식적 요인의 존재를 가리키는 것으로 보인다. 그 꿈들은 자연의 유희가 아니라, 명백히 그것과는 독립

---

87 철인 혹은 무쇠로 만든 사람(Anthroparion, metallic man).
88 위에서 인용된 케플러의 이론을 참고.

적인 인간의 관념을 가진 절대적인 자연적 산물의 의미 있는 일치를 말한다. 이것이 그 꿈들이 명확히 말하고 있는 것이며,[89] 반복을 통해 의식에 더 가까이 접근하려 애쓰는 것이다.

---

[89] 꿈들이 난해하다는 것을 이해한 사람들이라면 그 꿈들은 스스로 이미 가진 선입견과 더욱 일치하고 있는 매우 다른 의미를 은익하고 있다고 의심할지도 모르겠다. 어떤 일에도 그렇겠지만 우리는 꿈에 대한 소망적 사유(wishful thinking, 어떤 일이 진실이기를 바라는 마음으로 그것을 참이라고 생각함으로써 기만하는 사유)에 빠질 수 있다. 내 경우는 가능한 한 꿈의 진술에 가까이 다가가서 그것의 명확한 의미와 조화를 이루도록 그 진술을 정식화하려고 노력하는 편이다. 만약 꿈의 진술에 담긴 의미를 꿈을 꾼 사람의 의식적 상황과 관련시킬 수 없다는 것이 입증된다면, 나는 그 꿈을 이해하지 못하더라도 그것을 어떤 기존의 선입견에 물든 이론으로 왜곡하지 않으려고 매우 주의를 기울이고 있다는 점을 솔직히 인정한다.

4장

결론

나는 위와 같은 진술들을 어떤 식으로든 내 관점의 최종 증거로 생각하지 않고 다만 독자들의 생각에 맡기면서, 경험적 전제에서 나오는 결론으로 여기고자 한다. 우리 앞에 놓인 자료에서 나는 ESP실험을 포함하여 그 사실들을 알맞게 설명할 만한 다른 가설을 도출할 수 없다. 나는 다만 동시성이 고도로 추상적이고 '표상할 수 없는' 양이라는 것을 의식할 뿐이다. 그것은 공간, 시간, 인과율 같은 행동의 기준을 형성하는 어떤 사이코이드(psychoid)적인 특성을 운동체에 속하는 것으로 생각한다. 우리는 다소 뇌와 관련한 정신의 존재라는 생각을 완전히 접어두어야 하고, 그 대신에 뇌를 갖지 않은 하등한 유기체들의 '의미 있는' 또는 '지적인' 행동을 기억해야 한다. 여기서 우리는 내가 말한 대로 뇌활동과 무관한 형식적 요인에 더 밀접해 있음을 알게 된다.

그러면 우리는 영혼과 신체의 관계가 이 각도에서 고려될 수 있는지 어떤지를 자문해야 한다. 즉 살아 있는 유기체 내에서의 심리적이고 신체적인 과정의 공동 작용이 인과적 관계라기보다는 동시성적 현상으로 이해될 수 있는지 질문해 보아야 한다. 게링크스와 라이프니츠 두 사람은 심리적인 것과 신체적인 것의 공동 작용을 경험적 본성의 바깥에 있는 어떤 원리인 신의 행위로 간주하였다. 정신(심리)과 자연간의 인과적 관계라는 가정은 한편으로는 경험과 일치하기 어렵다는 결론에 이르게 되었다. 즉 심리적 사건 발생을 야기하는 물리적 과정이 있는지, 물질을 조직화하는 선재(先在)하는 어떤 정신이 있는지가 그것이다. 처음의 경우 어떻게 화학적 과정이 심리적 과정을 산출하는지를 알기 어려우며, 두 번째 경우는 비물질적인 정신(심리)이 어떻게 물질을 활동시킬 수 있는지 의문스럽다. 라이프니츠의 예정조화설이나 그 비슷한 어떤 것, 곧 절대적이고 우주적 상응과 조화되어 현현되는, 차라리 쇼펜하우어가 말한 같은 위도에 놓인 시간점의 의미 있는 일치와 같은 그런 것을 생각할 필요는 없다. 동시성 원리(synchronicity principle)는 신체-정신의 문제를 해결하는 데 도움을 줄지도 모르는 특성을 가지고 있다. 무엇보다 그것은 원인 없는 질서라는 사실이며, 오히려 심리-물리적 병행론 (psychophysical parallelism)에 빛을 던질 수 있는 의미 있는 질서정연함이라는 사실이다. 동시성 현상의 특징인 '절대적 지식' 곧, 감각기관의 매개에 의하지 않는 지식은 어떤 자기존속적 의미에 대한 가설을 지지하며, 심지어 그것의 존재를 나타내고 있다. 그런 존재의 형식은 초월적일 수밖에 없다. 왜냐하면 미래에 대한 지식 혹은 공간적으로 떨어진 사건이 보여 주듯이, 그것은 심리적으로 상대적인 공간과 시간 곧 어떤 표상할 수 없는 시공연속체 안에 포함되기 때문이다.

이런 관점으로부터 상식적으로 무의식적 상태에서 일어나는 심리적 과정의 존재를 가리키는 듯하는 어떤 경험을 좀 더 상세히 조사하는 것도 가치 있을 것이다. 여기서 나는 급성 뇌손상 때문에 생긴 심한 졸도로 인한 주목할 만한 관찰을 주로 생각하고 있다. 다들 생각하는 것과는 달리 극심한 머리의 손상이 그에 해당하는 의식 상실로 늘 전이되는 것은 아니다. 관찰자에게 다친 사람은 '혼수상태'에서 무감각하고 무엇도 의식하지 못하는 것만 같았다. 그러나 주관적으로 의식은 결코 소멸되지 않는다. 외부 세계와의 감각 소통은 대부분 제한되어 있지만 언제나 완전히 단절되지는 않는다. 예컨대 전투의 소음이 갑작스레 '장엄한'(solemn) 침묵에 자리를 내줄지라도 그렇다. 이런 상태에서는 때때로 매우 독특하고 인상적인 감각이나 공중부양의 환각이 있는데, 부상당한 남자는 그가 부상당한 그 순간에 있었던 그 장소에서 공중으로 솟아오르는 듯한 느낌을 받았다. 만일 그가 서 있는 채로 부상당했다면 그는 서 있는 자세로 날아오를 것이고, 누워 있었다면 누운 자세로, 앉아 있었다면 앉은 자세로 날아오를 것이다. 이따금 그의 주위(그 순간 자신이 놓여 있던 참호 전체)는 그와 함께 날아오를 것이다. 공중부양의 높이는 18인치에서 몇 야드까지였다. 무게감은 전혀 느끼지 못했다. 많은 사례에서 부상자들은 스스로가 팔로 허우적대며 수영하는 동작을 취한다고 생각한다. 그들 주위에 이왕 어떤 지각이라도 있다면 그것은 거의 상상적인 것 즉 기억-이미지들의 구성이었을 것이다. 공중부양 동안의 주된 분위기는 행복감이다. "떠있는 듯한(부양성), 장엄함, 천국 같은, 평온함, 온 마음이 편함, 지복감(至福感), 기대감, 흥분 등은 그것을 묘사하는 데 쓰이는 단어들이다. … 다양한 종류의 상승 체험이 있다."[1] 후베르트 얀

---

1 후베르트 얀츠(Hubert Jantz) · 쿠르트 베링거(Kurt Beringer), 「머리 손상 직후 부양 체험의 증후군」(Das Syndrom des Schwebeerlenisses unmittelbar nach Kopfverletzungen), 『신경과 의사』(Der Nervenarzt) XVII, 베를린, 1944, 202쪽.

츠(Hubert Jantz)와 쿠르트 베링거(Kurt Beringer)가 정확히 지적했지만, 부상자들은 아주 조그만 자극을 받아도 혼수상태에서 깨어날 수 있다. 가령 이름이 불리거나 손길이 닿게 되면 깨어나더라도, 제아무리 커다란 굉음이 들려도 아무런 효과도 없는 것을 꼽을 수 있다.

비슷한 많은 일들이 다른 원인들에서 일어난 깊은 혼수상태에서도 관찰될 수 있다. 나는 내 의학 체험에서 예를 하나 들고자 한다. 내가 신뢰하고 믿을 수 있는 어떤 여자 환자가 자신의 첫 출산이 매우 힘들었다는 이야기를 했다. 서른 시간 동안 분만을 위한 이런 저런 시도 끝에 의사는 핀셋 분만을 시행해야겠다고 생각했다. 이것은 가벼운 최면 상태에서 시행되었다. 그녀는 절개 상태가 좋지 않아서 혈액 과부족으로 고통 받았다. 이후 의사, 친정어머니, 남편은 자리를 떠났다. 그리고 모든 것이 정리되자 환자는 간호사가 문쪽에서 몸을 돌리며, "저 저녁 먹으려 하는데 그전에 뭐 필요한 것이 있나요"하고 묻는 것을 보았다. 환자는 대답하려 했으나 그럴 수 없었다. 그녀는 침대 아래를 통과해서 바닥없는 허공 속으로 잠기는 듯한 기분을 느꼈다. 그녀는 간호사가 침대 옆에서 서두르는 것과 맥박을 재기 위해 자신의 팔을 잡는 것을 보았다. 간호사가 손가락을 이리저리 움직이는 것에서 환자는 틀림없이 간호사가 이 상황을 조금도 알아채지 못하고 있다고 생각했다. 하지만 그녀 자신은 상당히 기분이 좋았고, 간호사가 놀라는 것에 조금 즐겁기까지 했다. 그녀는 조금도 두렵지 않았다. 그것이 그녀가 한동안 기억할 수 있었던 마지막이었다. 그녀가 알게된 다음의 일은 자신의 몸과 자세를 느끼지 못한 채, 자신이 천장의 한 점에서 내려다보면서 자신의 아래에 있는 방안에서 일어나고 있는 모든 것을 볼 수 있었다는 것이다. 그녀는 자기가 침대에 마치 죽은 듯이 창백한 얼굴을 하고 눈을 감은 채 누워 있는 것을 보았다. 그녀 곁에 간호사가 서 있었다. 의사는 흥분해서 그 방을 왔다 갔다 했는데, 그녀에게는 의사가 정신을 잃고 뭘해야 할지 모르는 것처럼 보였다. 그녀의 친척들은 문쪽에 모여 있었다. 친정어머니와 남편이 들어와서 침대에 놓인 그녀를 놀란 얼굴로 쳐다보았다. 그녀는 다시 소생할 것이 틀림없기 때문에, 그들이 그녀가 죽었다고 생각하는 것은 너무 어리석다고 스스로에게 말했다. 이 시간 내내 그녀는 자신의 뒤에 어떤 영광스럽고 가장 밝은 색깔로 빛나는 공원 같은 풍경, 특별히 공원으로 들어가는 연철(練鐵)문 너머 위쪽으로 부드럽게 경사져 있는 짧은 풀이 있는 에메랄드빛의 푸른 목초지가 있음을 알았다. 계절은 봄이었으며 전에는 한 번도 보지 못한 조그맣고 화사한 꽃들이 잔디에 여기저기 흩어져 있었다. 정원 전체는 햇빛에 반짝였으며 모든 색깔은 형용할 수 없이 장엄하였다. 그 경사져 있는 목초지는 짙은 녹색 나무들 양쪽 곁에 있었다. 그것은 그녀에게 인간의 발길이 닿지 않은 숲이 가진 순수무구한 인상을 주었다.

"나는 알겠다. 이것은 저 세상(저승)으로 가는 입구이다. 만약 내가 돌아서서 곧장 그 모습을 본다면, 그 문으로 들어가고 싶은 유혹을 느낄 것이고, 그러면 나는 이 생(生)을 다할 것이다." 그녀는 실제로 이 광경에 등을 돌리고 있었기 때문에 그 풍경을 보지 못했다. 하지만 그녀는 그것이 거기에 있음을 알았다. 그녀는 자신이 그 문을 통해 들어가는 것을 막는 것은 아무 것도 없음을 느꼈다. 다만 그녀가 아는 것은 그녀의 몸으로 되돌아온다면 죽지 않으리라는 것뿐이었다. 그것이 그녀가 의사의 흥분과 친척들의 근심이 어리석고 적절하지 않음을 알게 되었던 까닭이다.

다음에 일어난 것은 혼수상태에서 깨어나 간호사가 침대에 누워 있는 자신을 굽어보는 모습을 보았던 것이다. 그녀는 반시간 가량 무의식 상태였다고 들었다. 15시간쯤이 흐른 다음날 그녀는 원기가 다소 회복되자 간호사에게 자신이 혼수상태에 있는 동안 보인 의사의 무능함과 '히스테리컬한' 행동에 대해 말했다. 그 간호사는 환자의 이런 평가에 대해 완강히 부인했는데, 환자가 그때는 완전히 무의식 상태였으므로 그런 광경을 아무 것도 알지 못했을 것이라 생각했기 때문이다. 그녀가 혼수상태 동안 일어났던 사실을 자세히 설명할 때에야 간호사는 환자가 실제 그대로 일어났던 사실을 정확히 감지했다는 것을 인정하게 되었다.

우리는 이것이 의식의 분할된 측면이 여전히 계속 기능하는 어떤 정신 작용에 의한 박명(薄明) 상태라고 추측할 수도 있겠다. 하지만 그 환자는 결코 히스테리컬하지도 않았고, 외면상의 확실히 심상치 않은 그 모든 징후들이 가리키는 것처럼 뇌일혈에 의한 졸도에 따르는 진정한 심장쇠약으로 고통스러워했다. 그녀는 실제로 일종의 혼수상태였기 때문에 완전한 심리적 상실을 겪어야 했었기에 전혀 확실한 관찰과 올바른 판단을 행할 수 없었다. 주목할 만한 사실은 간접적인 혹은 무의식적인 관찰을 통해서 그 상황에 대해 즉각적인 지각을 했던 것이 아니라, 그녀가 말한 대로 마치 "그녀의 눈이 천장에 있었던" 듯이 위에서 전체 상황을 보았다는 것이다.

어떻게 그와 같은 비일상적인 강렬한 심리적 과정이 일어날 수 있는지, 어떻게 극도로 쇠약한 상태에서 그것을 기억하였는지, 어떻게 환자가 눈을 감은 채로 구체적인 세부 묘사로 실재의 사건을 관찰할 수 있었는지 등을 설명하는 것은 정말 쉽지 않다. 그와 같은 확실한 뇌일혈이 그런 종류의 고도로 복잡한 심리적 과정의 발생을 막거나 방해한다고 예상할 수 있을 것이다.

오클랜드 게데스 경(Sir Auckland Geddes)은 비록 지금은 ESP가 한층 더 진전되었지만, 1927년 2월 26일 왕립의학협회(Royal Medical Society)에 매우 유사한 사례를 제출했다. 쇠약한 상태 동안 그 환자는 자기 신체의 식으로부터 통합적 의식이 분리되는 것을 주목했는데, 그의 신체의식은 점차로 그의 신체 속의 기관들로 변해가고 있었다. 다른 의식은 증명할 수 있는 ESP를 가지고 있었다.[2]

이런 경험들은 졸도 상태에서는 모든 인간적 기준에서 보았을 때 의식 활동과 감각 지각이 일시적으로 중지하는 예외 없는 보장이 있지만, 의식과 재생할 수 있는 관념들, 판단 행위와 지각 등은 여전히 계속 존재할 수 있다는 것을 보여 주는 듯하다. 공중부양에 수반되는 느낌, 시각의 변형, 청각과 체감각(coenaesthetic perception)의 소멸은 의식의 국재화(局在化, localization)에 있어서의 어떤 이동, 즉 신체로부터의 일종의 분리 혹은 의식 현상의 장소라고 추정되는 대뇌피질(cerebral cortex) 및 대뇌(cerebrum)에서의 분리를 가리킨다. 이 가정이 올바르다면 우리는 다음과 같은 것들을 자문해 보아야 한다. 대뇌와는 별도로 생각하고 지각할 수 있는 또 다른 신경 기체(基體, nervous substrate)가 우리에게 있는지 어떠한지를, 혹은 의식이 상실되는 동안 우리 속에서 진행되는 심리적 과정이 동시성적 현상 즉 기관의 과정들(organic processes)과 어떤 인과적 연결도 없는 사건인지를 물어야 한다. 이 마지막 가능성은 ESP의 존재라는 생물학적 토대 내에서의 과정으로는 설명될 수 없는, 시간과 공간을 독립해 있는 지각을 고려한다면 단박에 거부될 수 없다. 감각 지각이 처

---

2 타이렐(G. N. M. Tyrrell), 『인간의 성격』(*The Personality of Man*), 런던, 1947, 197쪽. 이런 종류의 또 다른 사례도 있다(199쪽).

음부터 불가능한 곳에서는 동시성 아니라 그 무엇도 문제가 될 수 없다. 하지만 원리상 지각과 통각을 가능하게 해주는 공간적이고 시간적인 조건이 있는 곳, 그리고 의식의 활동 또는 피질의 기능(cortical function)만이 소멸된다든지, 우리의 사례처럼 지각과 판단과 같은 어떤 의식 현상이 발생하지 않는 곳이라면, 신경 기체(基體)의 문제를 고려하는 것도 당연하다. 의식 과정은 대뇌에 연결되어 있고 더 낮은 중심은 그 자체 무의식적인 반사의 연쇄들만을 포함한다는 것은 거의 공리에 가깝다. 이것은 특별히 교감 신경계(sympathetic system)[3]에서는 사실이다. 그러므로 단지 두 가닥의 신경절들(ganglia)만 있고 뇌척수 신경계(cerebrospinal nervous system)가 전혀 없는 곤충들은 자동반사 장치들(reflex automata)로 간주된다.

이러한 관점은 최근 벌들의 일생을 연구하는 그라츠(Graz)의 폰 프리쉬(von Frisch)에 의하여 의욕적으로 탐구되고 있다. 이 연구가 밝힌 것은 벌들은 먹이 장소를 발견하는 어떤 특별한 종류의 춤으로 동료 벌들을 부를 뿐만 아니라, 그 방향과 거리를 지시하고 그렇게 해서 먹이를 찾으려는 다른 벌에게 그곳으로 곧장 날아가게 할 수 있다는 것이다.[4] 이런 종류의 메시지는 원칙적으로 인간에 의해 전달되는 정보와 다름이

---

3 교감 신경계는 부교감 신경계와 더불어 자율 신경계에 의해 형성된 각기 특별한 구조와 기능을 가진 두 종류의 신경계이다. 부교감 신경은 교감 신경에 의해 흥분된 여러 가지 효과기의 작용을 흥분되기 이전의 상태로 복귀시킨다. 가령, 위험한 상태에 직면하였을 때 교감 신경계는 투쟁이나 도피를 할 수 있도록 격렬한 신체 조건으로 만드는 것이며, 이런 상태가 오래 지속되면 해가 되므로 위험이 지나간 뒤에는 원상태로 부교감 신경에 의해 복구되는 것이다. 이렇게 두 자율 신경의 길항 작용에 의해 우리 몸은 항상성(homeostasis)을 유지하게 된다. 그런데 자율 신경계가 문자 그대로 불수의 신경이지만 전적으로 불수의적인 것은 아니고 요가나 선(禪)의 수행자들이 보여 주는 것처럼 어느 정도는 의식적인 조절이 가능하다. 킴볼(J. W. Kimball), 길봉섭 외 옮김, 『킴볼 생물학』 5판, 탐구당, 541~544쪽 참고.-역자

4 카를 폰 프리쉬(Karl von Frisch), 『춤추는 벌들』(The Dancing Bees), 도라 일제(Dora Ilse) 역, 뉴욕; 런던, 1954, 112쪽 이하.

없다. 나중의 예에서 우리는 틀림없이 그런 행동을 의식적이고 의도된 행위로 간주할 것이다. 누군가 의사소통은 무의식적으로 일어난 것이라고 말할 수 있는가. 그런 것은 도저히 상상할 수도 없다. 우리는 심리치료 경험이라는 바탕 위에서, 객관적 정보가 예외적인 사례에서는 어떤 박명(薄明) 상태에서 소통될 수 있음을 인정할 수 있다. 하지만 이런 종류의 소통이 보통 무의식적이라는 것은 확실히 부정할 것이다. 그렇지만 그것은 문제를 해결하는 데는 도움을 주지 않을 것이다. 왜냐하면 우리는 여전히 다음과 같은 사실을 대면하고 있기 때문이다. 즉 신경절 체계(ganglionic system)는 명백히 우리의 대뇌피질이 그러한 것처럼 똑같은 결과를 이룩했다. 꿀벌이 무의식적이라는 어떤 증거도 없다.

그래서 우리는 그 기원과 기능에서 뇌척수계와 절대적으로 다른 교감 신경계와 같은 신경 기체(基體)가 명백히 뇌척수계만큼 쉽게 사고와 지각을 산출할 수 있다는 결론에 이르게 된다. 그러면 우리는 무엇을 식물의 교감 신경계라고 생각할 수 있는가? 그것도 역시 본질적으로 심리과정을 산출하거나 전달할 수 있는가? 폰 프리쉬의 관찰은 초뇌적 (transcerebral) 사고와 지각이 존재함을 증명한다. 우리가 무의식적 혼수상태 동안 어떤 형태의 의식의 존재를 설명하길 바란다면, 이 가능성을 염두에 두어야 한다. 혼수상태 동안 교감 신경은 마비되지 않으므로 심리 기능의 가능한 하나의 전달체로 생각될 수 있다. 그렇다면 우리는 수면시의 정상적인 무의식 상태와 거기에 포함된 잠재적으로 의식적인 꿈이 동일한 이해선상에서 해명될 수 있는지를 물어야 한다. 다시 말하면 꿈이 수면 중인 피질의 활동에 의해 생겨나는 것이 아니라, 오히려 잠들지 않는 교감 신경계에 의해 만들어지기 때문에 초뇌적 본성 (transcerebral nature)의 활동에 의해 만들어지는가를 질문해야 한다.

현재로는 이해했다고 말할 수 없는 심리-물리적 병행론의 영역 바깥에서, 동시성은 예증하기가 수월한 규칙성 있는 현상이 아니다. 우리는 사물이 보여 주는 가끔의 특별한 조화에 놀라워하는 만큼 사물의 부조화에 의해서도 감명을 받는다. '예정조화설'이라는 생각과 대조했을 때, 동시성적 요인은 공간, 시간, 인과율이라는 승인된 삼가 도식(triad)에 네 번째로 첨가될 수 있는 지적으로 필요한 원리의 존재를 명기한 것이다. 이 요인들은 필요하지만 절대적이지는 않다. 대부분의 심리적 내용물들은 비공간적이고, 시간과 인과율은 심리적으로 상대적이기 때문이다. 마찬가지로 동시성적 요인도 조건적으로만 타당하다는 것이 드러난다. 하지만 거시 물리적 세계의 전체상에 전횡적으로 군림하고, 그 보편적 지배가 어떤 하위의 질서에서 부서진 인과율과는 달리, 동시성은 심리적 조건 다시 말하면 무의식에서의 과정과 관련을 맺는 현상이다. 동시성적 현상은 실험에 의해 직관적이고 '주술적인' 절차들에서는 어느 정도 규칙성과 빈도를 가지고 발생하는 것으로 발견된다. 그러나 그 절차들에서 동시성적 현상들은 주관적으로는 설득력이 있으나 객관적으로 입증하기는 극도로 어려우며, 적어도 현재까지는 통계학적인 값을 구할 수 없다.

유기체적 수준에서 동시성적 요인이라는 견지의 생물학적 형태발생(morphogenesis)[5]을 생각할 수도 있을 듯하다. 브뤼셀의 댈크(A. M. Dalcq) 교수는 형상이 물질과 결합해 있음에도 불구하고, 형상을 "살아 있는 유기체의 상위에 있는 어떤 연속성"으로 이해했다.[6] 제임스 진즈 경(Sir James Jeans)은 방사성 붕괴(radioactive decay)를 우리가 살핀 대로 동시성을 포함한 무인과적 사건의 하나로 본다. 그는 말했다. "방사성 붕괴는 원인이 없는 결과로 나타나는데, 그것은 자연의 궁극적 법칙이 전적으로 인과율만은 아니라는 것을 암시한다."[7] 한 물리학자의 글에서 나온 이 고도로 역설적인 정식은 방사성 붕괴로 인해 우리가 대면한 전형적으로 지적인 딜레마이다. 그것은 '반감기'(half-life)라는 현상까지 덧붙여서 무인과적 질서정연함의 한 사례를 나타낸다. 질서정연함은 내가 아래에서 다시 말할 동시성을 포함한 하나의 개념이다.

동시성은 철학적 관점이 아니라 지적으로 필요한 원리를 가정하는 하나의 경험적 개념이다. 이것은 유물론이라든지 형이상학이라고 불릴 수 없다. 신중한 탐구자라면 존재하는 관찰된 것의 본성과 관찰하는 정신의 본성이 알려지거나 양으로 인식된다고 주장하지 않을 것이다. 만일 최근의 과학적 결론이 한편으로는 공간과 시간에 의해서 특징지어지고, 다른 한편으로는 인과율과 동시성으로 특징지어지는 존재에 대한 일원적 사고로 점점 다가가고 있는 중이라면, 그것은 유물론과 어떤 관계도 없다. 오히려 관찰자와 피관찰자 사이의 불가공약성을 제거할 수 있는 가능성이 있을 수도 있다. 그 경우에 결과는 파울리가 한때 불렀던 것처럼, 어떤 "중성적 언어"인 하나의 새로운 개념을 가진 언어에

---

5 형태발생(morphogenesis). 생물체는 거의 꼴을 갖추지 않은 상태의 受精卵으로부터 생성되는데, 수정란이 세포 분열을 하면서 세포 수가 불어나고, 다시 분화하면서 조금씩 그 종자가 갖는 본래의 생김새를 갖추어 나간다. 이렇게 생물체의 꼴이 차례로 형성되는 과정을 형태발생이라 한다. 그런데 1922년 무렵 알렉산더 구르비치(Alexander Gurwitsch)가 처음 언급한, 생물체가 자신의 고유한 형태를 어떻게 취하게 되었는지에 대한 분자 수준의 환원주의적 방법론에 대항해서, 생물체의 형상이 일종의 장에 의해 형성해 간다는 장 이론에 입각한 형태발생장(morphogenetic field)이라는 개념의 틀이 잡힌다. 앞에서 언급한 카메러도 그 개념에 입각하여 상세한 연구를 하였다. 김재희 엮음, 「새로운 생물학」, 『신과학 산책』, 김영사, 1994, 209~254쪽 참고.-역자

6 「일반생물학의 범위에서의 형태발생」(La Morphogénèse dans la cadre de la biologie générale), 『스위스 자연과학자협회의 토의』(Verhandlungen der Schweizerischen Naturforschenden Gesellschaft), 아로(Aarau), 1949, 37~72쪽. 스위스 로잔에서 열린 제129회 대회. 앞에서 말한 동물학자 앨리스터 하디가 도달한 유사한 결론을 참고.

7 『물리학과 철학』(Physics and Philosophy), 케임브리지, 1942, 127쪽; 151쪽 참고.

의해 표현되어야 하는 존재의 통일이 될 것이다.

고전 물리학의 삼가 도식인 공간, 시간, 인과율이 동시성이라는 요인에 의해 보완된다면, 사가 도식(tetrad), 즉 전체적 판단을 가능하게 해주는 쿠아테르니오(quaternio, 四位一體)가 될 것이다.

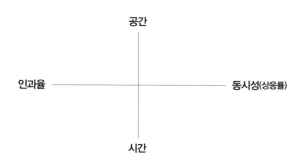

여기서 동시성과 세 가지 다른 원리들의 관계는 시간의 일차원성[8]이 공간의 삼차원성과 맺는 관계와 같다. 또는 이 관계는 『티마에우스』(Timaeus)에서 플라톤이 다른 세 가지에 대해 '부득불' 첨가할 수밖에 없는 그 완강한 '네 번째'와 같다고 말할 수 있다.[9] 현대 물리학이 네 번째 차원으로서 시간을 도입한 것이 표상할 수 없는 시공연속체를 가정해서 그런 것처럼, 그 고유한 의미성을 가지고 있는 동시성이라는 관념으로 인해 세계상은 너무나도 당황스러운 표상 불가능한 것이 되어 버렸다.[10] 그러나 이 개념이 첨가되어 생기는 이점이라면, 자연에 대한 지식과 그것을 기술하는 데 선험적 의미 혹은 '동등'이라는 정신의 양적 요

---

8 나는 디랙(P. A. M. Dirac)이 말한 시간의 다차원성(multi-dimentionality of time)을 염두에 두지 않고 있다.

인을 포함하는 하나의 관점을 만들 수 있다는 것이다. 1,500년 동안 연금술사들의 사색을 통해 명맥을 이어온 유대인(혹은 콥트)의 이른바 마리아의 공리(axiom of Maria)라는 문제가 그와 같이 반복되고 해결된다. 곧 "세

---

9 나의 저서 『정신의 상징성』(*Symbolik des Geistes*), 취리히, 1948에 실린 「삼위일체설의 심리학적 의미 탐구」(Versuch einer psychologischen Deutung des Trinitätsdogmas), 323쪽 이하를 참고. 혹은 「삼위일체의 심리학적 접근」(A Psychological approach to the Trinity), 『심리학과 종교』(*Psychology and Religion*), 『융 전집』 Vol. 11 참고. "이런 연유로 신은 불과 흙으로 우주의 몸통을 구성하기 시작하면서 만들어 갔습니다. 그러나 세 번째 것 없이 그 둘만으로는 훌륭하게 결합될 수 없습니다. 양쪽 중간에서 결합해 주는 어떤 끈(desmos)이 생겨야만 하기 때문이죠. 끈들 중에서도 가장 훌륭한 것은 자기를 묶은 것들도 최대한 하나로 만드는 것이겠는데, 이 일은 등비 비례(analogia)가 그 성질상 가장 훌륭하게 수행하는 것입니다. 어떤 수든 세 개의 수 중에서, 그것들이 정수(onkoi)든 제곱근(정수가 될 수 있는 것들: dynameis)이든 간에, 중간 것(중항)이 이런 것일 때, 즉 첫째 것(항)이 이것(중항)에 대해 갖는 관계가 그것(중항)이 마지막 것(항)에 대해 갖는 관계이고, 다시 역으로 마지막 것(항)이 중간 것(중항)에 대해 갖는 관계가 중간 것(중항)이 첫째 것(항)에 대해 갖는 관계일 때, 그 경우에 중간 것(중항)은 첫째 것(항)과 마지막 것(항)이 되고 다시 마지막 것(항)과 첫째 것(항)은 둘다 중간 것(중항)으로 되는데, 이렇게 되면 모든 것은 필연적으로 같은 것들로 되고, 일단 서로 같은 것들로 되면 모두 하나가 될 것입니다." 박종현·김영균 역주, 플라톤(Platon), 『티마이오스』(*Timaios*), 87~88쪽(스테파누스 페이지, 31b-32a). 그런데 이 인용에서 중요한 것은 다음과 같은 수학적 근거에 의한 것이다. 즉, 면적이나 용적이 배가될 때 한 변의 길이가 어떻게 변하는지에 대한 문제는 비례 중항을 구함으로써 풀릴 수 있다는 것이 알려져 있다. 그러므로 만일 우주가 2차원의 평면으로만 되어 있을 경우는 두 개의 평면을 조화롭게 묶기 위해서 하나의 중항만으로 충분하다는 언급은 '평면' 면적의 배가의 관점에 입각해서 쉽게 이해할 수 있다. 예컨대, 한 변의 길이가 1m인 정사각형의 면적보다 두 배가 되는 정사각형의 면적은 2m2이고, 이 두 개의 정사각형간에 기하학적 비례 관계로 성립하는 중항(기하 평균, 상승 평균, 등비 중항, 비례 중항)은 √2 하나뿐인데, 이것은 두 배 넓이의 정사각형의 한 변의 길이가 된다. 키오스의 히포크라테스는 용적이 배가될 때 한 변의 길이가 어떻게 변하는지에 대한 문제는 '두 용적의 크기 사이에서 두 개의 중항을 기하학적 비례 관계에 따라 발견하는 것과 동일한 것'임을 발견했다. 곧 a : x = x : y = y : b(a, b는 용적, x,y는 중항)의 식에서 a2 : x2 = a : b의 관계가 성립되므로(수식 증명 생략), x가 곧 배가된 입체의 한 변의 길이가 되는 것이다. 헤스(T. Heath), 『그리스 수학사』(*A History of Greek Mathematics*), Vol. 1, 옥스퍼드(Oxford), 1921, 200~201쪽. 예컨대 흙(p2)과 불(q2)의 이차원 결합은 p2 : pq = pq : q2(중항은 pq)이고, p2와 q2로 대표되는 흙과 불의 물리적 결합은 p2 : p2q = p2q : pq2 = pq2 : q이다. 두 중항 p2q : pq2는 물리적 원소인 흙과 불에 대응한다. 여기서 대립쌍의 결합은 2차원의 삼가(三價, triad)를 만들 뿐이다: p2+pq+q2 이것은 평면 도형이기 때문에 실재가 아니고 사유이다. 이와 같이 대립물의 두 쌍이 쿠아테르니오(quaternio, 四位)를 이루는 것은 물리적 실재를 나타내는 데 필요하다. 융, 「삼위일체의 심리학적 접근」(A Psychological approach to the Trinity), 『심리학과 종교』(*Psychology and Religion*), 『융 전집』 Vol. 11, 119~122쪽.-역주

10 제임스 진즈 경은 "이 토대에서 사건의 출현은 우리의 정신 활동을 포함하므로 사건의 미래의 경과는 부분적으로 이 정신 활동에 의존하는 것"(『물리학과 철학』, 215쪽)이 가능하다고 생각했다. 이런 논의의 인과설(causalism)은 나로서는 전혀 조리 있어 보이지 않는다.

번째로부터 네 번째가 나온다."[11] 이 은밀한 관찰은 원칙적으로 새로운 관점은 당연히 이미 알려진 영토에서 발견되는 것이 아니라, 오명 때문에 회피될 수도 있었던 외진 구석에서 발견된다는 앞에서의 나의 주장을 확인시켜 주고 있다. 연금술사들이 가진 화학 원소의 변성이라는 우스꽝스런 오래된 꿈이 오늘날에는 사실이 되었고, 조소의 대상이던 그 상징체계는 무의식의 심리학을 위해 진정한 노다지라는 것이 증명되었다. 『티마에우스』에 배경으로 상정된 이야기로 시작해서, 내내 『파우스트』(Faust) 2부의 「카비리 장면」(Cabiri scene)으로까지 확장된 3과 4에 대한 그들의 딜레마는 16세기의 연금술사인 제라르 돈(Gerhard Dorn)에 의해 기독교의 삼위일체와 악마로서 뿔을 네 개 가진 뱀 세르펜스 쿠아트리코르누투스(serpens quadricornutus, 四角蛇) 사이의 결단으로 인식된다. 그는 앞으로 닥칠 일을 예상한 것처럼, 비나리우스(binarius, 二元)에서 나온 것이기 때문에 물질적이고 여성적이며 악마적인 어떤 것이라는 이유로 인해 연금술사들이 평소에 매우 사랑하는 이교적인 사위일체(四象)를 저주했었다.[12] 폰 프란츠(von Franz) 박사는 트레비소(Treviso)의 베르나르드(Bernard)[13]의 『우화』(Parable), 쿤라스(Khunrath)의 『엠피티아트럼』(Amphitheatrum, 원형극장), 미하엘 마이어(Michael Maier)[14]의 작품들, 무명씨의 『아쿠아리엄 사피엔툼』(aquarium sapientum, 지혜로운 물병좌)에 있는 삼위일체

---

11 "ἐχ τούτρίτου τὸὲν τέταρτον." 『심리학과 연금술』, 뉴욕; 런던, 1953, 23쪽 참고. 마리아 공리는 다음과 같은 연금술의 정식화이다: "하나는 둘이 되고, 둘은 셋이 되고, 세 번째에서 네 번째인 하나(一者)가 나온다."-역자

12 「자연에 반하는 모호함에 대하여」(De tenebris contra naturam), 『화학의 극장』(Theatrum chemicum), 우첼(Utsel), 1602, I, 540쪽 이하.

13 트레비소의 베르나르드는 15세기 무렵(1406~1490 추정)에 생존했고, 후대에 영향을 미친 이탈리아의 연금술사이다.-역자

14 미하엘 마이어(1568~1622)는 독일 태생의 의사이고, 박식한 연금술사, 금석학자, 작곡가였다.-역자

적 사유의 출현을 설명하고 있다.[15] 파울리는 케플러와 로버트 플러드 (Robert Fludd)의 논쟁적 서한에 관심을 기울인다. 그곳에서 플러드의 상응 이론은 실패한 것이었으며, 케플러의 세 가지 법칙들에 자리를 양보해야 했었다.[16] 어떤 면에서는 연금술적 전통과 적대적인 삼가 도식에 찬동한 결단에서 과학의 기원이 시작되었다. 그 기원은 상응에 대해서는 무지하며, 모든 것을 공간, 시간, 인과율로써 기술하고 설명하는 삼위일체적 사유 방식의 연장이기도 했던 삼가적 세계관에 끈덕지게 집착하고 있다.

방사능의 발견이 가져온 혁명은 고전 물리학의 관점을 상당히 변형시키고 있다. 관점의 변화는 지대해서 우리는 내가 위에서 사용한 고전적 도식을 수정해야 한다. 나는 파울리 교수가 내 작업에 보내준 친절한 관심에 감사드리며, 더불어 나의 심리학적 논의의 진가를 인정할 수 있는 전문 물리학자와 이 원리에 대한 문제를 토론할 수 있었기 때문에, 현대 물리학을 고려한 하나의 제안을 제창할 처지가 되었다. 파울리는 고전적 도식에서 공간과 시간의 마주보는 짝을 에너지(보존)와 시공연속체의 짝으로 대체할 것을 제안했다. 이 제안은 내가 인과율과 동시성이라는 두 이질적 개념들 사이에 모종의 연결을 만들 목적으로, 대극들의 두 짝에 대한 더욱 정밀한 정의를 할 수 있도록 해주었다. 우리는 최종적으로 다음과 같은 쿠아테르니오에 동의했다.

---

15 마리-루이 폰 프란츠, 「타르비스의 폰티나 백작에 관한 우화」(Die Parabel von Fontina des Grafen von Tarvis).
16 이 책의 파울리의 논고를 참고.

위의 도식은 현대 물리학의 가정들과 심리학의 가정들 양자 모두를 여러모로 만족시킨다. 심리학적 관점은 명료화가 필요하다. 동시성에 대한 인과론적 설명은 위에 주어진 이유 때문에 문제가 되지 않을 것 같다. 그것은 본질적으로 '우연'이라는 동등들로 되어 있다. 테르티움 콤파라티오니스(tertium comparationis, 비교의 중심으로서 제3자)는 내가 원형이라 부르는 사이코이드 요인에 의지한다. 이것은 한정되지 않는다. 다시 말해 그것들은 단지 근사적으로만 알려지고 규정될 수 있을 뿐이다. 비록 인과론적 과정과 관련되고 그것에 의해 '전해지고'있지만, 그것들은 그 준거틀을 지속적으로 초월하는 내가 '침범성'(transgressivity)이라 명명한 어떤 침해이다. 왜냐하면 원형들은 전적으로 심리적 영역에서만 발견되는 것이 아니라, 심리적이지 않은 환경에서도 똑같이 발생할 수 있다(어떤 외부의 물리적 과정과 심리적 과정간의 심리적 동등). 원형적 동등들이 인과적 규정에 우연적이라는 것은 그것들과 인과적 과정들 사이에는 법칙을 따르는 어떤 관계도 존재하지 않는다고 말하는 것이다. 그러므로 그것들은 무작위성이나 특별한 우연의 하나의 예를 나타내는 것 같다. 혹은 안드레아스 스파이저(Andreas Speiser)가 말한 "완전히 법칙을 따르는 어떤 방식으로 시간을 통해 고루 퍼지는"'무작위 상태'[17]들의 특별

한 하나의 예를 나타내는 것 같다. 그것은 "기계론적 법칙에 지배되지 않고," 법칙의 선제 조건 즉 법칙이 근거하는 우연 토대의 어떤 초기 상태이다. 우리가 동시성 혹은 원형을 우연적인 것으로 고려한다면, 원형은 세계 구성요인의 기능적 중요성을 가진 어떤 양상의 특정한 측면을 맡게 된다. 원형은 유형들(types)의 형식으로 보통의 본능적 사건을 그리는 심리적 개연성(psychic probability)을 나타낸다. 그것은 일반적으로 개연성의 한 가지 특별한 심리적 사례인데, "우연의 법칙으로 구성되어 있고, 역학의 법칙이 그런 것처럼 자연의 법칙을 세운다."[18] 우리는 스파이저에 동의해야 하는데, 비록 순수하게 지적인 영역에서 우연성은 어떤 '형식 없는 실체'(formless substance)이지만, 그것은 내부의 지각이 온전히 파악할 수 있는 한 어떤 이미지 혹은 심리적 동등일 뿐 아니라, 충분히 심리-물리적 동등에도 '근거가 되는' 어떤 유형으로서 심리적 내성(內省, introspection)에 현현되고 있다.

인과론적 색조를 띠는 이런 개념적 언어에서 그 색조를 벗겨내는 것은 어렵다. 그래서 '근거가 되는'이라는 인과론적 함축에도 불구하고, 이 말은 인과론적인 어떤 것을 지시하는 것이 아니라, 단지 어떤 존재하는 특성, 즉 '바로 그러한'(just-so) 환원 불가한 우연성을 가리키고 있다. 의미 있는 일치 또는 서로 어떤 인과적 관계도 없는 심리 상태와 신체 상태의 동등은 일반적 의미로 원인 없는 양태 즉 '무인과적 질서정연함'을 의미한다. 이때 심리적·신체적 과정의 동등과 관련된 동시성에 대한 정의가 확장될 수 있는지, 아니면 확장을 필요로 하는지의 문

---

17 「자유에 대하여」(Über die Freiheit), 『바젤 대학 연설』(Basler Universitätsre- den), XXVIII, 1950, 4쪽.
18 위의 책, 6쪽.

제가 제기된다. 이 요구는 우리가 위에서 동시성의 확대된 개념을 하나의 '무인과적 질서정연함'으로 고려할 때 자초한 것 같다. 이 범주 안으로 모든 '창조 활동'(acts of creation) 즉 자연수의 특성과 같은 선험적인 요인들, 현대 물리학의 불연속성 등이 들어온다. 따라서 우리는 지속적이고 실험에 의해 산출 가능한 현상을 우리의 확장된 개념의 영역 안으로 포함시켜야 한다. 비록 이것이 협의로 이해된 동시성에 포함되어 있는 현상의 본성과 조화를 이루지 않을지라도 그렇다. 이 동시성적 현상들은 주로 실험에 의해서 반복될 수 없는 개별적인 사례들이다. 물론 이것이 전적으로 사실만은 아니다. 왜냐하면 라인의 실험이 보여 주고 천리안 능력을 가진 사람들을 대상으로 하는 수많은 경험들이 있기 때문이다. 이 사실들은 심지어 아무런 공통분모도 없고 '의심스러운 것들'로 평가되는 개별적 사례들에서조차 어떤 규칙성들이 보이고, 그렇기 때문에 지속적인 요인들이 있다는 것을 입증하는데, 이 점으로부터 동시성이라는 협의의 개념은 너무 협소해서 진정 확장시킬 필요가 있다는 결론을 내려야 한다. 나는 사실 다음과 같은 관점을 갖는 편이다. 즉 협의의 동시성은 일반적인 무인과적 질서정연함의 특별한 하나의 사례일 뿐이다. 다시 말해 관찰자가 테르티움 콤파라티오니스(비교의 중심으로서 제3자)를 인식할 수 있는 행운의 위치에 놓여 있는, 심리적 과정과 물리적 과정의 동등의 특별한 하나의 예일 따름이다. 그러나 관찰자가 원형적 배경을 지각하자마자, 그는 독립적인 심리적 과정과 물리적 과정의 상호 동화를 원형의 (인과적) 결과로 더듬어 올라가기 때문에, 그 과정들이 단지 우발적이라는 사실을 간과하고 싶어진다. 이 위험은 우리가 동시성을 일반적인 무인과적 질서정연함의 특별한 하나의 사례라고 생각한다면 피할 수 있다. 이런 식으로 우리는 불합리하게 우리의 설명 원리를 증가시키는 것을 피할 수 있다. 왜냐하면 원형은 내성적으로 인지할 수 있는 선험적인 심리적 질서정연함의 형식이기 때문에 그렇다. 만일 어떤 외부의 동시성적 과정이 이제 그 형식과 관련된다면 그것은 같은 기본 패턴 안으로 들어간다. 다시 말하면 그 역시 '질서정연하게'된다. 이 질서정연함의 형식은 자연수의 특성이나 물리학의 불연속성의 형식과는 다르다. 왜냐하면 자연수와 물리학의 경우는 영원으로부터 존재해 왔고 규칙적으로 발생하기 때문이다. 반면에 심리적 질서정연함의 형식은 "바로 그 때의 창조 활동"(acts of creation in time)이다. 덧붙여 말하자면 그것이 내가 이 현상들의 특성으로써 시간의 요소를 강조하고 동시성적이라 명명한 정확한 이유였다.

에너지 양자(energy quanta)와 라듐 붕괴(radium decay)의 질서정연함과 같은 불연속성에 대한 현대의 발견으로 인해 인과율이라는 절대적 엄존의 법칙이 종지부를 찍게 되었고, 삼가 도식의 원리도 종말을 고했다. 인과율에 의해서 탈환된 그 영토는 지금보다 이른 시기에 상응과 감응이라는 라이프니치의 예정조화설에서 최고의 발전에 다다랐던 관념의 영역에 속했었다. 쇼펜하우어는 상응의 경험적 토대에 대해서는 너무나 몰랐기 때문에, 그의 인과론적 설명의 시도가 얼마나 절망적인지를 깨닫지 못했다. 오늘날 ESP 실험 덕택으로 우리는 경험적 자료들을 얼마든지 갖고 있다. 우리는 소올(S. G. Soal)과 골드니(K. M. Goldney)가 행한 ESP 실험이 물 25만 톤에 담긴 분자의 수와 맞먹는 수인 1:10의 35제곱의 확률을 갖는다는 허친슨(G. E. Hutchinson)의 보고를 알게 되었을 때,[19] 신뢰성에 대한 몇 가지 개념을 만들 수 있다. 결과적으로 그 확실성의

---

19 소올,「과학과 텔레파시」, 『인콰이어리』(*Inquiry*) I:2, 런던, 1948, 6쪽.

정도가 어느 장소에서건 높은 자연과학의 분야에서는 상대적으로 실험이 적다. ESP에 대한 과장된 회의주의는 사실상 정당한 근거가 하나도 없다. 그 주요한 이유는 불행히도 이 시대가 가진 회의주의의 어쩔 수 없는 부산물인 듯한 단순한 무지와 전문적 연구에 필수적인 한정된 지평이 보다 더 높고 넓은 제반 관점을 가장 바람직하지 않은 식으로 가로막고 있기 때문이다. 우리는 얼마나 빈번히 소위 '미신'이라는 것이 진정 알 가치가 있는 진리의 핵심을 담고 있는가를 발견하지 못해 왔던가! 여전히 '점막대기'(신장대 혹은 마술의 지팡이)에 보존되어 있으며, 욕망의 의미에서 소원만을 표현하지 않고 어떤 마술적 행위를 표현하는,[20] 본래 마술적 의미를 지닌 'wish'라는 단어와 기도의 효과에서의 전통적인 신념들은 둘 모두를 병존해서 일어나는 동시성적 현상의 경험에 기반하고 있다는 것은 당연하다 하겠다.

동시성은 물리학의 불연속성보다 더 당황스럽거나 신비하지 않다. 그것은 지적인 어려움을 만들어내는 무인과적 사건이 존재한다든지, 언제나 발생할 수 있었다는 것을 생각할 수 없게 만드는 인과율의 전횡적인 힘을 믿는 단지 뿌리 깊은 신념일 뿐이다. 하지만 무인과적 사건들이 존재하거나 언제나 발생할 수 있었다면, 우리는 그 사건들을 창조적 행위들(creative acts) 곧 영원으로부터 존재하고, 그 자체 우연적으로 반복되며, 기존의 선행하는 것들로부터도 도출될 수 없는 어떤 패턴

---

20 야콥 그림(Jacob Grimm)·스탤리브래스(J. S. Stallybrass) 옮김, 『튜튼 신화』(*Teutonic Mythology*), 런던, 137쪽. 소원을 비는 도구는 난장이(Dwarf) 금속 세공인들이 주조한 마술 기구이다. 오딘(Odin)의 창 궁니르(Gungnir), 토르(Thor)의 해머 므욜니르(Mjollnir), 프레야(Freya)의 검(sword) 등이 있다(II, 870쪽). 소원은 '신성력'(divine power)이다. "신은 그녀에게 힘(the wish)과 마법의 막대라는 보물(또는 마법의 막대기로 발견한 보물)을 내려 주었다." "소원의 힘으로 미(美)를 만들었다"(IV, 1329쪽). 'wish'=산스크리트어로 마노라싸(manoratha)는 문자 그대로 '마음의 차(車)' 혹은 '정신의 차'이다. 곧 소원, 욕망, 환상이다. 맥도넬(A. A. Macdonell), 『실용 산스크리트어 사전』(*A Practical Sanskrit Dictionary*), 런던, 1924, 관련 항목 참고.

의 끊임없는 창조로 생각해야 한다.[21] 물론 우리는 모든 사건은 그 원인이 "원인 없는 것"으로써 미지(未知)라고 생각하는 것을 경계해야 한다. 내가 이미 강조한 것처럼 이것은 어떤 원인이 생각할 수조차 없을 때만 용인될 수 있다. 하지만 생각가능성(thinkability, 무언가를 생각한다는 관념이 가지고 있는 특성)은 그 자체로 가장 엄격한 비판이 필요한 하나의 관념이다. 만일 원자가 본래 가지고 있는 철학적 개념에 상응했었다면 원자의 분열 가능성은 생각할 수 없을 것이다.[22] 의미 있는 일치는 순수한 우연으로 생각할 수 있다. 하지만 의미 있는 일치들이 증가될수록, 그리고 그 상응이 더 커지고 더욱 정확해질수록 그 개연성은 더욱 더 감소하고 생각불가능성(unthinkability, 생각할 수 없다는 관념이 가지고 있는 특성)은 점점 더 증가한다. 그래서 마침내 그 일치들은 더 이상 순수한 우연이 아니라, 인과적 설명의 결핍 때문에 의미 있는 배열로서 생각되어야 한다. 그러나 이미 말했듯이 그 "설명 불가능성"(inexplicability)은 원인이 미지(未知)라는

---

21 끊임없는 창조는 일련의 계속적 창조의 행위로서 뿐만 아니라, 유일한 창조적 행위의 영원한 현존으로 생각되어야 한다. 즉 신은 "항상 성부(Father)였으며, 언제나 성자(Son)를 낳았다." (Origen), 『태초에 대하여』(De principiis), I, 2~3. 그는 "마음의 영원한 창조자"이다. 아우구스티누스(Augustine)·쉬드(F. J. Sheed) 옮김, 『고백록』(Confessions), XI, 31, 런던, 1943, 273쪽) 등과 같은 의미에서 그러하다. 신은 그의 창조 안에 포함된다. "마치 그는 그 일 속에 거처를 가지고 있어서 그곳에서 거(居)하는 것처럼, 그는 그 자신의 일을 필요로 하고 있지 않다. 그러나 그는 자신의 영원 속에 지속하고, 그곳에서 거하며 자신을 즐겁게 하는 것이면 무엇이라도 창조한다. 지상과 하늘 두 곳에서." 『시편』(Psalms), 113:14. 아우구스티누스, 『시편 주해』(Expositions on the Book of Psalms), 옥스퍼드, 1853. 바로 그 때에 맞게 계속적으로 일어나는 것은 신의 마음 안에서 동시적이다. "어떤 불멸의 질서가 가변하는 사물을 하나의 패턴으로 묶는다. 그리고 이 질서 속에서 바로 그 때에 맞게 동시적이지 않은 사물은 시간 밖에서 동시적으로 존재한다." 프로스퍼(Prosper of Aquitaine), 『아우구스투스의 숙고로부터의 사유』(Sententiae ex Augustino delibatae), XLI, 마느(Magne), P.L., Li, 433쪽. "시간의 계속은 무시간적으로 신의 영원한 지혜 속에 있다"(LVII, 마느, 455쪽). 창조 이전에는 시간이 없다. 시간은 오직 창조물과 더불어 시작할 뿐이다. "시간에서 창조물이 생긴다기보다는 오히려 창조물로부터 시간이 생긴다"(CCLXXX, 마느, 468쪽). "시간 이전에는 시간이 없다. 하지만 시간은 세계와 함께 창조된다."무명씨, 『삼중(三重)의 거주지에 대하여』(De triplici habitaculo), VI, 마느, P.L., XL, 995.

22 아토모스(ἄτομος), '분할될 수 없음' 즉 쪼개질 수 없음.

사실 때문이 아니라, 어떤 원인이 지적인 의미로는 생각할 수조차 없다는 사실에서 연유하는 것이다. 이것은 공간과 시간이 그 의미를 상실하거나 상대적이 되었을 때의 부득이한 경우이다. 왜냐하면 공간과 시간을 자신의 연속을 위해 가정하는 인과율은 그러한 환경 아래서 더 이상 존재한다고 말해질 수 없으며, 전혀 생각할 수 없게 되기 때문이다.

이런 이유로 나는 공간, 시간, 인과율과 함께 동시성적 현상이 자연적 사건의 특별한 종류라는 점을 우리에게 이해시킬 수 있을 뿐만 아니라, 우연성을 부분적으로는 영원으로부터 존재하고 있는 하나의 보편적 요인으로서, 그리고 부분적으로는 바로 그 때에 발생하는 창조의 끝없는 개별적 행위의 총합으로 인정하는 하나의 범주를 도입할 필요가 있다고 생각한다.

요약

나는 독자들이 내 논의를 따라오기 어렵다는 이야기를 전해 듣곤 한다. 무인과율, 동시성, 점성술 실험은 그것들을 이해하는 데 특별한 어려움이 있다고 생각한다. 그래서 나는 이 세 가지 점을 요약하기 위해 몇 마디 덧붙여 보고자 한다.

1. 무인과율

자연 법칙이 하나의 절대적 진리라면 그 법칙에서 일탈되는 어떤 과정도 있을 수 없을 것이다. 그러나 인과율이 하나의 통계적 진리라면, 그것은 오로지 평균만을 파악하므로 어떻게든지 경험할 수 있는 즉 진정 실재하는 예외들을 위한 여지를 남기기 때문이다. 나는 동시성적 현상을 이런 종류의 무인과적 가능성으로 생각하고자 한다. 그 현상들은 공간과 시간에 상대적으로 독립한 것으로 드러난다. 다시 말해 그것들은 공간과 시간을 상대화시키는데, 원칙적으로 공간이 그 현상들의 경로에 어떤 장애도 드러내지 않고 바로 그 때의 사건들의 연쇄가 전도되는 한 그러하다. 그래서 아직 발생하지 않은 어떤 사건이 현재의 지각을 야기하는 것처럼 보인다. 그러나 만일 공간과 시간이 상대적이라면, 원인과 결과의 연쇄가 상대화되거나 폐지되기 때문에 인과율 또한 그 타당성을 잃는다.

2. 동시성[23]

내가 특별한 경고를 나타냈는데도 불구하고 동시성이라는 개념이 이미 동시 발생과 혼동되는 것을 보게 된다. 나는 동시성을 바로 그 때의 의미 있는 일치의 발생이라는 의미로 사용했다. 이것은 다음 세 가지의 형식을 갖는다.

① 동시에 발생하는 것으로 지각되는 상응하는 객관적 과정과 어떤 심리적 내용의 일치.

② 거리가 멀리 떨어졌지만 얼마간 동시적으로 일어난, 사후에 어느 정도 '동시성적'이고 객관적인 사건이라고 다소간 신뢰를 갖고 생각할 수 있는 환형(꿈 혹은 환상)과 주관적인 심리적 상태의 일치.

③ 지각된 사건이 미래에 발생하고 그것과 상응하는 환형으로만 현재에 나타나게 된다는 것만을 제외하고는 동일한 것.

---

23 ①, ②, ③의 형식들에 맞는 구체적인 사례들은 이 책의 「동시성에 대하여」를 참고.-역자

첫 사례에서는 하나의 객관적인 사건이 하나의 주관적인 내용과 일치하는 반면, 다른 두 사례에서 동시성은 비록 동시성적 사건이 그 나름대로 중립적인 심리적 상태와 환형(꿈 혹은 환상)의 일치로 형성되지만, 사후에야 증명될 수 있을 뿐이다.

3. 점성술 실험

결혼 관계에서 생각될 수 있는 50개의 가능한 좌상들이 통계적으로 조사되었는데 그 결과는 다음과 같다. 세 가지로 우연하게 짜 맞추어진 결혼 홀로스코프의 집단에서 최대의 빈도는 세 가지 다른 달의 합(合, conjunction)으로 되었다. 이 세 가지 수치의 확률은 결코 유의미하지 않았다. 왜냐하면 만일 우리가 결혼 홀로스코프의 어떤 수를 취한다면 유사한 결과를 얻는 데 항상 1:1500의 확률이 되기 때문이다. 그렇더라도 이 확률은 그다지 크지 않기 때문에 두 번째 집단에서 동일한 결과를 반복하리라 기대할 수 있다. 왜냐하면 이 경우의 확률은 이미 1:1500제곱이 되기 때문이다. 이 수치는 너무 커서 처음 결과의 반복은 도저히 일어날 법하지 않다고 생각되어야 한다. 만약 이제 세 번째 반복된다면 동시성적 현상을 가정할 만한 충분한 근거가 있다. 여기서 이 확률은 1:250만이 된다.[24] 게다가 내가 여기서 언급한 달의 합은 어떤 합이 아니라 홀로스코프의 세 가지 지주(支柱)와 상응하여 다음의 순서로 나타난다. 달과 태양의 합(☽ ☌ ☉), 달과 달의 합(☽ ☌ ☽), 달과 상승의 합(☽ ☌ Asc.) 더구나 이 달의 합들은 결혼을 위한 고전적인 좌상들이다.

---

24 이 수치들은 후일 조정되었다. 「요약」의 본문은 원 텍스트 『자연의 해석과 정신』의 원고에 상당하지만, 이 역서에서는 후일 『융 전집』에 실린 피에르츠 교수의 최종 계산 결과를 실었다(「점성술 실험」의 부록 참고).-역자

이 의미 있는 배열은 극도로 일어날 법하지 않은 것이다. 이것은 어떤 의식적인 기만처럼 보이고, 신뢰할 수 있는 사람들의 의식적인 마음에 어떤 반대되는 경향이 있음에도 불구하고, 그 계산은 점성술과 동시성을 편들면서 그 결과를 왜곡시키는 무의식적 경향의 모든 방식에 의해 마치 신들린 것처럼 보인다.[25]

---

25 점성술 실험의 요지를 쉽게 이해해 보자. 일어날 확률이 낮은데도, 그 일은 매번 일어난다. 예를 들면, 비 올 확률이 5%도 안 되면 우산을 놓고 가지만 항상 비를 맞는다. 즉 일어날 것 같지 않지만, 현실적으로 늘 일어난다. 마치 귀신이 곡할 노릇처럼. 그런데 이런 일이 기적처럼, 흔히 일상에서 일어난다. 그러면 객관적인 자연현상이 남의 일 같지 않다. 무언가 연결된 듯한 느낌만 있을 뿐, 아직 그 의미는 암시적이거나, 모른다.-역자

동시성에 대하여[1]

　나는 다루고자 하는 개념을 정의함으로써 이 해설을 시작하는 것이
적합할 것이라 생각한다. 하지만 나는 이 주제를 다소 다른 식으로 접
근하기 위해 먼저 동시성이라는 개념이 포괄하고자 하는 사실에 대한
간략한 기술을 여러분에게 전달하겠다. 어원이 보여 주듯이 이 말은 시
간, 보다 정확하게는 일종의 동시발생(simultaneity)과 관계가 있다. 동시
발생 대신에, 우연의 가능성 그 이상 어떤 것이 포함된 두 가지 이상의
사건의 의미 있는 일치라는 개념도 사용할 수 있다. 통계학적인 그러니
까 확률적인 사건, 가령 병원에서 발견되는 '사례들의 중복'(duplication of

1　여기 「동시성에 대하여」(On Synchronicity)라는 글은 『자연의 해석과 정신』에는 본래 없다.
　　이 글은 『융 전집』 Vol. 8, 『정신의 구조와 역학』(*The Structure and Dynamics of the Psyche*),
　　520~531쪽에 걸쳐 실려 있다. 역자가 독자의 이해를 돕고자, 번역해서 부록으로 실은 것이
　　다. 이에 대해 『융 전집』에 적힌 서지사항을 옮기면 다음과 같다. "1951년 스위스 아스코나
　　(Ascona)의 에라노스 회의에서 행한 「동시성에 관하여」(Über Synchronizität)라는 강연이다. 현
　　재의 번역은 『인간과 시간』(*Man and Time*, 에라노스 연보 3의 논문들, 1957)으로 출판됐다. 이것
　　에 약간의 수정을 가해 재출판한다. 그 논문은 주로 앞의 논문을 토대로 작성되었다."-역자

cases) 같은 것의 동시발생은 우연의 범주에 들어온다. 이런 종류의 군집은 어떤 사항들의 수로 이루어져 있을 수 있고, 여전히 개연성과 합리적인 가능성의 틀 안에 머무를 수 있다. 이와 같이 예를 들자면, 어떤 사람이 자신의 버스표에 적힌 숫자를 우연히 주목했다. 그는 집에 도착해서 전화 요청을 받았는데 같은 숫자의 번호가 언급되었다. 저녁에 그는 다시 같은 숫자가 적힌 극장표 한 장을 샀다. 이 세 가지 사건은 비록 자주 일어날 것 같지는 않지만, 그 각 사항들의 빈도 때문에 확률의 틀안에 놓이는 우연군집을 만든다. 나는 내 경험에서 6개나 되는 사항들로 만들어진 다음과 같은 우연군집을 조목조목 말하고 싶다.

1949년 4월 1일 아침 나는 반인반어(伴人半魚)의 형상을 포함한 명문(銘文)에 주목했다. 점심에는 생선을 먹었다. 누군가 어떤 사람을 '4월의 물고기'(April fish)로 만드는 관습을 말했다. 오후에는 몇 달 동안 보지 못했던 이전의 내 환자가 어떤 인상적인 물고기 그림을 보여 주었다. 저녁에는 바다괴물과 물고기가 수놓인 자수품을 보게 되었다. 다음날 아침 10년 만에 처음 방문한 옛날의 환자를 보았다. 그녀는 전날 밤에 거대한 물고기의 꿈을 꾸었다. 그 후 몇 달 뒤에 이 연달은 사건을 반영하는 집필 부분을 막 끝낼 즈음, 전에도 아침이면 여러 차례 가보았던 집 앞에 있는 호숫가를 가볍게 달렸다. 이때 1피트짜리 물고기 한 마리가 방파제에 올라와 있었다. 아무도 없었기 때문에 어떻게 물고기가 그곳에 그렇게 있을 수 있는지 알지 못했다.

일치가 그런 식으로 쌓여 있을 때 우리는 그 일치들로 인해 인상적이지 않을 수 없다. 즉 그와 같은 일련의 사건들로 인해 사항들의 수가 많아질수록, 또는 그 특성이 비일상적일수록 그것은 더욱 더 불가능해지기 때문이다. 내가 여러 곳에서 언급해 왔기 때문에 지금은 토의하지 않을 것이지만, 나는 이것을 어떤 우연군집이라 가정한다. 그것은 단순한 중복보다 더 있을 법하지 않은 것이라 인정되어야 한다.

위에서 말한 버스표의 사례에서, 나는 관찰자가 그 숫자를 '우연히' 주목했고, 그것을 보통은 결코 그렇게 했던 적이 없었지만 그의 기억에 잊지 않았다고 말했다. 이것은 일련의 우연한 사건들에 대한 토대를 형성하지만, 나는 무엇이 그에게 그 숫자를 주목하게 만든 원인이 되었는지 모르겠다. 나로서는 그런 일련의 사건을 판단할 때 어떤 불확실한 요인이 이 시점에 들어와서 주의를 요구한 것이라 여겨진다. 나는 어떤 신뢰할 만한 결론을 내릴 수는 없었지만, 다른 사례들에서 유사한 것들을 관찰해 왔다. 하지만 일어나는 일련의 사건에 대한 어떤 종류의 예지(foreknowledge)가 있다는 인상을 피하기는 어려운 일이다. 이런 느낌은 이따금 일어나는 일처럼, 우리가 길거리에서 옛 친구를 만났구나 생각했는데 알고 보니 낯선 사람이어서 실망할 때는 더욱 떨치기 어렵다. 다음에 길모퉁이를 돌 때 우리가 생각했던 그 친구와 우연히 부딪치게 된다. 이런 종류의 사례는 모든 상상할 수 있는 형태로 발생하지만 결코 흔하지는 않다. 하지만 처음의 순간적인 놀라움 뒤에 그것들은 대체로 곧 잊힌다.

내가 많은 사례에서 발견했던 것처럼 기시감(既視感, sentiment du déjà-vu)[2]은 꿈에서는 어떤 예지에 토대를 두고 있지만, 우리는 이 예지가 깨어 있을 때도 발생할 수 있음을 보았다. 그런 사례들을 단순히 우연이

---

2 문자 그대로 '이전에 보았던 듯한 느낌'이다. 실제 낯선 장소와 시간인데도 마치 언젠가 과거에 와보았던 느낌이 드는 경우를 말한다. 보고에 의하면 평범한 대다수의 사람들이 경험하고 있다고 한다. 여타의 초심리학적 현상들처럼 만족스러운 물리적 과정이 밝혀지지 않았다. 텔레파시와 연관되어 이해되고 있는 형편이다. 마거릿 바이트(Margaret Waite), 『신비과학』(The mystic science), 아폴로(Apollo books), 1971, 64~66쪽.-역자

라 말하는 것은 그 일치가 먼저 알려졌기 때문에 대단히 불가능한 것이다. 그러므로 그것은 심리학적이고 주관적일 뿐만이 아니라 객관적으로도 우연의 특징을 상실한다. 왜냐하면 일치하여 일어나는 세부 사실들이 축적됨으로써, 결정 요인으로서의 우연의 불가능성이 무한히 증가하기 때문이다. (죽음을 맞춘 올바른 예견에 대해서 다리에와 플라마리옹은 1:4백만에서 1:8백만까지 걸쳐 있는 확률을 계산했다.) 그래서 이 사례에서는 '우연'의 발생을 말하는 것이 적합하지 않은 것 같다. 그것은 오히려 의미 있는 일치의 문제이다. 보통 그것들은 예견(precognition), 다시 말해 예지로 설명된다. 사람들은 또 천리안이나 텔레파시 등을 말한다. 그러나 그들은 이 능력들이 무엇으로 이루어져 있는지, 공간적·시간적으로 떨어진 사건들을 우리의 지각에 근접할 수 있도록 만드는 그 능력들이 이용하는 전달 수단은 무엇인지 등을 말하지는 않는다. 이 모든 생각들은 다만 이름뿐이다. 즉 아무도 아직은 의미 있는 일치를 만드는 요소들 사이에 어떤 인과적인 교량을 건설하는 데 성공하지 못했기 때문에, 그것들은 원리적인 진술로 받아들일 수 있는 과학적 개념이 아니다.

초감각 지각(ESP)을 실험함으로써 이러한 현상의 방대한 분야에서 실시되는 작업을 위해 신뢰할 만한 기초를 만들어준 라인에게 우리는 많은 빚을 지고 있다. 그는 각 묶음이 특별한 표시 즉 별, 사각형, 원, 십자가, 물결 모양의 두 개의 선 등으로 이루어지고 5장씩 5개의 묶음으로 나누어진 25장의 카드 한 벌을 사용했다. 그 실험은 다음과 같이 실행되었다. 실험의 각 계열에서 피험자는 볼 수 없는 채 그 묶음은 800번 배열되었다. 그 다음으로 피험자는 카드가 뒤집힐 때 그 카드를 추측하도록 지시를 받았다. 바로 맞출 가능성은 1:5이다. 그 결과는 매우 높은 수치로 계산되었는데, 평균 6.5번의 맞춤을 보여 준다. 1:5에 대한 우연 편차의 확률은 1:25만 정도이다. 어떤 사람들은 가능한한 맞춘 수의 2배 이상을 기록했다. 어떤 경우에는 25장의 카드 모두 올바로 추측되었다. 그런데 그 때의 확률은 1:298,023,223,876,953,125이었다. 실험자와 피험자 사이의 공간적 거리가 몇 야드에서부터 4천 마일 정도 증가되었어도 그 결과에 대해서는 어떤 영향도 없었다.

두 번째 실험 유형은 카드를 뒤집어 놓은 채로 가까운 미래 또는 거리가 조금 있는 미래에 그 일련의 카드를 추측하도록 요구하는 것이다. 시간 요인은 몇 분에서부터 2주까지 증가되었다. 이 실험의 결과는 1:40만의 확률을 보였다.

세 번째 유형의 실험에서 피험자는 어떤 수가 나타나도록 바라면서, 기계적으로 던져진 주사위의 낙하에 영향을 미치도록 노력해야 한다. 이른바 이 염력(PK) 실험의 결과는 한 번에 많은 주사위가 사용되면 될수록 더욱 긍정적이었다.

공간 실험의 결과는 정신이 어느 정도까지 공간 요인을 제거할 수 있음을 확실하게 입증한다. 시간 실험은 시간 요인(어쨌든 미래의 차원에서) 이 심리적으로 상대적일 수 있음을 입증한다. 주사위를 가지고 하는 실험은 운동체도 심리적으로 영향 받을 수 있음을 입증한다. 그것은 공간과 시간의 심리적 상대성으로부터 예측될 수 있었던 결과이다.

에너지 공리는 라인의 실험에 적용시킬 수 없음이 드러났으므로 힘의 전달에 대한 모든 생각들은 불식되었다. 마찬가지로 인과율도 유지되지 않았다(나는 그것을 이미 30년 전에 지적했다). 우리는 어떻게 미래의 한 사건이 현재에 있는 한 사건을 일으킬 수 있는지 생각할 수 없기 때문이다. 우선 어떤 인과적 설명의 가능성도 없기 때문에, 우리는 잠정적으로나마 무인과적 자연의 있을 법하지 않은 사건 즉 의미 있는 일치가 그 사태에 참가해 있음을 가정해야 한다.

이 주목할 만한 결과들을 고려할 때 우리는 라인에 의해 발견된 사실, 즉 일련의 각 실험에서 먼젓번의 시도는 다음의 것보다 결과가 더 좋게 나온다는 사실을 설명해야만 한다. 맞춤의 수가 저하되는 것은 피험자의 기분과 연결되어 있다. 확신과 낙관의 태도와 같은 초기의 분위기는 좋은 결과를 만들어낸다. 회의적이고 저항적인 태도는 반대의 결과를 낳는데, 그것들은 좋지 않은 배열을 만든다. 이런 실험에 대한 에너지에 입각한 접근(그러므로 인과적인)은 적용될 수 없다는 것이 드러났으므로 다음과 같은 사실이 따른다. 감정적 요인은 필요한 것은 아닐지라도 그 현상이 발생하는 것을 가능하게 해주는 오직 하나의 조건이라는 중요성을 갖는다. 라인의 결과에 의하면, 우리는 그런데도 평균 5 대신에 6.5를 기대할 수 있다. 하지만 그것은 맞춤이 생길 때 앞서서 예측될 수 없다. 우리가 그렇게 할 수 있다면 우리는 어떤 법칙을 다루고 있는 도중일 것이며, 이것은 그 현상의 전체적 본성에 모순될 것이다. 그것은 말했던 것처럼, '행운의 맞춤'(lucky hit)의 있을 법하지 않은 특성을 가지거나, 단순히 가능한 빈도 이상으로 발생하는 사건 및 대체적으로 감정의 어떤 특별한 상태에 의존하는 사건을 가진다.

이 관찰은 철저하게 확인되어 왔으며, 이것은 물리학자들이 가진 세계상의 기저에 놓인 원리를 변형하거나 심지어 제거하는 심리적 요인이 피험자의 감정적 상태에 연결되어 있음을 암시한다. 비록 ESP·PK 실험의 현상학이 위에서 기술된 종류의 더 진전된 실험에 의해서 적지 않게 풍성해질 수 있었지만, 그 기초에 대한 더욱 심도 있는 탐구가 연루된 감정 상태의 본성에 맞춰져야 한다. 그러므로 나는 오랫동안 임상에 종사하면서 겪어 왔기 때문에 내가 확실하게 말할 수 있는 어떤 관찰과 경험에 주의를 돌렸다. 그것들은 평면적으로는 믿기 어려울 만큼의 고도로 불가능하며 자발적인 의미 있는 일치와 관계가 있다. 그러므로 나는 현상의 전체적 범주에 대한 특징적인 사례만을 제시하기 위해 그런 종류들 가운데 하나만을 여러분에게 묘사하려 한다. 여러분이 이런 특별한 사례를 좀처럼 믿지 못하든 아니든, 또는 여러분이 임시방편적 설명(ad hoc explanation)으로 그것을 받아들이든 그렇지 않든 별 차이가 없다. 나는 라인이 다다른 반박할 수 없는 결과보다 원리상 더 놀랍거나 믿을 수 없을 정도의 수많은 이야기를 여러분께 말할 수 있다. 그러면 여러분은 곧 거의 모든 사례가 그것만의 설명을 요구한다는 것을 이해할 것이다. 하지만 자연과학의 관점에서 유일하게 가능한 설명인 인과적 설명은 원인-결과의 관계를 위해 필요불가결한 전제가 심리적으로 상대화되기 때문에 붕괴한다.

내가 드는 사례는 서로가 행한 노력에도 불구하고 심리학적으로 접근 불가능한 것으로 판명된 어떤 젊은 여성과 관련되어 있다. 어려움은 그녀는 모든 것에 대해 잘 알고 있다는 사실에 있었다. 그녀의 수준 높은 교육으로 인해 그녀는 이 목적에 이상적으로 적합한 무기를 가지고 있었는데, 그것은 실재에 대한 완전무결한 '기하학적'(geometrical) 사고를 가진 매우 세련된 데카르트(Descartes)식의 합리주의이다. 그녀의 합리주의를 어느 정도 보다 인간적인 이해로 부드럽게 하려는 몇 번의 결실 없는 시도 뒤에, 나는 무언가 예기치 않고 비합리적인 것이 뒤엎었으면 하는 바람, 즉 그녀가 스스로 밀폐시킨 지적인 왜곡이 폭발할 수 있는 무언가를 희망하는 데 마지막 기대를 걸었다. 이윽고 어느 날, 나는 그녀의 맞은편에 앉아 창문에 등을 기댄 채 그녀의 유창한 레토릭을 듣고 있었다. 그녀는 전날 인상적인 꿈을 하나 꾸었는데, 꿈에서 누군가 그녀에게 값비싼 보석으로 만든 황금풍뎅이(golden scarab) 하나를 주었다. 그녀가 내게 이 꿈을 한참 이야기하고 있는 동안, 나는 내 뒤에서 창문을 가만히 톡톡 부딪히는 어떤 소리를 들었다. 나는 어두운 방안으로 들어오려고 애쓰는 게 확실한, 창유리에 대고 노크하고 있는 제법 큰 곤충을 발견했다. 이것이 나에게는 매우 이상하게 여겨졌다. 나는 즉시 창문을 열고 공중에서 비행하고 있는 그 곤충을 잡았다. 그것은 스캐러비드 딱정벌레(scarabaeid beetle) 혹은 흔히 보이는 장밋빛 풍뎅이 (rose-chafer, 초록이 감도는 황금색을 가진 거의 황금풍뎅이와 닮은 풍뎅이, 학명으로는 Cetonia aurata)였다. 나는 그 풍뎅이를 "여기 당신의 풍뎅이가 있군요"하며 내 환자에게 건네줬다. 이 경험은 그녀의 합리주의에 기대하고 있던 것에 상처를 내었고, 그녀의 얼음장 같은 지적인 저항을 깨뜨렸다. 그 치료는 곧 만족스런 결과로 진행될 수 있었다.

이 이야기는 나뿐만 아니라 다른 많은 사람들에 의해서도 관찰되어 왔고, 많은 문헌들에서 기록되어 왔던 의미 있는 일치의 헤아릴 수 없는 사례들 가운데 단지 하나의 범형만을 의미할 뿐이다. 그것들은 스베덴보리가 잘 입증한 스톡홀름에서 일어난 위대한 불의 비전에서부터, 어떤 미지(未知)의 장교가 나타나서 공군 중장 빅토르 고다르 경(Sir Victor Goddard)의 비행기가 이후에 부딪히는 사건들을 예견했던 꿈을 전하고 있는 고다르의 보고에 이르기까지,[3] 천리안 텔레파시 등의 이름으로 통하는 모든 것을 포함한다.

---

3 이 사례는 영국 영화 〈운수 좋은 밤〉의 주제가 됐다. 영화 〈운수 좋은 밤〉(The Night My Number Came Up)은 레슬리 노먼(Leslie Norman) 감독, 빅터 고다르(Victor Goddard) 각본의 1955년도 스릴러 장르의 영화. 대강의 줄거리는 홍콩에 주둔하고 있는 어떤 파일럿이 비행기가 추락하는 꿈을 말하는데, 그 이야기를 듣고 있던 8명의 파일럿 중에 마셜 하디는 우연치 않게 동료의 꿈이 현실에서 맞아 들어가는 것을 느끼고 죽음을 예감한다. 꿈의 미래 예시에 대한 하나의 사례이다.-역자

내가 언급한 모든 현상을 세 개의 범주로 묶을 수 있다:

① 심리적 상태 혹은 내용과 상응하는 동시적이고 객관적인 외부 사건과 관찰자의 심리적 상태의 일치. 여기에는 심리적 상태와 외부 사건 사이의 인과적 연결에 대한 어떤 증거도 없으며, 공간과 시간의 심리적 상대성을 고려할 때 그와 같은 연결은 감지될 수조차 없다.

예: 황금풍뎅이

② 관찰자의 지각 영역 바깥, 곧 거리가 멀리 떨어져서 일어나고 사후에야 입증이 가능한 상응하는 외부 사건과 심리적 상태의 일치.

예: 스톡홀름의 불

③ 아직 현존하지는 않으나 시간상 거리가 있는 미래 사건으로 사후에만 입증할 수 있을 뿐인, 그런 상응하는 사건과 심리적 상태의 일치.

예: 새떼[4]

②와 ③의 범주에서 일치하는 사건들은 관찰자의 지각 영역에는 아직 현존하지 않으나, 사후에 입증될 수 있는 한 바로 그 때에 맞게 예상되어 왔다. 이런 이유로 나는 그런 사건들을 동시적(synchronous)이라는 말과 혼동을 일으키지 않게 동시성적(synchronistic)이라 부른다.

이와 같은 경험들의 광대한 분야에 대한 우리의 조사는 이른바 주술적 방법을 설명하지 못한다면 불완전할 것이다. 주술(mantism)은 동시성적 사건들을 현실화시키지는 못하지만, 적어도 그 사건들을 그 목적에 이바지하게 해준다고 말할 만한 가치가 있다. 이런 하나의 예가 헬무트

---

4 본문의 84~85쪽 참고.

빌헬름(Hellmut Wilhelm)[5] 박사가 자세하게 설명한 『주역』의 신탁 방법이다. 『주역』은 질문하는 사람의 심리적 상태와 그에 답하는 괘(卦, hexagram) 사이에 동시성적 상응이 있다고 가정한다. 괘는 49개의 산가지(yarrow stalks)를 무작위적으로 분할하거나 동전 세 개를 마찬가지로 무작위적으로 던져서 만들어진다. 이 방법의 결과는 말할 필요도 없이 흥미롭지만, 내가 보는 한 그것은 사실의 객관적 결정을 위한 도구, 다시 말하면 어떤 통계치를 주지 않는다. 왜냐하면 문제의 심리적 상태를 뭐라 정하기도 어렵고 정할 수도 없기 때문이다. 똑같은 곤란이 유사한 원리에 기초하고 있는 지상점술 실험(geomantic experiment)에서도 드러난다.

우리가 점성술적 방법에 고개를 돌리면 다소 더 좋은 상황에 있게 되는데, 그것은 점성술적 방법이 행성의 좌상 그리고 위치와 질문자의 특성이나 현재의 심리적 상태 사이의 의미 있는 일치를 가정하기 때문이다. 가장 최근의 천체물리학 연구에 비추어 보아 점성술적 상응은 동시성의 문제가 아니라 주로 어떤 인과적 관계의 문제인 듯하다. 막스 크놀(Max Knoll) 교수가 논증한 것처럼,[6] 태양의 양자 방사(proton radiation)는 자기폭풍의 출현이 매우 높은 확률로 예측될 수 있는 행성의 합(conjunction), 충(opposition), 5각(quartile) 좌상(aspect)들에 의해 어느 정도까지 영향 받는다. 합, 충, 5각 좌상의 좋지 않은 영향과 삼각(trine)과 육각(sextile) 좌상의 보다 좋은 영향을 확증하는 살상률(mortality)과 지구의 자기 교란(magnetic disturbances)의 곡선 사이에는 관계가 성립될 수 있다. 그래서 아마도 이것은 인과적 관계의 문제, 즉 동시성을 배제하거나 제한

---

5 헬무트 빌헬름(1905~1990)은 독일 태생의 중국학 학자이고, 아버지가 리하르트 빌헬름이다. 『주역』에 조예가 깊었다.–역자

6 편집자주: 「우리 시대에 있어서의 과학의 변형」. 1951년 에라노스 회의에서 행한 연설이다.

하는 자연법칙의 문제일 것이다. 동시에 홀로스코프에서 큰 역할을 하는 사(舍, house)들의 황도 내에서의 자격은 달력과 일치하기는 하지만, 점성술의 황도가 실제 행성의 배열 상태와 그 자체로 일치하지 않기 때문에 어떤 복잡한 문제를 만든다. 배열(constellation)은 춘분점·추분점(equinoxes)이 기준 영위, 대략 우리 연대의 시작인 양자리(Aries)가 되는 시대 이래로, 춘분점·추분점의 세차 운동(precession)의 결과로써 거의 전체적인 플라톤 월(platonic month)[7]까지 그 배열의 위치를 변화해 왔다. 그러므로 오늘날 양자리에서 태어난 어떤 사람은 달력에 따른다면 실제로는 물고기자리(Pisces)에서 태어난 것이다. 그의 탄생은 대략 2,000년 동안 '물고기자리'라고 불리는 어떤 때 일어났을 뿐이다. 점성술은 이때가 결정적인 특징을 가진다고 전제한다. 지구의 자장에서의 교란처럼 이 특징이 태양의 양자 방사가 영향을 받는 계절적 변동과 연결된다는 것은 가능하다. 그러므로 황도대의 위치가 인과적 요인을 나타낼 수 있다는 것은 확률의 영역을 넘지 못한다.

홀로스코프의 심리학적 해석이 여전히 매우 불확실한 문제일지라도 오늘날에는 자연법칙을 준수하면서 인과적 설명을 할 수 있는 약간의 가망성이 있다. 결론적으로 우리가 점성술을 주술적 방법으로 설명하는 것은 더 이상 정당하지 않다. 점성술은 과학이 되는 과정에 있다.

---

7 지구의 자전과 공전 외에 지구의 자전축이 느리게 회전하는 것을 지구의 세차 운동이라 한다. 이 세차 운동에 의해 물고기좌 시대, 물병좌 시대 등으로 점성학적 연대기를 산출한다. 춘분점이 한 성좌를 통과하는 데는 약 2,150년이 걸리는데 이 기간을 1플라톤 월(great month)이라 부르고, 12성좌를 한 바퀴 돌아오는 데 걸리는 약 25,000년의 세월을 1플라톤 년(great year)이라 부른다. 현대 점성술에서 사용하는 황도 12궁의 이름은 황도상에 위치한 12성좌의 이름과 비슷하지만, 각 궁들의 실제 위치는 성좌의 위치와 일치하지 않는다. 왜냐하면 12궁의 시발역인 춘분점(백양궁 0도)이 지구의 세차 운동에 의해 끊임없이 12성좌 위를 이동하기 때문이다. 다시 말해 12성좌는 하늘에 단단히 고정되어 있고 춘분점이 그 위를 서서히 이동하므로 12궁은 시대가 흐름에 따라 계속적으로 다른 성좌와 겹친다는 것이다.―역자

하지만 여전히 불확실한 측면이 너무 많기 때문에 나는 몇 년 전에 공인된 점성술적 전통이 어느 정도까지 통계학적 탐구에 견디어낼 수 있는가를 실험을 통해 찾아내려고 결심했다. 이런 목적 때문에 확실하고 논란의 여지가 없는 사실을 선택할 필요가 있었다. 내 선택은 결혼(marriage)에 내려졌다. 예부터 결혼에 관련된 전통적 신념은 결혼의 짝에 대한 홀로스코프에서 태양과 달의 합이 있다는 것이다. 즉 한 쪽 배우자의 경우에 8도의 괘도를 가진 태양, 다른 쪽 배우자의 경우에 달과의 합. 마찬가지로 오래된 두 번째 전통은 다른 흔한 지표로써 달과 달의 합(☽σ☽)을 취했다. 상승점(Asc.)과 태양과 달의 합도 마찬가지로 중요한 것들이다.

공동연구자인 릴리안 프레이-호온 여사와 함께 나는 먼저 180쌍의 결혼 곧 360개의 홀로스코프를 계속 수집했다. 그리고 결혼의 특징일 수 있는 태양(☉), 달(☽), 화성(♂), 금성(♀), 상승점(Asc.), 하강점(Desc.) 등의 합과 충을 가진 50개의 가장 중요한 좌상을 비교했다. 이것은 태양과 달의 합(☽σ☉)에 대해 10% 이상의 결과를 나타냈다. 이 실험 결과의 확률을 기꺼이 전산 처리해 주고 그 결과를 알려준 바젤(Basel)의 마르쿠스 피에르츠(Markus Fierz) 교수에 따르면, 내 수치는 1:1만의 확률을 가진다. 이 수치의 중요성에 대해 내가 자문한 몇몇 물리학자들은 의견이 나누어졌다. 어떤 사람은 고려할 만하다 했고, 다른 사람들은 문제 있는 값이라 했다. 우리의 수치는 총 360개의 홀로스코프가 통계학적 관점으로 보았을 때는 매우 적은 양이므로 미확정적이다.

이 180쌍의 결혼의 좌상들을 통계학적으로 다루는 동안, 우리의 수집은 커지게 되었고, 우리가 220쌍의 결혼을 더 모으게 되었을 때 이 집단은 분리된 탐구가 되어버렸다. 기회가 닿는 대로 자료는 입수되는 즉시 평가되었다. 이것은 어떤 특별한 관점에서 선택된 것이 아니고 아주 다양한 출처에서 나온 것이다. 이 두 번째 집단의 평가는 달과 달의 합(☽ ☌ ☽)에 대해 10.9%의 최대치를 산출한다. 이 수치의 확률 또한 약 1:1만이다.

마지막으로 83쌍의 결혼이 더 추가되고, 이것을 차례로 분리해서 탐구되었다. 그 결과는 달과 상승점의 합(☽ ☌ Asc.)에 대해서 9.6%의 최대치가 된다. 이 수치의 확률은 대략 1:3천이다.[8]

우리는 곧 합들이 모두 달-합(moon conjunctions)이라는 사실에 놀라게 되는데, 이것은 점성술의 예측과 일치한다. 하지만 이상한 것은 여기서 발견해낸 것이 홀로스코프의 세 가지 기본적 위치 즉 태양, 달, 상승점이라는 것이다. 태양과 달의 합 그리고 달과 달의 합의 동시발생 확률은 1:1억에 달한다. 이 세 가지의 달과 태양, 달, 상승점(Asc.)과의 합이 동시발생할 확률은 1:300억이 된다. 다시 말하면 단순한 우연에 기인한 이 동시발생의 불가능성은 너무 크기 때문에, 우리는 그것을 책임지는 어떤 요인의 존재를 설명해내야 한다. 이 세 집단은 너무 작아서 이론적 중요성을 1:1만과 1:3천의 확률 각각에 조금도 덧붙일 수 없다. 그렇지만 그 동시발생은 너무 불가능하므로 우리는 이 결과를 산출하는 어떤 불가피한 요인의 존재를 가정하지 않을 수 없다.

점성술의 데이터와 양자 방사 사이에 과학적으로 타당한 연결이 있을 확률은 이것에 책임이 있다고 생각할 수는 없다. 왜냐하면 1:1만과 1:3천과 같은 확률들은 너무 커서 우리의 결과를 단순한 우연 이상의 어떤 것으로써 간주할 수 없기 때문이다. 게다가 최대치는 우리가 결혼

---

8 이 수치와 다음의 수치는 후일 피에르츠 교수에 의해 수정되고 상당히 낮춰졌다.-편집자주

을 많은 집단으로 분리하자마자 서로 무효가 된다. 그것은 수백만의 결혼 홀로스코프에게 태양, 달, 상승점, 합 같은 동시발생들의 통계학적 규칙성을 수립하도록 요구할 것이며, 그럴 때조차도 그 결과는 의문스러울 것이다. 이 세 가지의 고전적인 '달-합'의 발견만큼 그렇게 불가능한 어떤 것이 전적으로 발생해야 된다면, 그것은 의도적이거나 의도적이지 않는 어떤 기만의 결과로써, 혹은 확실히 의미 있는 일치 즉 동시성을 가지고서만 설명될 수 있을 뿐이다.

비록 내가 점성술의 주술적 특성에 대해 일찌감치 의문을 표시하지 않으면 안 되었지만, 나는 점성술 실험의 결과로써 그것을 다시 인식해야 한다. 매우 다양한 출처에서 첨입된 대로 각자의 상단에 축적되었을 뿐인 결혼 홀로스코프의 우연 배열과 그것들이 세 개의 불균등한 군집으로 분리된 뜻밖의 우발적인 방식은 탐구자의 의욕적인 기대에 적합하며, 점성술적 가설의 관점으로는 거의 향상될 수 없는 전체상을 만들어내었다. 이 실험의 성공은 라인의 ESP 실험 결과와 전적으로 일치한다. 이것 역시 기대, 희망, 신념에 의해서 좋은 영향을 받았다. 그러나 어떤 단일한 결과의 확실한 기대는 없었다. 우리의 50개 좌상의 선택은 이것에 대한 증거이다. 우리가 처음 집단의 결과를 얻은 뒤에 태양과 달의 합이 확증될 수 있는 약간의 기대가 있었다. 하지만 우리의 기대는 빗나갔다. 두 번이나 우리는 확실성의 요소를 증가시키기 위해 새로이 첨가된 홀로스코프로부터 더 큰 집단을 만들어냈다. 하지만 그 결과는 달과 달의 합이었다. 세 번째 집단의 달과 달의 합이 확증될 거라는 희미한 기대가 있었을 뿐이었다. 하지만 실정은 그렇지 못했다.

이 경우에 발생한 것은 누가 뭐라 해도 별스럽다. 확실히 그것은 의미 있는 일치의 독특한 하나의 예이다. 만일 우리가 그 사실에 감명 받는다면, 우리는 그것을 조그마한 기적이라 부를 수 있을 것이다. 하지만 오늘날 우리는 기적적인 것들을 조금 다른 견지로 보지 않으면 안 된다. 라인의 실험은 무인과적 현상, 그렇지 않다면 기적이라 불리는 것이 출현가능하다는 결과를 보여줌으로써, 인과율이 소멸될 수 있는 요인임을 예증했었다. 이런 종류의 모든 자연 현상은 유일무이하고 극도로 유별난 우연의 조합인데, 그것은 어김없이 전체를 형성하는 부분들의 공통된 의미에 의해 유지된다. 비록 의미 있는 일치들이 그 현상에서 무한히 다양하지만, 무인과적 사건처럼 그것들은 과학적 세계상의 부분이라는 하나의 요소를 형성한다. 인과율은 우리가 두 가지 계기적 사건의 연결을 설명하는 방식이다. 동시성은 지금까지의 과학적 지식으로는 미진하여 공통 원리로 환원할 수 없는 심리적 사건과 심리-물리적 사건 사이의 시간과 의미의 병행론을 가리킨다. 용어는 아무 것도 설명하지 않는다. 용어는 다만 의미 있는 일치의 동시발생을 정식화할 뿐이다. 의미 있는 일치는 그 자체로 우연한 발생이지만, 너무도 그럴 법하지 않아서 우리는 그 일치를 어떤 종류의 원리나 경험 세계의 어떤 성질에 기반을 두고 있는 것으로 가정해야만 한다. 어떤 상호적 인과 관계도 병행한 사건들 사이에서 획득되었다고 제시될 수 없는데, 그것은 단지 사건들에 우연의 특성을 부여하는 것이다. 사건들 사이에 유일하게 인식가능하고 예증 가능한 연결은 어떤 공통적 의미 혹은 동등이다. 상응이라는 오래된 이론은 그러한 연결에 기반을 두고 있다. 그런데 그 이론은 라이프니츠의 예정조화설에서 그 최고조에 이르고, 섭리적 목적에 다다른 뒤에는 인과율로 대치되었다. 동시성은 상응, 공감, 조화라는 폐기된 개념에 대한 현대적 차별화이다. 그것은 철학적 가정에 기반하는 것이 아니라 경험과 실험에 기반하고 있다.

동시성적 현상은 이질적이고 인과적으로 관계되어 있지 않은 과정에서, 의미 있는 동등의 자발적 발생임이 입증된다. 다른 말로 표현한다면 그것은 관찰자에 의해서 지각된 어떤 내용이 동시에 인과적 연결이 전혀 없이도 어떤 외부의 사건에 의해 표상될 수 있다는 것으로 판명된다. 이로부터 다음과 같은 사실이 따른다. 즉 정신은 공간적으로 위치될 수 없거나, 공간은 정신에 상대적이든지 둘 중의 하나이다. 동일한 점이 정신의 시간적 결정과 시간의 심리적 상대성에도 적용된다. 나는 이 발견의 정당성이 지대한 영향을 미칠 결과를 가져야 한다고 강조할 필요는 없을 것이다.

이 짧은 강의에서 나는 불행히도 동시성이 가진 많은 문제에 대한 매우 피상적인 스케치 이상을 할 수 없다. 이 문제에 좀 더 깊이 들어가고 싶은 사람들을 위해, 나는 좀 더 광범위한 연구를 곧 「동시성: 무인과적 연결 원리」라는 제목으로 내보일 것이다. 그것은 『자연의 해석과 정신』이라는 책에서 파울리 교수의 작업과 함께 출판될 것이다.[9]

---

9 이 책이 바로 그 책이다.-역자

제2부

케플러의 과학이론에 미친 원형적 관념의 영향

The influence of Archetypal Ideas on the Scientific theories of Kepler

볼프강 E. 파울리(W. E. Pauli)

PAULI

The influence of Archetypal Ideas on the Scientific theories of Kepler

머리말

이 글을 출판하는 데 내게 도움과 격려를 주신 분들께 그 후의에 대한 감사를 드리는 것은 즐거운 일이다.

특히 나는 프린스턴(Princeton)의 고등연구소(Institute for Advanced Study)에 계신 에르빈 파노프스키(Erwin Panofsky) 교수님께 많은 빚을 지고 있다. 나는 파노프스키 교수님과 여기서 관심을 가지고 있는 문제들을 사상사적 견지에서 여러 차례 논의했으며, 교수님은 손수 원전 문헌을 소개해 주시고 비판적 평가를 해주셨고, 라틴어 문헌을 여러 번 번역해 주셨다. 과학적 개념들이 형성될 때의 심리학적 측면과 그 개념의 원형적 토대에 관련된 상세하고 본질적인 논의를 해주신 융 교수님과 마이어(C. A. Meier)[1] 박사께 감사드린다. 상이한 라틴어 원전 문헌에 대한 고

---

1 융의 뒤를 이어 스위스 연방공대에서 장기간 융의 심리학을 가르치면서 만년에는 주로 정신-물리적 상관관계에 관한 연구를 시도하였다. 이부영, 『분석심리학』, 일조각, 2000, 40~42쪽.-역자

통스럽고 지루한 검토, 고찰을 해주셨으며, 이 논문에서 가장 중요하고
분량도 많은 라틴어 원문을 번역해 주신 마리-루이 폰 프란츠(M.-L. von
Franz) 박사께 감사드린다. 영어판에서는 파노프스키 교수님께서 프란
츠 박사의 번역을 수정해 주셨다. 영어판의 여러 군데에 약간씩 교정을
보았는데 여기에 덧붙인다.

볼프강 파울리(W. Pauli)

시론

I

비록 이 연구의 주제가 역사적인 것이긴 하더라도 그 목적은 과학사와 관련한 사실을 열거하기 위한 것, 또는 주된 목적으로는 한 위대한 과학자를 평가하고자 하는 것뿐 아니라, 더 정확히 말하면 하나의 역사적 사례를 들어서 자연과학의 개념과 이론의 기원 및 발전에 대한 특별한 관점을 표명하기 위해서이다. 그렇게 하면서 우리는 고려의 대상이 되는 17세기에 일어난 문제들에 대해 근대 과학의 의의를 논의할 수 있는 기회를 가질 것이다.

자연법칙은 실질적인 확실함을 가지고 경험적인 재료만으로도 생길 수 있다는 관점을 따르는 수많은 물리학자들은 최근에 들어서는 새로이 직관과 주의(attention)의 방향이, 일반적으로는 단순한 경험을 멀리 초월하는 것으로 여겨지기도 하지만, 자연 법칙의 체계를 세우기 위해 필요한(즉 과학이론), 개념과 관념의 전개에서 중요한 역할을 한다는 사실을 강조하고 있다. 이 순수하게 경험적이지 않은 개념의 관점으로부터 우리도 인정하는 것이지만 의문이 생긴다. 즉 감각 지각과 개념에 다리를 놓아주는 것의 본성은 무엇인가? 모든 논리적 사유인들은 순수한 논리는 근본적으로 그러한 연결을 만들 수 없다는 결론에 도달하였다. 이 점에서 우리의 선택과 독립적이고 현상 세계와 구별되는 어떤 우주적 질서에 대한 가정을 도입하는 것은 대단히 만족스러운 것 같다. "관념 안으로 자연 사물을 관여함"을 말하든, "형이상학적인 것의 행동, 즉 그 자체로 실재하는 것"을 말하든, 감각 지각과 관념 사이의 관계는 지각하는 자의 영혼(soul)과 지각에 의해 인지되는 것 양자가 객관적이라고 생각되는 어떤 질서에 종속된다는 사실을 예기하는 것 등이 된다.

이 질서에 대한 모든 부분적 인지(認知)는 사실상 한편으로는 현상 세계에 관심을 갖고, 다른 한편으로는 '이상화된'(idealizingly) 일반적인 논리적 개념을 사용함으로써 그것을 초월한다는 진술의 정식화에 이르게 된다. 인간이 자연을 이해할 때 느끼는 행복뿐만이 아니라 자연을 이해하는 과정, 즉 새로운 지식을 의식적으로 실현하는 데서 느끼는 것은 그래서 어떤 상응(correspondence), 다시 말해 인간 영혼에 선재(先在)한 내적 이미지와 외부의 대상 및 그것들의 행동들과의 어떤 "짝이 되어 어울림"(matching)에 기반한 것처럼 보인다. 과학적 지식에 대한 이런 해석은 물론 플라톤(Platon)으로 거슬러 올라가고, 우리가 보겠지만 케플러(Kepler)에 의해 매우 명확하게 옹호된다. 그는 사실상 신의 마음에 선재하고 창조의 순간에 신의 이미지(image of God)로서 영혼에 심어졌던 관념을 말한다. 영혼이 내면의 '본능'(instinct)의 도움으로 지각할 수 있는 이 태초의 이미지를 요하네스 케플러는 원형적(archetypal, archetypalis)이라고 부른다. '원초적 이미지'(primordial image) 혹은 원형(archetype)과의 일치는 융(C. G. Jung)에 의해 현대 심리학에 도입되었고, '심상(心像)의 본능'(instincts of imagination)으로서의 그 기능은 매우 광범위하다. 현대 심리학의 모든 이해는 무의식의 내용이 합리적으로 정식화될 수 있기 훨씬 전에, 무의식에 있는 과정에 의해 시작되는 일종의 점진적인 과정임을 증거로 보여 줄 때, 그것은 다시 전(前)의식(preconscious) 즉 인지의 태곳적(archaic) 수준에 주의를 곧장 기울인다. 이 수준에서 명확한 개념의 장소는 생각해내는 것이 아니라 바라보게 되는, 말하자면 채색되는 동안 강한 정서적 내용을 가진 이미지에 의해서 점유된다. 이 이미지들이 "희미하게 짐작되지만 여전히 미지인 사태의 표현"인 한 그것들은 융이 제안한 상징의 정의에 따라 상징적(symbolical)이라고 부를 수도 있다. 이 상징적 이미지의 세계에서 질서를 부여하는 작용자와 이미지 형성자로서, 원형들은 감각 지각과 관념 사이에서 가교(架橋)를 추구하는 것으로써 기능하기 때문에 심지어 자연에 대한 과학적 이론을 전개하기 위해서도 필요한 전제조건이다. 그러나 우리는 이 선험적 지식을 의식적 마음으로 전환하고 그것을 합리적 정식화가 가능한 한정된 관념에 관련시킬 때는 항시 조심스러워야 한다.

2

18세기 이래로 과학자들의 합리주의적 태도의 한 가지 결과로서, 자연과학의 발전과 병행한 배경적 과정은 비록 늘 현존하고 결정적인 효과가 있어도 대부분 고려되지 않은 채, 다시 말해 무의식에 제약된 채있게 되었다. 다른 한편, 근대가 시작된 중세 시대에 우리는 현재와 같은 의미의 자연과학은 없었고, 막 언급한 자연에 대한 마술적-상징적 (magical-symbolical) 묘사의 과학적 단계가 있었다. 물론 이것은 현재까지도 융에 의해 강렬한 탐구의 주제가 되고 있는 연금술에서도 발견된다. 그러므로 내 관심은 특별히 17세기로 향한다. 그 세기는 위대한 지적 노력의 결실로서, 그 당시는 매우 새로웠던 진정한 과학적 사유 방식이 자연에 대한 마술적-물활론적(物活論的, magical-animisic) 개념의 풍부한 토양에서 자라났던 때이다. 원형적 관념과 자연에 대한 과학적 이론 사이의 관계를 예시하기 위한 목적으로 케플러는 내게 특별히 적합하게 생각된다. 왜냐하면 그의 관념은 자연에 대한 전근대의 마술적-상징적 묘사와 근대의 양적-수학적 기술(記述) 사이에 주목할 만한 중간적 단계를 나타내고 있기 때문이다.[1]

그 시대의 사물들, 이후에 결정적인 노력에 의해서 분리될 그 사물들은 여전히 밀접히 상호 관계되어 있었다. 즉 우주에 대한 관점은 아직은 종교적인 관점과 과학적인 관점으로 분열되지 않았다. 종교적 명상, 삼위일체(Trinity)에 대한 거의 수학적이라 말해도 좋을 상징, 근대적 광학 이론체계, 시각 이론에 있어서의 본질적인 발견, 눈의 생리학(망막은 눈의 감각기관이라는 증거 같은 것들) 등등은 모두 동일한 책인『비텔리오에 관한 보유(補遺), 그것에 의해서 천문학의 한 부분이 광학으로 이전됨』(Ad

---

1 케플러의 주요 저작을 소개하면 다음과 같은 것이 있다.『우주구조론의 신비』(Mysterium cosmographicum), 튀빙겐, 1판, 1596; 2판, 1621.『비텔리오에 관한 보유(補遺), 그것에 의해서 천문학의 한 부분이 광학으로 이전됨』(Ad Vitellionem paralipomena, quibus astronomiae pars optica traditur), 마인의 프랑크푸르트, 1604.『신성론(新星論)』(De stella nova in pede serpentarli), 프라하, 1606.『화성의 운동에 대하여』(De motibus stellae Martis), 프라하, 1609.『제3의 중재』(Tertius interveniens), 프랑크푸르트, 1610.『굴절광학』(Dioptrice), 아우스부르크, 1611.『세계의 조화』(Harmonices Mundi), 5권, 아우스부르크, 1619.『코페르니쿠스 천문학 대강』(Epitome astronomiae Copernicanae), 린츠; 프랑크푸르트, 1618~1621. 뉴턴의 주요 저작인『자연과학의 수학적 원리』(Philosophiae naturalis Principia Mathematica)도 밝혀야 하겠다.

*Vitellionem paralipomena, quibus astronomiae pars optica traditur)*에서 발견된다. 케플러는 코페르니쿠스의 천동설(heliocentric system)에 대한 열정적인 지지자의 한 사람이었는데, 그에 대한 첫 번째의 정합적인 저서인『코페르니쿠스 천문학 대강』(*Epitome astronomiae Copernicanae*)을 저술했다. 그의 천동설이라는 신조 — 나는 종교적 신조에 대한 의도적인 암시 속에서 이렇게 부르고 싶다 — 와 일반적으로 프로테스탄트라는 종교의 특별한 형식, 그리고 특별히 그의 원형적 관념 및 상징 등은 아래에서 상세히 살피겠다.

천동설(天動說)적 개념의 기초 위에서 케플러는 그의 유명한 세 가지 항성 운동의 법칙을 발견했다: ① 타원 회전, 태양은 초점의 하나에 위치한다(『화성의 운동에 대하여』).[2] ② 각 행성의 반경 벡터는 동일한 시간에 동일한 면적을 덮는다(『화성의 운동에 대하여』).[3] ③ 회전 시간 τ는 $a^{2/3}$에 비례하는데, a는 주축의 반이다(『세계의 조화』).[4] 그 발견 이후 얼마되지 않아서 오늘날 모든 문헌에서 빼놓을 수 없는 자리를 차지하고 있는 이 법칙들은 뉴턴이 자신의 중력 법칙(두 질량 사이의 거리의 제곱에 반비례해서 중력이 감소하는 법칙)의 기초를 되는 지주 가운데 하나가 되었다.[5]

그러나 케플러가 발견한 이 법칙들(세 번째 법칙은 몇 년간의 노력 뒤에 발견되었

---

2 타원 궤도의 법칙: 각 행성의 궤도는 태양을 하나의 초점으로 하는 타원 궤도이다. 스키너 & 포터(Brian J. Skinner & Stephen C. Porter), 소칠섭 외 옮김,『지구과학 환경개론』(*The Blue Planet: An Introduction to Earth System Science*), 시그마프레스, 1997, 22~27쪽.-역자

3 면적 동일의 법칙: 태양과 행성을 연결하는 선이 같은 시간 동안 스치고 지나가는 면적은 항상 같다. 소칠섭 외 옮김,『지구과학 환경개론』, 22~27쪽을 참고.-역자

4 궤도 조화의 법칙: 행성의 회전 주기의 제곱은 태양으로부터의 평균 거리의 3제곱에 비례한다. 소칠섭 외 옮김,『지구과학 환경개론』, 22~27쪽 참고.-역자

5 『자연과학의 수학적 원리』. 만유인력의 법칙에 따르면, 우주의 모든 물체는 다른 물체를 두 물체의 질량의 곱에 비례하고 그들 사이의 거리의 제곱에 반비례하는 힘으로 끌어당긴다.-역주

다)은 그가 원래 추구하던 것이 아니었다. 그는 과거의 피타고라스식의 천체의 음악에 대한 관념에 매혹되어서(그런데 흔히 그러한 관념은 동시대의 연금술에서는 조금이라도 어떤 역할이 없었다), 항성의 운동에서 음조(音調)의 조화로운 소리와 정다면체(regular polyhedra)에서 나타나는 동일한 비율을 찾으려고 하였다. 피타고라스주의자들의 진정한 정신적 후계자인 그에게 모든 아름다움(美)은 올바른 비율에 있다. 왜냐하면 "기하학은 세계의 미(美)의 원형이기 때문이다"(Geometrica est archetypus pulcheudinis mundi). 그의 이런 공리는 동시에 그의 힘이고 한계이다. 즉 정다면체와 조화로운 비율에 대한 그의 관념은 결국 행성 체계에서 작용되지 못하고, 자유 낙하체의 등가 속도에 관심을 쏟은 그와 동시대 사람인 갈릴레오(Galileo Galilei, 1564~1642)의 연구 경향은 케플러의 태도와는 별로 상관이 없었다. 왜냐하면 그런 경향에서 물리 세계의 물활론적(物活論的) 파악의 제거(de-animation)는 오직 뉴턴의 『자연과학의 수학적 원리』에서나 완전히 수행되었지만, 아직까지는 충분히 진전되지 못하고 있었다. 케플러의 관점에서 행성들은 여전히 개개의 영혼을 부여받은 살아 있는 실체였다. 지구는 행성들 사이에서 그 유일무이한 지위를 상실했기 때문에 행성들도 어떤 아니마 테라에(anima terrae, 대지영혼)를 가정해야 했다. 우리는 천체의 영혼들이 점성술에 대한 케플러의 특별한 관점에서 본질적인 역할을 하는지 살펴볼 것이다. 그러나 물리 세계의 물활론적 파악의 제거는 이미 케플러의 사상에서 작동을 시작했었다. 그는 확실히 종종 물질 안에서 잠자고 있는 연금술적(alchemical) 아니마 문디(anima mundi, 세계영혼)를 언급하는데, 그 세계영혼은 새로운 별의 기원에 책임을 가지고 있으며, 태양 안에 그것의 자리 곧 특별한 중심을 가지고 있다고 알려진다. 그러나 세계영혼은 케플러의 마음에서는 단지 유물(遺物)의 일종이고, 다양한 천체의 개별적 영혼들과 비교해서 종속적인 역할을 맡고 있다. 비록 케플러의 관념은 파라켈수스(Paracelsus)와 그의 문인들의 영향을 틀림없이 드러내고 있지만, 그의 과학적 연구 방법과 연금술의 마술적-상징적 태도 사이의 대조는 그럼에도 불구하고 너무 강해서 케플러의 시대에 매우 유명한 연금술사이자 장미십자회원(Rosicrucian)[6]인 플러드(Fludd)는 케플러의 주요 저작인 『세계의 조화』에 대해 격렬한 반박 논문을 썼다. 6단원에서 우리는 이 논객에 주의를 기울여 보자. 거기서 두 반대되는 지적 세계가 충돌한다.

나는 케플러의 관념을 자세하게 다루기 이전에 그의 삶의 역사적인 배경을 예시하기 위하여 몇 가지의 짧은 전기적 자료를 갖출 것이다. 케플러는 1571년 뷔르템베르크(Württemberg)의 바일 시(Weil)에서 태어났다. 그는 프로테스탄트 신앙 속에서 자랐다. 원래 그의 부모는 케플러가 목사가 되기를 바랐다. 그러나 이른 나이부터 코페르니쿠스의 학설을 배우고자 하는 그의 선언 때문에 뷔르템베르크에 만연하고 있었던 복음주의(evangelism)적 신학과 충돌하게 되었다. 그의 수학과 천문학 선생님인 매스틀린(Mästlin)은 그에게 그라츠(Graz)에 교사 자리를 얻어 주었다. 케플러가 매스틀린에게 그의 처녀작인 『우주구조론의 신비』(*Mysterium cosmographicum*)을 보내 튀빙겐(Tübingen)에서 그것이 출판되었

---

6 장미십자회(Rosicrucian)의 명칭은 이 단체의 상징인 장미(Rosi)와 십자가(crucian)가 결합되어 있는 문양에서 나왔다. 그러나 그 기원이 불분명한 신비주의 요소들을 결합한 성격을 가지고 있었다. 이 단체 혹은 일원들은 고대로부터 비밀리에 전해 내려오는 비밀스런 지식을 가지고 있다고 주장한다. 이 회의 창시자로 지목되는 자는 크리스천 로젠크로이츠인데, 이 인물의 여행 행적을 담은 『형제애에 대하여』(*Fama Fraternitatis*)가 이 회에 관해 언급하는 현존하는 最古의 문헌이다. 혹자는 파라켈수스가 이 회의 실제 창시자라고 하고, 어떤 사람들은 고대 이집트에서 번성한 장미십자회의 부활에 지나지 않으며 플라톤, 예수, 알렉산드리아의 필로, 플로티누스 같은 사람들이 그 교리를 신봉했다고 한다. 그러나 이 회의 역사를 17세기 이전으로 여길 만한 증거가 딱히 없는 형편이다. 『브리태니커』관련 항목 참고.—역자

을 때, 그의 선생님은 어려움에 봉착하였다. 곧 의회는 그 저작이 토대를 두고 있는 지구의 운동에 관한 학설이 아마도 성경(Holy Writ)의 권위를 손상할 것이라는 이유로 반대하였다. 그러나 그 반대는 마침내 극복되고 저서가 간행되었다. 하지만 후일 케플러는 새로운 어려움을 맞게 된다. 스티리아(Styria)의 통치자인 페르디낭드(Ferdinand) 대공(大公)은 그의 나라에서 반종교개혁(Counter Reformation)[7]을 엄중하게 실시했다. 프로테스탄트인 케플러는 위반하면 사형이라는 조건으로 국외로 추방되었다. 다행히 이 일로 인해 티코 브라헤(Tycho Brahe)[8]를 만나게 되었다. 1599년 티코 브라헤는 그의 후견인이었던 덴마크의 프레데릭 2세(Frederick II)가 죽은 지 몇 년 뒤에 황제 루돌프 2세(Rudolf II)의 초빙을 수락하고 프라하로 가면서, 흐윈(Hven) 섬에 있는 그의 유명한 천문대 스트자르네보르크(Stjarneborg)를 남기고 갔다. 같은 해 케플러가 그라츠에서 프라하로부터 석방되자 브라헤의 초빙이 있었다. 두 명의 천문학자의 공동 연구는 매우 결실이 많았다. 티코 브라헤는 2년 뒤에 죽었지만, 케플러는 티코 브라헤의 확실한 관측으로부터 최초의 두 법칙을 끌어낼 수 있었다. 원들이 타원들로 대체되었다(1609). 천문학의 위대한 혁명이여!

루돌프 2세가 죽은 뒤에 케플러는 린츠로 갔다. 그는 그의 어머니의

---

7 반종교개혁(Counter Reformation)은 16~17세기 초반 프로테스탄트 종교개혁(신교)에 대응해 로마 카톨릭 교회(구교)의 개혁 운동으로서 프로테스탄트라는 개혁적 세력에 대한 보수적 반동의 성격을 가지고 있다. 그러나 이즈음 성직자 자신들의 정화(淨化)를 위한 자각으로 금욕적 수도회가 창설되기도 했다. 『브리태니커』 관련 항목 참고.-역자

8 티코 브라헤(Tycho Brahe, 1546~1601)는 덴마크의 천문학자로 망원경이 발명되기 전까지 가장 정밀한 관측을 남겼다. 천문학사의 위대한 발견을 했던 케플러에게 자신의 정밀한 관측을 넘겨준 것은 너무나 유명한 역사적 사실이다. 어려서 개기일식에 대한 남모를 호기심과 당시의 천체 현상에 대한 오차를 잡고자 일생을 천문학에 투신했고, 천문학을 관장하는 뮤즈 여신인 우라니아의 이름을 따서 우라니보르그(Uraniborg) 혹은 하늘의 성(Stjarneborg)이라 불리는 천문대를 짓고 관측한 결과를 가지고 행성들이 태양의 주위를 돌고 태양은 정지한 지구를 돈다는 개량된 코페르니쿠스 모형을 제시하기도 했다. 소칠섭 외 옮김, 『지구과학 환경개론』, 25~26쪽 참고.-역자

옹호에 온힘을 쏟지 않으면 안 되었다. 그의 어머니는 이웃집의 여자가 아파서 쓰러지자 그 여자에게 주문을 걸어야 한다고 주장했다가 마녀로 몰려 법정에 세워졌다. 케플러는 결국 그의 어머니를 횃불과 장작더미에서 구해내는 데 성공했다. 1619년은 케플러가 그의 주저인 『세계의 조화』를 출판한 해이자 페르디난트 2세(前 대공)가 황제로 등극한 해였다. 프로테스탄트들의 박해가 더해가자, 1626년 케플러는 린츠에 있는 그의 자리를 포기했다. 그가 발렌슈타인(Wallenstein)과 맺은 협상이 발렌슈타인의 몰락에 의해 결렬된 뒤에 케플러는 1630년 황실(Imperial Diet)에 그의 재정적 지원을 요청하기 위해 레겐스부르크(Regenburg)로 여행을 떠났다. 그는 이미 쇠약해져서 레겐스부르크에 도착하자마자 재판과 여행의 흥분으로 쓰러졌다. 그는 그 시의 문밖에 묻혔다. 30년 전쟁(Thirty Years War)[9]이 머지않아 발발했고, 그 뒤에는 그의 묘비의 흔적도 모두 사라져 없어졌다.

3

하지만 우리에게 더없이 중요한 것은 케플러의 묘비가 아닌 그의 관념이다. 그 관념은 그의 잘 간직된 저서에 명확히 표현되었다. 우리는 이제 그것을 모든 정치적이고 종교적인 혼동에도 불구하고 과학적 개

---

9 30년 전쟁(Thirty Years' War). 유럽의 여러 나라들이 종교와 왕조, 영토 및 통상에서의 적대 관계 등 다양한 이유로 벌인 전쟁(1618~1648)이다. 1618년 장차의 신성로마 황제 페르디난트 2세가 보헤미아 왕의 자격으로 자신의 영토 내에서 가톨릭 절대 신앙을 강요하려고 하자, 보헤미아와 오스트리아의 프로테스탄트 귀족들이 반란을 일으켰다. 페르디난트는 5년에 걸친 전투 끝에 승리했다. 이후 파괴적인 전쟁이 유럽 대륙의 거의 모든 지역에서 발발했으며, 1648년 베스트팔렌 조약으로 전쟁이 끝났을 때 유럽의 지도가 변모되었다. 『브리태니커』 관련 항목 참고.-역자

화의 시기인 한 시대의 기록으로서 더욱 면밀하게 검토할 것이다.

케플러의 원형적 개념은 시각화될 수 없는 삼위일체적 기독교의 하느님(Godhead)이 가장 높은 위치를 차지하고, 각 단계는 그것 보다 위에 있는 신격의 한 이미지인 방식으로 위계질서에 따라 배열된다. 여기에 관해서 케플러는 시그나투라 레룸(signatura rerum, 사물의 기호)이라는 교설의 권위를 가져온다. 그 교설은 네테스하임의 아그리파(Agrippa of Nettesheim)와 파라켈수스의 문인들이 채용하고 발전시킨 것이다. 이 이론은 중세에 기원을 둔 것으로, 소우주와 대우주의 상응이라는 오랜 관념과 밀접히 연결되었다. 이에 따르면 사물은 외부적 형상으로 표현되는 어떤 감춰진 의미가 있다. 이 형상은 실재에 대해 직접적으로 가시적인 수준이 아닌 또 다른 의미를 가리키기 때문이다.

지금 케플러에게 가장 아름다운 이미지는 신의 존재 형상을 표상하는 것으로, 그 이미지는 삼차원의 구(球)이다. 그는 이미 그의 초기 저작인 『우주구조론의 신비』에서 말했다: "삼위일체(triune)의 이미지는 구(球)의 표면에 있다. 다시 말해 성부(Father)는 중앙에 있고, 성자(Son)는 외부 표면에 있으며, 성령(Holy Ghost)은 원점과 원주 사이의 관계와 동등하게 있다."[10] 중앙으로부터 외부의 표면까지 통과하는 움직임 혹은 방출(emanation)이 그에게는 창조의 상징이다. 반면에 곡선을 그리는 외부의 표면 그 자체는 신의 영원한 존재를 표상한다고 가정된다. 태초에 창조주에 의해 전개된 대소를 가진 것(quanta or quantitates, magnitudes)들 가운데 곡선은 지적이거나 정신적인 것의 상징이기 때문에, 피조물의 시물라크룸(simulacrum, 像)으로서 물리적 세계를 표상하는 직선 보다 더욱 완벽

---

10 『요하네스 케플러 천문학 전집』(*Joannis Kepleri Astronomi Opera omnia*), Vol. I, 122쪽(Ch. Frisch, 8. vol., 프랑크푸르트; Erlangen, 1858).

하다. 이것을 아래의 인용에서 배울 수 있는데, 이 인용은 또한 케플러의 위계질서적 배열에서 어떻게 원이 사각(四角, sqare)에 대해 그렇듯이, 인간의 마음이 완전한 것 곧 신성한 마음(Divine Mind)에 대해 동일한 관계를 가질 수 있는가를 보여 준다.

… 그래서 (구의) 중앙에 위치한 한 지점의 움직임에 의해서 표면의 단일한 점까지 가장 완전한 평등의 규칙 아래에서, 중앙은 무한히 많은 선들에 의해서 형성되고 묘사되는 전체 표면의 무한히 많은 점을 향해 방출되면서, 창조의 처음 시작을 표상하는 직선이 된다. 그리고 이 직선은 말할 필요도 없이 물질적인(corporeal) 형태의 요소이다. 직선이 확장될 때 그것은 등급을 만들어내면서 이미 물질적인 형태 그 자체의 윤곽을 드러낸다. 그러나 한 등급에 의해 교차될 때, 구는 이 부분에서 통치를 명령받은 육체를 지배하는 자리에 놓인 창조된 마음의 진정한 이미지인 원을 나타낸다. 그리고 이 원은 인간의 마음이 신성한 마음(Mind Divine)에 관계하듯이, 다시 말해 선이 표면에 관계하듯이 구에 관계한다. 그러나 양자는 확실히 원형이다. 곡선이 직선에 관계하듯(이 둘은 상호 양립할 수 없고 통약 불가능하다), 원은 원이 포함되는 등급에 관계된다. 그리고 원은 양자의 호혜적인 일치로서 교차된 구에 들어맞을 뿐만 아니라, (원으로 둘러싼 한계의) 교차하는 등급에 아름답게 들어맞는다. 이것은 마음이 육체를 채우고 물질적인 형태와 관계되어 육체 속에서 고유하며, 말하자면 신성한 호의로부터(이곳에서 마음은 자신의 가장 고귀한 본성을 얻는다) 육체 안으로 넘쳐흐르는 빛의 조사(照射)인 신에 의해 지속되는 것처럼 그러하다. 이 상황이 조화로운 비율의 토대가 되는 원리와 결정물들의 원천인 원을 확립함에 따라서 그것은 추상화의 최고도로 가능한

정도를 요구하게 된다. 왜냐하면 신의 마음(Mind)의 이미지는 어떤 주어진 크기의 원에도, 물질적이거나 지각할 수 있는 원과 같은 어떤 불완전한 것에도 거주하지 않기 때문이다. 그리고 중요한 것은 원은 마음의 상징인 곡선의 정식들이 육체의 상(像)인 직선에서 추상되고 분리되는 것처럼, 일체의 물질적이고 지각할 수 있는 것들로부터 자유롭게 있어야 하기 때문이다. 그러므로 우리는 마음에만 종속되는 조화로운 비율의 결정물들을 추상적 양으로부터 끌어내야 하는 임무를 충분히 준비하고 있다.[11]

인간의 마음과 신성한 마음 사이의 관계에 대한 위의 묘사는 이미 간략히 언급한, 선재(先在)하는 내적 이미지와 외부의 인상들의 어떤 "짝이 되어 어울림"(matching)으로서 지식을 해석하는 것과 매우 잘 들어맞는다. 케플러는 그가 가장 선호하는 저자인 프로클루스(Proclus)[12]의 관점을 지지하며, 이 관념을 매우 명확하게 공식화했다.

아는 것은 내부의 관념을 가지고 외부적으로 지각되는 것과 비교하는 것이고 그 관념들과 일치하는 것을 판단하는 것이기 때문에, 프로클루스가 마치 잠에서 '깨어남'(awakening)이란 단어로 매우 아름답게 표현한 하나의 과정이다. 외부 세계에 나타나는 지각할 수 있는 사물들이 우리가 전에 알고 있었던 것을 회상할 수 있도록 하면서, 감각적 경험은 의식적으로 깨닫게 되었을 때 이미 마음속에서 현존하고 있었던 지적 관

---

11 『세계의 조화』, V권(프리쉬, V권, 223쪽)
12 프로클루스 리카이오스(Proclus Lycaeus, 412~485)는 고전철학의 마지막 시기에 활동한 희랍의 신플라톤주의자이며, 이슬람 사상과 서구 중세철학에 큰 영향을 미쳤다.—역자

념을 불러낸다. 그래서 잠재태(potentiality)의 베일에 가려진 것으로서 이전에 영혼 속에 감춰져 있던 것이 그 속에서 현실태(actuality)가 되어 밝게 드러나게 된다. 그러면 어떻게 그것들(지적 관념들)은 들어가는 입구를 발견하는가? 나는 대답한다: 모든 관념들 혹은 조화의 형식적 개념들은 내가 막 그것들을 논의한 것처럼, 합리적 인지의 능력을 소유하고 있는 그런 존재들에 있다. 그리고 그것들은 논증적인 추론에 의해서는 전혀 안으로 받아들여지지 않는다. 오히려 그것들은 어떤 자연적 본능에서 나왔으며, 마치 꽃 한 송이의 꽃잎의 수(어떤 지적인 것)나 과일 속에 있는 씨방의 수가 식물의 형상에 있어서 타고난 것처럼 그런 존재들에 선천적인 것이다.[13]

우리는 식물의 형태학에 대한 케플러의 특별한 관점으로 되돌아갈 것이다. 여기에서 생겨난 본능(instinctus)이라는 개념을 그는 항상 어떤 지각의 능력이라는 의미로 사용하고 있는데, 그것으로서 그는 양적으로 한정된 기하학적 형상을 생각하고 있다. 그에게 기하학은 사실상 가장 높은 지위를 가진 가치이다. "기하학의 흔적들은 세계 안에서 표현되므로 기하학은 다시 말해 일종의 세계의 원형이다."[14] "기하학적 양적-도형들(quantitative-figures)은 다시 말해 합리적인 실체들이다. 이성은 영원하다. 그러므로 기하학적 도형들은 영원하다. 그리고 그것은 신의 마음속에서 영원으로부터 진실하게 되어 왔다. 예를 들어 정사각형의 변의 제곱은 대각선의 제곱의 반과 같다. 그러므로 양(量)들은 세계

---

13 『세계의 조화』, IV권(프리쉬, V권, 224쪽).

14 『신성론』(*De stella nova*) Ch. IX(프리쉬, II, 642쪽). "… geometriae vestigia in mundo expressa, sic ut geometria sit quidam quasi mundi archetypus."

의 원형이다."[15] "… 신의 마음 그것의 모사는 (지구상의) 여기 인류의 바로 그 시작부터 기하학적 자료의 각인을 보유한, 그 원형으로부터 나온 인간의 마음이다."[16]

나는 이제 이미 인용했던 『세계의 조화』의 IV권에서 다음의 두 절을 인용한다.

기독교인은 물질적 세계가 창조됨에 따라 수학적 원리는 신과 더불어 영원할 것이라는 것을 안다. 즉 세계의 가장 숭고하게 진실한 의미에서 신은 영혼이고 마음이라는 것, 본질에서도 그분과 합치한 채로 인간의 영혼은 창조주 신의 이미지라는 것.[17]

수학적 추론은 "인간의 영혼에 선천적이다"(eius inerant animae).

당신은 물을지도 모른다: 만약 외부의 사물에 대한 감각 지각을 박탈 당한다면, 어떻게 거기에 마음이 배운 적도 여태까지 배울 수도 없었던 사물에 대한 선천적 지식이 있을 수 있는가? 프로클루스는 이 문제를 그의 철학에서 지속적으로 사용해 왔던 언어로 답했다. 현재 우리는 만일 내가 오류를 범하지 않았다면, '본능'이라는 단어를 매우 적절하게

---

15 헤굴론티우스에게 보내는 케플러의 편지(프리쉬, I, 372쪽). "Nobis constat, creatum mundum et quantum factum; geometricae figuae (h. e. quantitativae) sunt entia rationis. Ratio aeterna. Ergo gigurae geometricae sunt aeternae, nempe ab aeterno verum erat in mente Dei, lateris tetragonici quadratum, e. gr., esse dimidium de quadrato diametri. Ergo quanta sunt mundi archetypus."

16 『플러드를 반박하는 답변』(*Apologia contra Fludd*)(프리쉬, V, 429쪽). "… in mente divina, cujus exemplar hic est humana, characterem rerum geometricarum inde ab ortu hominis ex archetypo suo retinens."

17 IV권, 1, 프로클루스에 대한 논평(commenting on Proclus)(프리쉬, 219쪽)

사용한다. 양(量)은 비록 이 목적을 위해 모든 의미를 결여하고 있더라도, 본능적으로 인간의 마음 그리고 다른 영혼에도 알려졌기 때문이다. 마음은 저절로 직선을 인지하고, 어떤 한 점으로부터 동일한 간격을 인지함으로써 원을 상상할 수 있다. 만약 마음이 그 일을 할 수 있다면, 마음이 그 속에서(즉 본능 안에서) 증거를 발견하고 (필요하다면) 어떤 그림을 보면서 눈의 기능을 수행할 수 있다. 사실상 마음 그 자체가 눈을 일찍이 소유한 적이 없었다면 사물을 이해하기 위해 그 자체 외의 어떤 눈을 요청했을 것이고, 그 자체로부터 그것을 형성하는 법칙을 손에 넣어서 정했을 것이다. … 마음에 본유적인 양에 대한 바로 그 인지는 눈이 무엇과 같아야 하는 것을 가리키며, 그러므로 마음이 지금 있는 그것이기 때문에 눈이 지금의 그것으로 되었다. 하지만 그 반대는 마찬가지가 아니다. 그러나 왜 많은 단어들을 만들었는가? 기하학은 사물이 창조되기 이전의 신의 마음과 더불어 영원하다. 즉 그것은 신 자신(신 자신이 아닌 신에 있다는 것은 무엇인가?)이고, 신에게 세계 창조의 모형을 공급한다. 신의 이미지를 가지고 기하학은 인간이 되었으며, 확실히 눈을 통해 내부에 받아드려지지 않았다.[18]

그러나 케플러가 예컨대 정사각형의 변의 제곱은 대각선의 제곱의 반과 같다는 것이 신의 마음속에서 영원히 진실이라고 말할 때, 우리는 확실히 양적이고 수학적으로 공식화된 자연 법칙에 대한 첫 번째의 유쾌한 발견자들 가운데 한 사람인 그의 의기양양함을 기꺼이 받아들인다. 그러나 우리는 현대인으로서 비판적으로 논평해야 한다. 곧 유클

---

18 「조화형태론」(De configurationibus harmonis), 222쪽.

리드 기하학의 공리들만이 유일하게 가능한 기하학의 공리는 아니다.[19] 나는 합리적 공식화에 의해 결정된 것들이 인간 추론의 유일하게 가능한 전제들이라고 선언되어서는 안 된다는 경고를 담은 간판을 이미 내걸었었다. 그 점에 대해서 나는 특별히 내게는 그릇된 것이라 생각이 드는 칸트 철학의 어떤 공식화를 염두에 두고 있다.[20] 그러므로 나는 본능으로 인도하는 관념에 대한 형이상학적 예비 단계의, 기하학에 관한 것일지라도, 선험에서 떠날 것을 제안한다(이것이 내가 케플러의 본능[instinctus]이라는 단어를 '순수직관'[reine Anschauung]에 의해 해석했던 학자를 따를 수 없는 이유이다). 한편 나는 인간은 유클리드 기하학의 용어로 감각 지각을 해석하려는,

---

19 非유클리드 기하학을 말한다. 유클리드의 평행성 공리의 확실성이 공리의 자명성이기보다 경험에 의해 공리가 설정된다는 생각은 18세기 수학자들에게 나타났다. 가우스(Gauss)는 그의 비유클리드 기하학을 발전시켰고, 보다 유명한 명예를 얻은 사람은 로바체프스키(Nikolai Ivanovich Lobatchevsky, 1793~1856)와 보요이(Johann Bolyai, 1802~1860)였으며, 그들을 비유클리드 기하학의 창시자로 부른다. 후일 가우스의 제자였던 리만(Georg Bernhard Riemann, 1826~1866)은 물리적 공간의 기하학이 비유클리드 기하학이 될 수 있음을 증명하였다. 이로서 2000여년간 지속되었으며 고전 물리학이 채택한 유클리드 기하학의 절대성은 무너지고, '선택 가능한'기하학이 있을 수 있다는 단순한 사실이 확인되었으며, 과거를 받쳐 주던 진리에 대한 믿음도 사라지게 되었다. 이 기하학이 상대성 이론의 수립에 결정적인 영향을 주었던 것은 주지의 사실이다. 모리스 클라인(Morris Kline), 박세희 옮김,『수학의 확실성』(*Mathematics: The loss of certainty*), 민음사, 1988, 85~120쪽 참고.-역주

20 "기하학은 공간의 성질들을 종합적이고 선천적으로 규정하는 학문이다. 공간에 대한 그러한 인식이 가능하기 위해서는 어떠한 것이 공간의 표상이어야 하는가? 공간은 본래 직관(Anschauung)이어야 한다. 왜냐하면 단순한 개념에서는 개념을 초월한 어떠한 명제도 이끌어 낼 수 없지만, 기하학에서는 가능한 일이기 때문이다. 그러나 이 직관은 선천적으로, 즉 대상의 모든 지각 이전에 우리 자신에게서 발견되며, 따라서 경험적 직관이 아니라 순수한 직관이다. 왜냐하면 기하학적 명제는 모두 필연적이며 자신의 필연성의 의식과 결합되어 있기 때문이다." 칸트(I. Kant), 이상백 옮김, 「공간 개념의 선험적 해명」, 『순수이성비판』, 56~57쪽. 여기서 말하는 기하학은 칸트의 생각으로는 오직 하나의 기하학, 즉 유클리드 기하학이다. 이 유클리드 기하학(수학적 명제와 함께)의 필연성, 보편성을 확보하기 위하여, 공간과 더불어 시간을 오성(悟性, Verstand) 단계 이전의 감성(感性, Sinnlichkeit)의 선험적 순수형식으로 만들고, 시간을 내감(內感)의 형식이라 하고 공간을 외감(外感)의 형식이라 하였다. 시간과 공간이 선험적 감성 형식이므로, 여기에 의존하고 있는 기하학적 명제는 공간에서 구성되고 수학적 명제는 시간과 공간에서 구성된다고 했다. 그래서 칸트 철학을 고전 물리학의 정당화라고 부르는 까닭이 여기에 있다. 양자론의 기초자인 파울리가 이것을 받아들이지 않는 것은 당연한 일일 것이다. 「해제」참고.-역주

단순히 외부적 경험에 근원을 두지 않는 어떤 본능적인 경향을 가지고 있다는 의견을 전적으로 공유한다. 유클리드 기하학의 가정들이 유일하게 가능한 기하학의 가정들은 아니라는 사실을 인정하는 것은 어떤 특별한 지적 노력을 요한다. 아마 근대의 사색가조차도 케플러의 다음과 같은 일반적 공식화를 인정할 수 있을 것이다: "지각 가능한 조화들은 항목들과 항목들의 비교가 필요한 원형적 조화들처럼 영혼 그 자체의 현실태(energeia)을 가지고 있다. 즉 그 비교에 양자의 본질이 있다."[21]

4

우리는 지금 케플러가 생각한 우주의 위계적 질서에서, 즉 하느님의 마음속에 있는 관념으로부터 물질적 세계를 통해 한 걸음 더 아래로 그를 따르고 있다. 여기서 시그나투라 레룸(signatura rerum, 사물의 기호)의 의미에서 중심점으로서의 태양을 가진 천체들은 그에게 삼위일체보다는 덜 완벽하지만 그에 대한 구형의 이미지를 가진, 하나의 이상적인 것의 실현이다. 중심에 있는 태양은 빛과 따뜻함의 원천, 그렇기 때문에 생명의 원천으로서 그에게는 특별히 성부(God the Father)를 표상하는 데 적합한 것으로 보인다. 나는 이 점에 관해 광학에 대한 그의 책으로부터 매우 전형적인 구절을 인용한다.

무엇보다도 만물의 본성은 그것이 그 존재의 조건 안에서 표상할 수

---

21 『세계의 조화』, IV권(프리쉬, V권, 223쪽). "Commune enim habent harmoniae sensiles cum archetypalibus, quod terminos requirant eorumque comparationem, ipsius animae energiam; in hac comparatione utrarumque essentia consistit."

있는 한 신을 만물의 창조자로 표상하게 되어 있다. 전방위적인 창조자가 만물을 가능한 한 선하고 아름답고 탁월하게 만들려고 했을 때, 그는 그 자신보다 더 선하거나 더 아름답고 더 탁월한 어떤 것도 찾지 못하기 때문이다. 그러므로 그가 그의 마음에서 물질적인 세계를 생각할 때 그는 그것을 위해 가능한 한 그 자신만큼 유사한 하나의 형식을 선택한다. 그래서 양(量)들의 전체적인 범주가 기원하고, 그 안에서 곡선과 직선의 차이, 모든 것들 가운데 가장 탁월한 구(球)의 표면이 기원한다. 이것을 형성할 때 가장 현명한 창조자는 그의 숭고한 삼위일체의 이미지를 유쾌하게 창조했기 때문이다. 그러므로 중심점은 말하자면 구체(球體)의 기원이다. 즉 바깥 표면은 가장 깊은 점의 이미지이다. 거기에 도달하는 길일 뿐만 아니라, 바깥 표면은 연장(延長)의 모든 개별적 행위들의 어떤 동등함에 다다를 때까지, 그 자체를 초월하는 점의 어떤 무한한 연장에 의해 발생하는 것으로서 이해될 수 있다. 그 점은 이 연장을 넘어 스스로를 펼쳐, 밀도와 연장의 비율이 역전되는 사실만 제외하고는 점과 표면은 동등하게 된다. 그래서 점과 표면 사이의 모든 곳에 가장 절대적인 동등함, 가장 밀접한 통일, 가장 아름다운 조화(함께 호흡함[conspiratio]), 연관, 관계, 비율, 기준성 등이 존재하게 된다. 그리고 비록 중앙, 표면, 거리가 명백히 셋이더라도, 아직 그것들은 하나이다. 그래서 그것들 중 어느 것도 전체를 파괴할지언정 부재함은 상상조차 할 수 없다.

이것은 물질적 세계에 대한 참되고 가장 적합한 이미지이다. 가장 최상의 완벽을 열망하는 물리적 생물들 가운데 모든 존재는 절대적으로든지 어떤 면에서든지 그것을(즉 구의 형태) 가정한다. 그러기 때문에 그 나름대로 그들의 표면의 한계에 의해 제약되고, 그래서 구의 형태로 확장할 수 없는 입체들 그 자체는 입체 안에 깃들어 있는 어떤 물질적 질료도 소유하지 않고 기하학적 차원을 가정한 그들만의 어떤 특별한 물질로 구성된, 입체들 그 자체보다 다소 더 자유로운 다양한 힘이 부여된다. 그리고 힘들은 그것들로부터 유출되고 원형을 열망한다. 특별히 자석에서, 그러나 그 밖의 많은 사물에서도 명확히 볼 수 있듯이. 신성한 모세(Moses)가 심지어 창조의 첫째날조차, (말하자면) 모든 생명에게 가시적인 형태와 생명을 주었던 날조차, 창조자의 도구로서 드물게 창조된 물질에 도입한 세계의 모든 아름다움(美)의 원리[22]라면, 그것이 어떤 이상한 일인가? 나는 말한다. 모든 동물적 능력들의 모체(母體, matrix)인 전체 물질적인 세계에서 이 제일원리와 이 가장 아름다운 존재, 그리고 세계가 그것에 의해 형성되는 바로 그런 법칙에 종속된, 물리적 세계와 지적 세계 사이의 유대라면, 그것이 어떤 이상한 일인가?[23]

나는 무엇보다도 우선 여기서 케플러가 오늘날 우리가 말하는 것처럼 조도의 강도(intensity of illumination)는 하나의 점으로 생각되는 빛의 원천으로부터 거리의 제곱에 반비례로 감소한다는 것에 따라, 이 책에서 그가 설명한 하나의 광도 법칙(photometric law)을 암시하고 있음을 지적하고 싶다. '연장(延長)'(extension)으로 번역된 암플리투도(amplitudo)는[24] 분명히 여기서 구의 표면적은 물론 반지름의 길이의 제곱에 비례함을 의미

---

22 태양.

23 『비텔리오에 관한 보유(補遺)』(*Ad Vitellionem paralipomena*), 6~7쪽.

24 연장(延長)은 방향과 거리를 갖는 실재하는 물질의 동시적 연속을 말한다. 모든 물체는 공간 속에 놓여 있으며, 공간의 일부를 점유하고 있다. 물체의 이러한 존재 형식을 연장 혹은 확장이라고 말한다. '암플리투도'라고 했을 때는 연장보다는 확장이 더 맞는 말이지만, 관습적인 철학 용어의 사용은 확장보다는 연장이라는 말을 쓰고 있으므로 그 사정을 반영했다.-역자

한다. 이 케플러의 광도 법칙은 매우 중요하고 그에게 중력의 법칙(law of gravitation) 발견에 매우 근접한 것을 가져다주었다. 여기서부터 케플러에게 상징적인 그림은 자연법칙에 대한 의식적인 정식화에 선행함을 엿볼 수 있다. 상징적 이미지와 원형적 개념은 그에게 자연법칙들을 찾도록 만든 원인이다. 이런 이유 때문에 우리는 또한 주위에 행성을 거느린 태양과 삼위일체에 대한 케플러가 가진 추상적인 구형 그림 사이의 상응에 대한 그의 관점을 일차적인 것으로 생각한다: 왜냐하면 그는 태양과 행성들을 그가 종교적인 열렬함을 가지고 천동설의 체계를 믿은 배경에서 그런 원형적 이미지를 가지고 바라보았기 때문이다. 존재하는 어떤 다른 방식(하나의 합리적 관점으로서)으로도 결코 잘못 가정하도록 만들 수 없었을 것이다. 이 천동설적 신념, 그 신념에 대해 케플러가 젊은 날부터 가졌던 신념으로 인해 그는 창조의 아름다움(美)의 진실한 표현으로서 행성 운동의 비례에 대한 진실한 법칙을 탐색하게 되었다. 처음에 이 탐색은 잘못된 방향으로 갔었는데, 그것은 후일 실제적인 측정의 결과로 정정되었다.

삼위일체의 이미지처럼 행성들을 가진 태양에 대한 케플러의 개념 역시 독일어로 기술된 「제3의 중재」(Tertius interveniens)라는 그의 논문으로부터 인용한 아래의 구절에서 매우 확실하게 드러난다. 우리는 나중에 그 제목의 중요성과 그 책의 다른 내용들을 숙고할 참이다. 해당 구절은 126절에서 취한 것인데, 그것은 "시그나투리스 레룸(사물의 기호)에 대한 철학적 담론"(A Philosophical Discourse de signaturis rerum)이라는 제목을 달고 있다. 그것은 이렇게 이어진다.

그리고 천체(heavenly corpora, orbes)들도 마치 기하학적 물체(corpribus)

에 의미·묘사되듯이, 원(circulo)에서 장소를 차지하는 천체의 운동도 내접원의 기하학적 단계(planis circulo inscriptis)에 상응한다(위의 59절 참고).

실로 가장 신성한 삼위일체는 오목한 원(sphaerico concavo)에서, 세계 안에서, 제일 인격(prima persona)안에서 묘사되는데, 중심에서는 신성의 원천(fons Deitatis, in centro)이 묘사된다. 하지만 그 중심(centrum)은 세계의 중심이 되는(qui est in centro mundi) 태양에서 묘사된다. 왜냐하면 그것 역시도 세계의 모든 빛, 운동, 생명들의 원천이기 때문이다.

그래서 별개의 점 안에(in puncto) 있는 잠재적 원(in circulo potentiali)에서 표상되는 것은 운동력(anima movens)이며, 사물 곧 마테리아 코르포레아(materia corporea)는 3차원 형태의 세 번째 양(tertia quantitatis specie trium dimensionum)에서 표상되고, 표면에서(in superficie) 표상되는 것은 각각 질료와 형상(cuiusque materia forma)이다. 왜냐하면 질료(materia)가 그 형상(forma)에 의해 형태를 얻듯이, 기하학적 물체(corpus)들은 그 외부의 면에 의해 형태가 만들어진다. 그 속에서 사물들은 더욱 더 많이 연역될 수 있다.

지금 창조주가 출연함에 따라 그(창조주) 역시 그의 이미지대로 출연하도록 자연을 가르쳐 주며, 그가 그녀(자연)의 처음 상대로 출연했던 바로 그런 동일한 게임에 출연하도록 가르쳐 준다.

단순한 아름다움에 대한 이러한 단어들로부터 케플러가 삼위일체를 공간의 삼차원성과 연관시키는 것과 행성들을 가진 태양이 추상적인 구의 상징에 대해 덜 완벽한 이미지로 생각한 것이 나타난다. 상응이라는 관념과 관계를 맺은 이 개념에 의하여, 케플러는 태양신(Helios)에 대한 이교적 숭배를 피하고 기독교 신앙에 진실하게 머문다. 이 점에 대하여 나는 "결어: 태양을 추측해 보며"(Epilogus de Sole conjecturalis)를 언급하고 싶다. 이것은 케플러가 그의 주저인 『세계의 조화』에서 끝맺은 말이며, 그가 자신의 기독교적 관점으로부터 가장 호의를 가진 작가인 프로클루스가 보인 태양에 관한 이교적 찬미에 대한 그의 태도를 정의한 것이기도 하다. 세계가 창조된 이래 확립되고 원본에 대한 모방에서 자연에 의해 대치된 하나의 유쾌한 활동에 대한 케플러의 관념도 '기호' (signature)라는 관념과 조화된다.

'아니마 모벤스'(anima movens, 運動靈)라는 개념에 관하여 나는 운동의 원인에 대한 케플러의 관점들이 동요하고 있다는 의견을 말하고 싶다. 새로운 별에 관한 그의 논문의 한 구절에서 그는 말한다.

마침내 별들의 이 원동력들은 몇 가지 방식으로 사고 능력에 한 몫 끼기 때문에, 다시 말하자면 물론 우리 인간 존재들처럼 추론(ratiocination)에 의해서가 아니라 태초(太初)의 창조 때부터 그들에게 심어진 내적 충동에 의해서 별들은 이해하고 상상하며 그들의 진로(進路)를 겨냥한다. 마찬가지로 자연적 사물의 동물적 능력들도, 비록 추론(推論)이 없더라도 그들의 모든 행위를 향하는 그들의 목표에 대한 어느 정도의 지식을 획득한다.[25]

여기서 케플러는 물활론적(物活論的) 관점을 채용한다. 그러나 다른 곳에서 그는 말한다.

----

25 『신성론』(*De stella nova*), Ch. XXVIII (프리쉬, II권, 719쪽).

움직일 수 있는 별들 가운데, 그 자체는 정지해 있지만 움직임의 원천인 태양은 성부 곧 창조주의 이미지를 갖는다. 창조가 신과 관계하는 것은 움직임이 태양과 관계하는 것과 같기 때문이다. 그러나 그것은 성부가 성자를 창조하듯이 고정된 별들 안에서 움직인다. 고정된 별들이 그들의 부동성(不動性, immobility)의 상태에 의해 공간을 창조하지 않았다면, 어떤 것도 움직일 수 없었을 것이기 때문이다. 그러나 태양은 마치 성부가 성령을 통하든지 성령의 힘을 통해 창조하는 것처럼, 그의 원동력을 움직일 수 있는 사물이 존재하는 매개물을 통해 퍼뜨린다.[26]

이 개념은 장(場)에 관한 현대 물리학과 많은 공통점을 가지고 있다. 사실상 케플러는 빛과 유사하게 태양으로부터 방출하지만, 그러나 그것과는 다른 중력을 생각했었다. 그는 또한 이 중력을 윌리엄 길버트(Gilbert)[27]의 실험과 관련해서 자석의 효과에 비유한다.

케플러가 가진 전통적인 연금술을 대표하는 플러드와 충돌하는 관점에서(이 충돌은 뒤에 거론될 것이다) 그 구형 때문에 융에 의해 하나의 만다라로 지적된 유형인 케플러의 상징이 숫자 4나 사위일체(quaternity)에 대한 어떤 암시도 가지고 있지 않은 것은 중요하다. 이것은 케플러가 피타고라스의 수비학적 사변 이론들에 대한 지식, 특별히 테트라크티스

---

26 『매스틀린 선생님께 보내는 서신』(Epistola ad Maestlinum)(프리쉬, I권, 11쪽). 매스틀린은 케플러의 수학과 천문학의 은사였고 케플러의 처녀작『우주구조론의 신비(Mysterium cosmographicum)』를 어려움을 무릅쓰고 출판해 주었다. 이 책 파울리의 논문 2단원을 참고.-역자

27 길버트(William Gilbert, 1544~1603)는 처음으로 자성(磁性)을 연구한 과학자로서 처음에는 의학을 공부하였다. 주요 저서인『자석, 자성체, 거대한 지구 자석에 관하여』(De Magnete, Magneticisque Corporibus, et de Magno Magnete Tellure, 1960)는 자성체와 전기인력에 대한 연구 내용을 설명하고 있다. 자침이 남북을 가리키는 것은 지구가 하나의 막대자석 구실을 하기 때문이라고 결론을 내렸다. 코페르니쿠스를 지지했고, 행성들은 일종의 자성에 의해 자신들의 궤도를 유지한다고 믿었다.『브리태니커』관련 항목 참고.-역자

(tetraktys)[28]에 대한 지식을 가지고 있었기 때문에 더욱 더 중요하다. 그런데 그는 그 수비학적 사변 이론들을 세 번째 저서인 『세계의 조화』에서 그의 음계(musical intervals) 이론에 대한 하나의 역사적 소개로서 자세히 논의하고 있다. 그러나 이 고대의 사변 이론들은 케플러에게는 하나의 단순한 호기심이다. 즉 그에게 숫자 4는 아무런 상징적인 성격도 가지고 있지 않다. 아마도 케플러의 구형적 그림에서 시간에 대한 상징의 결여는 사위에 대한 어떤 암시의 결여와 연결되어 있을 것이다. 중심으로부터 떨어져 향하는 직선 모양의 운동이 케플러의 상징에 포함된 유일한 종류이다. 이 운동이 구의 바깥 표면에 따라가는 한 그 상징은 정적(靜的)이라 일컬어진다. 삼위일체가 이런 특별한 방식으로 표상된 적이 케플러 이전에는 결코 없었고, 그는 과학 시대의 문지방에 서 있었기 때문에 우리는 케플러의 '만다라'는 케플러 본인을 의미상 멀리 초월해서, 우리가 고전적으로 부르는 자연과학을 낳았던 하나의 사유방식 혹은 심리학적 태도를 상징하는 것이라 가정하고 싶다. 하나의 내부 중심 안에서부터 정신은 정의대로라면 일어나는 모든 것이 자동적인 물리적 세계를 향해 외향적인 의미로서 밖으로 움직이는 것 같다. 그래서 마음 그 자체로 정지 상태에 있으면서, 말하자면 자신의 관념으로 이 물리적 세계를 안고 있다.[29]

5

우리는 이미 삼위일체의 하느님과 신의 마음속에 있는 관념들로부터

---

28 '4임'이라는 의미로 피타고라스주의 이론에서는 1+2+3+4=10을 뜻한다. 테트라크티스는 '완전한 삼각형'으로도 생각되었다.-역자

그것들의 구형 모델을 통해 물리적 세계, 태양, 그 주위를 회전하는 천체들까지 짚어보았다. 우주에 대한 케플러의 위계질서적 배열의 다음 단계는 이제 개별 영혼들(individual souls)로 인도된다.

우리는 이미 케플러에게 지구는 인간처럼 하나의 생명체라고 말했다. 생명체가 머리카락을 가지고 있듯이 그렇게 지구는 풀, 나무 그리고 인간의 비듬처럼 매미를 가지고 있다. 생물이 방광에서 소변을 분비하는 것처럼 그렇게 산들은 샘을 만들고, 유황(sulphur)과 화산 작용으로 생긴 물질들은 배설물과 상응하며, 금속과 빗물은 피와 땀에 상응한다. 바닷물은 지구의 자양분이다. 살아 있는 존재인 지구는 영혼 즉 아니마 테라에(anima terrae, 대지 영혼)를 갖고 있는데, 그것은 아니마 호미니스(anima hominis, 인간 영혼)의 특질과 대부분 유사한 것으로 생각될 수 있는 특질을 지니고 있다.[30] 그러므로 우리는 개별 영혼(individual soul)을 가지고 인간 영혼뿐만 아니라 아니마 테라에(대지 영혼)와 행성의 영혼까지도 이해할 수 있다. 동시에 대지 영혼은 또한 지구 내부의 어떤 파쿨타

---

29 융의 심리학에 의하면 의식의 확대를 동반하는 심리학적 과정들은 무의식의 내용(융은 '자기 자신'[self]으로 부른다)뿐만 아니라, 의식을 포함하고 있는 하나의 새로운 중심(center)의 존재가 발생하는 것으로써 표상될 수 있다. 이 '집중의'(centring) 과정들은 항상 만다라와 회전하는 운동의 상징적인 그림으로 특징지어진다. 중국 문헌에서 회전하는 운동은 '빛의 순환'(circulation of light, 回光)이라는 말로 매우 생생하게 불린다.

분석심리학의 이와 같은 결과를 (천동설적 관념과 매우 밀접한 관련이 있는) 17세기의 고전역학의 흥기로 알려진 지성사의 국면에 적용하기 위한 시도에서, 우리는 고전역학의 성립을 도왔던 과학자들의 주의는 오로지 밖으로만 향했다는 것을 염두에 두어야 한다. 그러므로 위에서 언급한 내적 집중의 과정들이 적절한 이미지들과 함께 밖으로 투사되었다고 예상할 수 있다. 실로 우리는 특별히 케플러의 관점에서, 태양을 중심으로 삼은 행성 체계는 만다라 그림(자아[ego]가 보다 포괄적인 '자기 자신'[self]과 관계되듯이 태양과 관계된 지구)을 담지하게 되는 것을 관찰할 수 있다. 이런 식으로 천동설이 그 학설을 지지하는 사람의 마음속에서 무의식에서 생긴 강한 정서적 내용의 주입을 수용하고 있음이 드러난다. 아마도 천체의 외부적 순환에 대한 내부적 순환 운동의, 위에서 언급한 상징적 이미지의 투사가 이 외부적 순환에 경험적 증거를 초월하는 어떤 절대적인 타당성을 부여하는 한 가지 원인이 되었을 것이다. 이 의견에 관해 한 가지 덧붙이는 논의는 뉴턴의 절대적 시간과 절대적 공간의 관념들은 심지어 그의 신학적 관점들과 공감하고 있었다는 것이다.

스 포르마트릭스(facultas formatrix, 형성 능력)이고, 예를 들어 보석과 화석 속에 다섯 가지의 정다면체(正多面體)를 표현한다. 이 점에서 케플러도 파라켈수스가 견지한 관점을 따른다. 케플러는 '아르카에우스'(Archaeus, 原質)라는 개념을[31] 시그나토르(signator, 能記)로서, 시그나투라에(signaturae, 所記)를 창조하는 자연의 형성 원리로 사용하고 있다. 사실상 케플러는 플러드와의 논쟁에서 만일 그가 그것을 더 선호한다면 자신이 아니마 테라에를 '아르카에우스'로 부를 수 있음을 인정했다.[32] 케플러의 관점에서 아니마 테라에(대지영혼)가 날씨와 기상 현상을 책임지고 있다는 것은 중요하다. 예를 들면 너무 많은 비는 지구가 병에 걸린 것이다.

이제 케플러가 가졌던 개별 영혼과 관련한 특징적인 기본적 관념은 신의 이미지로써, 하지만 불완전하며 부분적으로는 한 점이고 부분적으로는 한 원인 그런 것이다: "영혼은 질점(質點)이다"(anima est punctum qualitativum). 이 이론은 고대 말엽의 신플라톤주의적이고 신피타고라스주의적인 철학자들에게로 거슬러 올라간다. 그들의 저작에서 비슷한 관념들을 발견할 수 있다.[33]

---

30 영혼을 가진 살아 있는 존재로서의 지구라는 개념은 이미 고대 후기에 존재한다. 이 점에 관한 논의는 다음과 같은 저작을 참고. 키케로(Cicero), 『제신(諸神)의 본성에 대하여』(De natura deorum), II, 83; 오비드(Ovid), 『변신 이야기』(Metamorphoses), XV, 342; 세네카(Seneca), 『자연의 의문들』(Quaestiones naturales), VI, 16, 1; 플로티누스(Plotinus), v, 4. 이 외에 또한 슈바이처(H. R. Schwyzer)가 집필한 플로티누스에 대한 항목을 참고. 파울리(A. Pauly), 비쏘바(G. Wissowa), 크롤(W. Kroll), 『고대 그리스·로마 고고학 백과사전』(Real-Encyklopädie der klassischen Altertumswissenschaft), XV, 471~592쪽, 1951. 특히 578쪽을 참고. 그곳에서 지구의 활물(活物)에 대한 관념이 포시도니우스(Posidonius)까지 거슬러서 추적되고 있다.

31 연금술사(화학자)나 파라켈수스주의자에 의해 사용되었던 새로운 명칭으로 신플라톤주의(Neo-Platonism)에서 말하는 형성력(形成力, plastic nature)과 유사하다. 형성력은 신플라톤주의자들이 자연은 기계적인 것이 아니라 정액적(精液的, spermatical), 생기적(生氣的, vital), 형성적(plastic)이라고 생각한 데서 도입된 개념이다. 니덤(Joseph Needham), 『중국의 과학과 문명』(Science and Civilization in China), vol 2, 케임브리지, 1956, 503~505쪽.-역자

32 프리쉬, V권, 440쪽.

영혼의 어느 기능이 중심점에 속하는 것이고 주변원에 속하는 것인지는 좀 의심스런 문제이다. 일반적으로 명상적이고 상상력이 풍부한 기능들은 점에 배당되고, 몸에 영향을 주는 동적이고 운동적인 효과는 원에 지정된다. 그러나 후자의 원에 해당되는 것은 추론(ratiocinatio), 반성, 논리적 결론과 상응하는 것으로 생각된다. 중심점으로부터 원의 주변까지 영혼의 방출 과정을 케플러는 종종 화염의 분출에 비유한다. 그는 명백히 중심인 태양에서 잇달아 나오는 광선에 대한 이 운동의 유비를 강조한다. 그래서 삼위일체에 대한 그의 상징에서 중심점으로부터 방출하는 반경들과 관련을 짓고 있다. 점에서 원까지 영혼의 방출 과정을 현대 심리학의 외향성과 유비적인 것으로서, 즉 케플러의 관념 체계에서 신성한 모델인 창조의 관점으로부터 보는 것은 어렵지 않다. 반면에 신의 존재는 내향성의 모델로 생각되어야 한다.

아래의 『세계의 조화』로부터의 구절은 케플러의 관점을 명확하게 만들 것이다.

처음으로 영혼은 현실태로 점의 구조를 갖고(적어도 그 몸과의 연접의 이유

---

33 섹스투스 엠피리쿠스(Sextus Empiricus)에 의하면, 점(스틴미, στιγμή)은 넨니틱시(γεννητική)이고 비물질적인 것이 아니다. 즉 그것은 모나드(monad)이고 영혼이다. 『수학에 관하여』(Adversus mathematicos), Ⅲ, 22쪽. 플로티누스(Ⅳ, 4, 16)에 의하면, 영혼은 하나의 원처럼 그 안의 중심에 들어맞는다. 그래서 비연장적 연장인 중심과 밀접히 결합된다: χαὶἡψυχἡἡτοια ὑτη, οἷον χύχλος προσαρμόττων χέντρφευθὺς μεταχέντρον αὐξηθείς, διάστημα ἀδιάστατον. 클라우디아누스 마메르투스(Claudianus Mamertus)에 있는 인로카리타스 아니마에(Inlocalitas animae, 영혼의 비(非)국제성, 디아스타토스[ἀδιάστατοσ] 또는 아디아스타시아[ἀδιάστασία])라는 개념에 대해서는 비켈(E. Bickel), 「인로카리타스, 신피타고라스의 형이상학에서」(Inlocalitas, Zur neupythagoreischen Metaphysik), 『이마누엘 칸트』(Immanuel Kant)(칸트 탄생 100주년 기념논총, 라이프치히, 1924). 이 밖에도 「뵈메르(F. Bömer), 후기 신플라톤주의, 신피타고라스주의 그리고 클라우디아누스 마메르투스」(Der Late-inische Neuplatonismus und Neupythagoreismus und Claudianus Mamertus), 『언어와 철학』(Sprache und Philosophie), 라이프치히, 1936, 124쪽과 139쪽.

로), 잠재태로 원의 형태를 갖는다. 지금 그것은 에너지이기 때문에 원 속에 남은 그 점형(點形, punctiform)으로부터 넘쳐흐른다. 그것이 원형에 서 그것을 둘러싼 외부의 사물을 지각하지 않으면 안 되는지 어떤지, 그것이 몸을 주재해야 하는지 어떤지(몸도 그 주위에 있다), 영혼은 그 자체 의 상사함으로 몸의 나머지에서 밖으로 나가려 하는 고정된 점에 뿌리 를 두면서 안에 숨어 있다. 그러나 그것이 만일 직선이 아니라면(그것은 진정 '밖으로 나감'이기 때문에) 어떻게 밖으로 나가야 하는가? 다른 빛이 그 원천에서 밖으로 나갈 때 곧 직선들 안에서보다는 빛과 화염 사이에 그 자체로 존재하면서, 밖으로 나가야 하는 다른 어떤 방식이라도 갖춰야 하는가? 창공(蒼空, firmament)의 주위를 둘러싼 빛들이 한 점에 거소(居所) 하는 영혼을 향해 들어오는 것에 의한 동일한 법칙에 따라서, 그것은 몸의 외부를 향해 밖으로 나간다.[34]

점과 원으로서의 영혼에 관한 개념과 점성술에 대한 케플러의 특별 한 관점이 연관되는데, 그는 논문 「제3의 중재」에 대한 논의에 특히 전 념하였다. 여기서 케플러는 전통적 점성술의 관점을 대표하는 뢰즐 리누스(H. Röslinus)와 모든 점성술을 미신으로 경멸하는 페젤리우스(P. Feselius) 사이의 논쟁 속에, 본질적으로 다른 이견을 가지고 두 저자에게 맞서기 위하여 제삼자로 개입한다. 제목 바로 뒤, 그 책의 첫 장에 이와 같은 부주(附註)가 있다: "점성술(star-gazing)이란 미신을 거부하는데 있어 서, 아이를 목욕물과 함께 버리는 것처럼 부지불식간에 그들의 직업에 모순되게 행동해서는 안 되는 잡다한 신학자·의학자·철학자에 대한

---

34 IV권(프리쉬, V권, 258쪽).

하나의 경고, 특별히 필립푸스 페젤리우스(Philippus Feselius) 박사에게."
케플러는 또한 새로운 별에 대한 그의 초기 논문에서 점성술에 관한 그의 관념을 정식화한다. 거기서 피코 델라 미란돌라(Pico della Mirandola)를 논박하면서, 단호한 태도로 다시 한 번 그의 주저인 『세계의 조화』의 주제로 되돌아간다.

앞으로 우리는 점성술의 진술들이 객관적 타당성을 가지는가 하는 문제는 별도로 하고, 우선 케플러의 자연과학에 대한 관념의 전체계 속으로, 보통의 점성술과는 매우 다르게 그 자신의 점성술을 통합하는 특징을 나타내 보일 것이다. 이 점이 우리의 흥미를 끄는 대목이다.

케플러에 따르면, 그가 비스 포르마트릭스(vis formatrix, 형성력) 혹은 마트릭스 포르마티바(matrix formativa, 형성모체)라고 부르는 개별 영혼은 본능(instinctus)의 도움으로 원의 특유한 합리적 분할에 상응하는 어떤 조화로운 비율에 반응하는 근원적인 능력을 소유한다. 음악에서 이 지성적 능력은 어떤 음계에서 활음조(협화음)의 지각에서 자신을 현시한다. 그것은 케플러가 순수하게 기계적 방식으로 설명하지 않은 하나의 효과이다. 이제 영혼은 유사하게 별빛의 광선들이 지구를 비추어 서로를 형성하는 각(角)들의 조화로운 비율에 특유한 반응성을 가진다고 말해진다. 케플러의 의견으로는 점성술이 관심을 가져야 하는 것은 이 점이다. 그에 따르면 별들은 어떤 특별히 멀리 떨어진 영향도 미치지 않는다. 왜냐하면 그것들의 실제 거리는 점성술에서는 중요하지 않고 오직 그 광선만이 효과를 갖는 것으로 생각될 수 있기 때문이다. 영혼은 본능을 통해 의식적인 숙고 없이도 조화로운 비율에 대해서 안다. 영혼은 그 원 모양의 형상 덕택으로, 신의 하나의 이미지이고 그로부터 따라 나오는 비율과 기하학적 진리가 영원으로부터 존재하기 때문이다. 이제 영혼은 그 원 모양의 형상의 결과로서 그런 지식을 가지고 있기 때문에 광선 형태의 외형에 의해 각인되고 탄생되던 그 때부터 그것에 대한 기억을 간직한다. 이 점에 대해 케플러의 말을 인용한다.

나는 여기서 점성술사가 하듯이 그렇게 말한다. 만약 내가 나만의 의견을 표현해야 한다면, 하늘에는 어떤 불길한 별(evil star)도 없을 것이다. 이것은 다른 것들 가운데 주로 다음과 같은 이유들 때문이다. 즉 여기 지구 위에 거주하면서, 행성들의 방사에 그 효과를 더해 주는 것, 그것이 있는 그대로의 인간의 본성이다. 마치 화음을 식별하는 능력을 부여받은 청각이 그것을 들은 사람을 춤추도록 고무하는 그러한 힘을 음악에 더해 주듯이. 나는 『신성론(新星論)』(De stella nova)이라는 책에 관한 뢰슬린(Röslin) 박사의 반대에 대한 나의 응답 속에서, 그리고 다른 지면과 『세계의 조화』의 IV권 — 특히 7장 — 에서 이 점에 대해 많은 것을 말했다.[35]

왜냐하면 펑크툼 나투랄레(punctum naturale, 본성에 각인된 점(點), 모든 인간 존재 안에 있거나 대지적 지구 그 자체 안에 있는 자연 영혼)는 진정한 시르쿨룸(circulum, 원)과 동등한 힘을 가진다. 반경들이 이 점 속에서 분할되어 상호적으로 오는 그런 성질 때문에 원은 점 안에 가능 상태로 있다(In puncto inest circulus in potentia propter plagas unde adveniunt radii se muntuo in hoc puncto secantes).[36]

---

35 『우주구조론의 신비』(프리쉬, 1권, 133쪽): "제9장의 저자 자주(自註)"(In Caput nonum notae autoris)(2판).
36 『제3의 중재』, No. 40.

인간의 자연영혼은 한 점 보다 크지 않다. 이 점들 위에서 전체 하늘의 형태와 성격이 현재보다 100배 더 크게 잠재적으로(potentialiter) 각인된다.[37] 영혼의 본성은 한 점처럼 행동한다. 이런 이유로 그것은 (마치) 바퀴 살이 합류하는(confluxus radiorum) 점들로 변형될 수 있다.[38]

케플러에 따르면 영혼은 그 고유한 순환적 형상에 의해서 그 안에 황도의 관념을 포함한다. 그러나 행성들을 말하는 것이지, (빛의 즉각성을 통해서) 점성술적 영향의 효과적인 운송 수단인 항성들은 아니다. "일곱 개 행성들 가운데 황도 12궁의 분배"는 그에게는 하나의 우화이다. 하지만 그는 생각한다. 곧 독트리마 디렉티오눔(doctrina directionum, 지도 원리)은 적절한 이유에 기반하고 있다. 그것은 '좌상'(aspect)이라 불리는 두 광선의 조화로운 조합을 강조하기 때문이다.

『세계의 조화』에서 케플러는 이 점을 특별히 명확하게 표현한다.

영혼이 그 안에 황도의 관념 아니면 차라리 황도의 중심에 대한 관념을 품고 있으므로, 그것은 또한 어느 행성이 어느 시간에 황도의 어느 정도 아래에 있는지를 느끼고, 지구에서 만나는 광선의 각도를 측정한다. 그러나 그것은 신적(Divine) 본질의 조사(照射)로부터 원의 기하학적 형태들과 (원과 그것의 부분들을 비교해서) 원형적 조화들을 받으므로 (확실히 순순하게 기하학적 형상은 아니라 차라리 빛나는 방사의 여과액에 완전히 도금되거나 적셔진 것처럼), 그것은 또한 각도의 측정들을 인식하고 어떤 것들은 일치하

---

37 No. 42.
38 No. 65.

거나 조화로운 것으로 판단하며, 다른 것들은 일치하지 않는 것으로 판단한다.[39]

케플러의 관점에서 인간의 영혼은 태어났을 때는 어떤 선재하는 형상으로 흘러든다. 그 형상은 별들(행성들)로부터 오는 광선들에 의해 지구에서 형성된다. 참고로 「제3의 중재」에서는,

왜냐하면 다음처럼 말한다고 어리석다는 소리를 듣는 것은 결코 아니다. 인간은 콘피구라티오니부스 스텔라룸(Configurationibus stellarum, 별의 형태)과 일치해서 다양하고 적격인 나투랄리 네세시타테(naturali necessitate, 필요한 본성)이다. 이것은 인간 속에 별의 '영향'이라고 불리기보다는 차라리 반대로 별 안에 인간의 본성의 '영향'으로 불릴 수 있다.[40]

두 광선 사이의 효과적인 각도는 케플러에 따르면, 정삼각형·사각형·육각형처럼 한 면이 빈틈없이 덮여 있는 정다각형에 상응하는 것이거나, 정다면체와 밀접한 관련을 가진 별 모양의 도형에 상응하는 것이다. 여기서 케플러는 협화음의 음계에 드러나는 비율과의 친밀한 관련을 수립하려고 한다. 그러나 그는 또한 이것들과 점성술적으로 효과적인 원의 분할 사이의 어떤 차이를 인정하지 않을 수 없었다. 나는 이 점에 대한 상술을 하지 않고, 다만 『세계의 조화』로부터 몇 가지 도형을 재현해 보고자 한다.

---

39 IV권(프리쉬, V권, 256쪽).
40 No. 107.

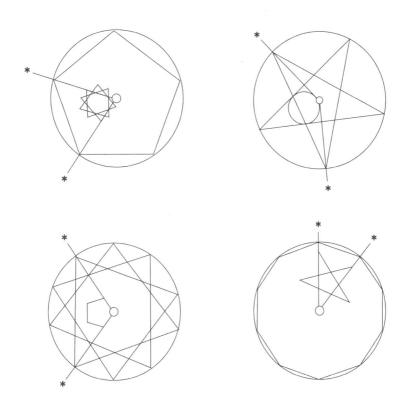

〈그림 1〉 원주상의 도형과 중심 도형
『세계의 조화』(IV); 『조화형태론』(De configurationibus harmonicis, 5장)
(프리쉬, V권, 238~239쪽. 그림 32, 33, 34, 35.)

〈그림 1〉의 도형들에서 원주상의 도형과 중심 도형의 상호 연관을 엿볼 수 있는데, 이 연관은 중심 도형의 두 인접한 면들 사이의 외주각(peripheral angle)은 원주상 도형의 인접한 점에 대한 반지름들 사이의 중심각과 같으며, 그 반대도 그렇다.

케플러의 관점에서 두 그림은 원의 형태와 영혼의 점의 형태에 상응하는 것으로 생각된다. 나는 다소 길게 이어지는 구절을 제시하겠다.

이 관념들은 특히 심리학적 흥미가 있을 것으로 여겨지기 때문이다.

　같은 사물은 영혼의 내부의 성질로부터 입증될 수 있는데, 이미 3장에서 간략히 다루었다. 형태들의 조화가 그것들의 형상적 존재(esse formale)를 획득하는 것은 영혼으로부터이기 때문에, 영혼은 틀림없이 그 도형 — 원주상의 도형과 중심도형 — 에 대한 어떤 친밀한 지식을 소유한다. 같은 특징 덕택으로 영혼이 원이고 점인 즉 원의 중심임으로써 그것은 이 지식을 소유한다. 그러나 비록 모든 영혼이 그 자체 안에 원에 대한 어떤 확실한 관념을 품고 있더라도, 그 원은 물질뿐만 아니라 아무튼 무게와도 분리된 것인데(3장에서 말했던 것처럼), 이 경우에 원과 중심은 거의 일치하고 영혼 그 자체는 방향에 따라서 차별된, 그래서 적격인 한 점일뿐만 아니라 잠재적인 원으로 불릴 수 있을 것이다. 그럼에도 불구하고 영혼의 어떤 능력들은 차라리 원으로 간주되어야 하고, 그밖의 다른 능력들은 점으로 간주되어야 하는 등의 구별이 관찰되어야 한다. 중심이 없는 원을 상상할 수 없는 것처럼, 점은 그에 대해 원주에 의해 외접할 수 있는 어떤 면적을 갖기 때문에, 상상력에 대한 어떤 인상 없이는 영혼에는 어떤 활동성도 없다. 반대로 내부적 수용 혹은 명상은 외부의 운동에 의해 야기되고, 영혼의 모든 내향적 기능은 외향적 운동에 의해 야기된다. 영혼의 제일의적이며 최고도의 능력 곧 마음이라고 불리는 것이 중심이 아니라면, 그것은 무엇인가? 추론적 능력 그것이 원이 아니라면 무엇인가? 중심이 안에 있고 원이 바깥이듯 그렇게 마음(mens)은 그 자체로 안에 머물고, 반면에 추론은 일종의 외부적 덮개를 잦는다. 그리고 중심이 원의 기초, 원천, 기원이듯 추론의 마음도 그렇다.

　다른 한편 이 모든 영혼의 능력들은 즉 마음이자 추론의 능력이고,

심지어는 민감한 능력인데 일종의 중심이다. 반면에 영혼의 발동 기능들은 주변이다. 다시 바깥의 원이 중심의 주변에서 그려지듯 그렇게 행위는 바깥으로 향한다. 반면에 인식과 명상은 내면적으로 수행된다. 그리고 원이 점과 관련되듯 그렇게 외부로 향하는 행위는 내부의 묵상과 관련되며, 동물적 움직임은 감각 지각과 관련된다. 즉 점은 모든 곳에서 원주와 반대가 되기 때문에 바로 그런 본성에 의해 수동적으로 수용적인, 곧 민감한 영혼을 표상하는 데 적합하다. 즉 영혼만이 하는 것, 행성의 광선을 지각하는 것, 감각하고 지각할 때 수동적인 것, 다시 말해 그것과 반대되는 것에 의해 움직여지는 그런 것보다 그 어떤 것이 그런 일을 하겠는가? 자 이제 위의 두 가지 비유를 서로 비교해 보자. 중심점이 두 경우에서 동일하듯이, 인식의 형식은 아무튼 주재자인 동일한 정신(인식의 정신적 형식)과 감각적, 혹은 차라리 반지름을 지각하는 그 유비이다. 이것들(인지적 기능) 중에 어느 것도 그대로는 논증적인 추론을 사용하지 않고 그것 없이도 지식을 가지고 있다. 그래서 이것은 — (인간에게 있는) 월하계(月下界)의 본성 또한 민감한 본성을 의미한다 — 저것의, 즉 주요한 [능력]이자 인간 정신의 어떤 사소한 이미지이다. 그래서 저런 논리적 추론은 이런 행위들 혹은 영혼의 조작들의 하나의 이미지이고, 양자는 하나의 원이다.

그러면 영혼들은 천체의 반지름을 지각하고 그러므로 그것들에 의해서, 말하자면 어떤 내향적이고 자기 충족적인 움직임을 가지고 있으므로, 우리는 그것들(영혼들)을 점들로 생각해야 한다. 그러나 그것들은 차례로 움직임을 일으킨다. 말하자면 행위하게 자극받으므로 그것들은 원들로 간주되어야 한다. 그러므로 다음과 같은 결론이 따른다. 영혼은 광선의 조화들에 대한 인식을 가지므로 그 자체 주로 중심 형태에 관심을 가져야 한다. 그러나 그것은 유성 현상들을 불러일으키는(인간 행동 에서 이것들과 상응하는 것들 역시) 행위를 하므로 원주의 형태에 전념해야 한 다. 그러나 어떤 좌상(aspect)에서 유효성(effectiveness)[41]은 우리에게는 그 좌상이 작동하는 영혼에 의해 지각될 수도 있는 방식보다 훨씬 더 중요 하다. 그러므로 원주 형태에 대한 고려는 중심 형태에 대한 고려보다 우리에게는 더욱 중요하다.[42]

좌상들의 내부적 형태와 외부적 형태는 그것으로 좋다 치고, 즉 케플 러에 의해 외부 형태에 귀착된 상당한 중요성은 주로 어떤 외향적인 태 도를 다시 한 번 더 가리키는 것 같다. 아니마 테라에(대지영혼)가 날씨의 원인이 되고, 영혼의 본성을 띠고 있는 모든 것처럼 좌상들에 반응하는 능력을 가지고 있기 때문에 날씨는 이 좌상들에 민감해야 한다. 케플러 는 날씨에 대한 수많은 보고서에서 이것을 입증했다고 확신하고 있었 기에 그는 거꾸로 이것을 아니마 테라에의 존재에 대한 증거로 생각했 다. 우리가 이미 말했던 행성 운동의 원인에 대한 물활론적 개념이 있 었기 때문에 케플러는 하늘의 현상들과 개별 영혼들의 수용적 능력들 사이의 어떤 보편적인 연관에 대해 가정할 수 있었다.

볼 수 있는 하늘에서는 어떤 것도 존재하지 않거나 일어나지 않는다. 그러한 것의 의미는 오컬트(occult, 隱祕學)의 원리를 가지고도 땅과 자연 물의 능력까지 더 이상 연장되지 않는다. 그래서 이 동물적 능력들은 정확히 하늘이 스스로 영향을 받듯이 여기 지구상에서 영향 받는다.[43]

---

41 IV권, 5장에서 정의된 것처럼(프리쉬, V권, 235쪽).
42 『세계의 조화』, IV권, 정리VI(프리쉬, V권, 238쪽).

케플러가 수동성을 보충하려고 한다는 것은 흥미롭다. 즉 그것을 식물들의 형태 조직에 원인이 되는 것으로 만들 때 동일한 비스 포르마트릭스(vis formatrix, 형성력)의 어떤 능동적 효과에 의한 비스 포르마트릭스의 수용적 현시를 말한다. 조화로운 형식에 민감한 것이 어떤 것이든지, 예를 들면 규칙적인 꽃잎의 수를 가진 꽃들과 같은 조화로운 형식을 만들어낼 수 있고 그 반대도 마찬가지이다. 그러므로 그는 초목의 식물적 영혼도 행성의 광선의 비율에 반응할 수 있는 능력을 가지고 있는지의 여부에 대해 의문을 갖는다. 하지만 그는 그것을 대답하지 않은 채 남겨 두었다. 그는 자신의 주장에 대한 실험을 수행하지 않고는 어떤 단언도 하지 않으려 했기 때문이다.

케플러의 이론적 관념에서 점성술(占星術)은 완벽히 과학적-인과적 사유(scientific-causal thinking)와 통합되어 있음이 위에서 진술한 것으로부터 명백하다. 곧 강하게 광선의 역할을 강조할 때 그는 그것을 물리학, 진실로 광학의 한 부분으로 만들었다. 항성의 구(球)와 관계 속에서 기하학적으로 정의되었지만 광선과 일치하지는 않는 방향, 예를 들면 지구에서 춘분점까지의 방향의 점성술적 효과성을 명백히 케플러는 거부했다. 더욱이 그는 다음과 같은 사실을 재차 강조한다. 그의 관점에서 점성술적 효과들은 천체에 의해 야기되는 것이 아니라, 오히려 어떤 비율에 대한 특유하게 선택적인 반응성(reactability)을 가진 개인적 영혼에 의해 일어나는 것이다. 이 반응력은 한편으로는 물질적 세계로부터 영향을 받고, 다른 한편으로는 신과 관련된 이미지에 기초를 두기 때문에, 이 개별 영혼(아니마 테라에와 아니마 호미니스)은 케플러에게는 하르모니아 문

---

43 『신성론』, 28장(프리쉬, II권, 719쪽).

디(harmonia mundi, 세계의 조화)에 담긴 본질적인 구성 성분들이 된다.

점성술에 대한 케플러의 독특한 개념은 어떤 인정도 받지 못했다. 사실상 만약 우리가 이 기초에 의거하여 행동한다면, 인공적인 빛의 원천도 점성술적 효과를 낳을 수 있다는 경험적으로 지탱할 수 없는 결론을 피할 길이 전혀 없을 것이다. 일반적으로 나는 점성술에 대한 비판에 대해 다음과 같이 말하고 싶다. 그 선언이 갖는 모호한 특성 때문에, 나는 점성술사의 주관적 심리학과 독립된 객관적 의의를 홀로스코프에 인정할 어떤 이유도 찾을 수 없다.[44]

6

우주적 조화에 대한 케플러의 관점들은 본질적으로 양적이며, 수학적으로 예증 가능한 전제들에 기초를 두었기 때문에, 저명한 물리학자이며 장미십자회원인 옥스퍼드의 로버트 플러드(Robert Fludd)의 주요 저작인 『각각의 우주: 대우주와 소형이상학과 물리학 그리고 기술의 역사』(*Utriusque Cosmi Maioris scilicet et Minoris Metaphysica, Physica atque technica Historia*, 1621, Oppenheim)에 나타난 것처럼, 자연에 대한 어떤 고대-마술적 서술의 관점과는 양립할 수 없었다. 『세계의 조화』 V권 부록에서 케플러는 플러드의 이 저작을 매우 과격하게 비판했다.[45] 전통적 연금술의 대표자로서 플러드는 『어떤 분석적 논증』(*Demonstratio quaedam*

---

44 이 점에 관해서 이 책의 2장에 실린 융이 기술한 통계학적 실험의 부정적인 결과를 참고. 여기서 파울리가 부정적이라고 한 것은 점성술의 객관성에 대한 것이다. 융의 점성술 실험은 실험자의 주관이 은밀하게 개입한 것이다.—역자

45 프리쉬, V권, 328~334쪽.

analytica)[46]이라는 논고를 출판했는데, 그 논고는 케플러의 부록에 대한 반박을 겨냥한 상세한 논쟁이었다. 이에 케플러는 플러드의 『반복』(*Replicatio*)[47]에 뒤이은 『답변』(*Apologia*)[48]으로 응답하였다.

케플러가 여기서 충돌한 지적인 '반세계'(counter-world)는 연금술적 변성(transmutation)의 신비에서 정점에 달한 자연에 대한 어떤 고태적-마술적(archaistic-magical) 서술이다. 그것은 다양한 화학적 절차에 의해 프리마 마테리아(prima materia, 원초 물질)로부터 그 안에서 잠자고 있는 세계영혼(world-soul)을 방출하고, 그렇게 했을 때 물질을 구원하고 열렬한 숙련가(adept)[49]로 변형하는 친숙한 연금술적 과정이다. 케플러와 달리 플러드는 독창적으로 선언할 만한 그만의 주장을 가지고 있지 않았다. 즉 그의 연금술적 관념들조차도 매우 소박한 형식으로 정식화된다. 우주는 네 가지 구들(four spheres)로 나누어져 있는데, 이것은 고대 사원소설(four elements)에 상응하는 것이다. 최상의 구는 최고천(最高天, empyrean) 곧 영혼들의 세계인데, 원소들의 구와 월하계(月下界)의 사물들의 연결인 에테르에 의해서, 그리고 바닥에선 악마의 자리인 땅(지구)에 의해서 하강하는 질서가 따르게 된다. 세계는 그 속에서 자신을 계시하는 불가시적인 삼위일체인 신의 거울상이다. 신이 상징적으로 정삼각형에 의해 표상되듯이, 두 번째로 반영된 삼각형이 세계를 표상하며 그 아래에 있다. 플러드의 『각각의 우주: 대우주와 소형이상학과 물리학 그리고 기술의 역사』(이하 『각각의 우주』로 약칭)에 있는 그림에서 이것을 확실하게 엿볼 수

---

46 프랑크푸르트, 1612.『분석론』(*Discursus analyticus*)이라 불린다.

47 프랑크푸르트, 1622.

48 프리쉬, V권, 413~468쪽.

49 숙련의 연금술사, 작업에의 의식적 참여, 자아와 분석자의 상징이다. 사무엘(Andrew Samuel) 외, 민혜숙 옮김, 『융 분석 비평사전』(*A critical dictionary of Jungian analysis*), 동문선, 2000. 관련 항목 참고.-역자

있다.(〈도판 1〉)

위의 삼각형 옆에 설명이 있다(I)

지극히 신성하고 지극히 아름다움 대상(신)이 아래 면에 그려진 세계의 어둠이 짙은 거울 안에 보인다.

아래쪽의 삼각형을 언급하며(Ⅱ)

그림자, 상(像) 또는 불가해한 삼각형의 반영이 세계의 거울에 보인다.

위쪽의 삼각형 안에는 '야훼'(Jahve)로 번역되는 히브리 문자가 보인다. 문헌의 아래에서 우리는 다음과 같은 글을 읽는다(Ⅲ)

그러나 헤르메스 트리스메기스투스(Hermes Trismegistus)[50]가 세계를 신자신의 이미지로 부르는 한에서 나는 신 그 자신의 이미지와 상(像)은 거울에 비친 인간의 영상처럼 세계영혼에서 식별될 수 있다고 주장한다.

---

50 헤르메스는 이 지상에 세 번 태어났다고 하는데, 처음은 아담의 후손으로 노아의 홍수 이전에 이집트에 나타나서 점성술과 연금술을 가르치고 피라미드를 축조했다. 두 번째는 바빌론에 탄생하여 자연과학, 의학, 철학, 수학을 피타고라스에게 전했고, 마지막으로 로마의 식민지였던 알렉산드리아로 자신의 비의(秘義)를 아들인 타트(Tat)와 희랍인 아스클레오피스에게 전했다. 후세 사람들이 그의 위대함을 가리켜서 토트 헤르메스 메르쿠리우스 트리스메기스투스(Thoth Hermes Mercurius Trismegistus)라는 이름으로 신격화했다. 이집트(Thoth), 그리스(Hermes), 로마(Mercurius)의 동일한 신 이름에 덧붙여 세 번 위대한 자(Trismegistus)라는 뜻이다. 이 신에게 주어진 수는 4이다. 'Hermetism'이라는 말은 점성학, 연금술, 마법 등의 이교(異敎)의 체계를 말한다. 유기천 편역, 『점성학이란 무엇인가』, 정신세계사, 1995, 99~110쪽. 『에메랄드 타블렛』이 이 신의 이름으로 전해지고 있다. "위와 같이 아래도 그러하다"(As above, so below)라는 상응(correspondence) 이론의 최고의 표현이 담겨 있다.-역자

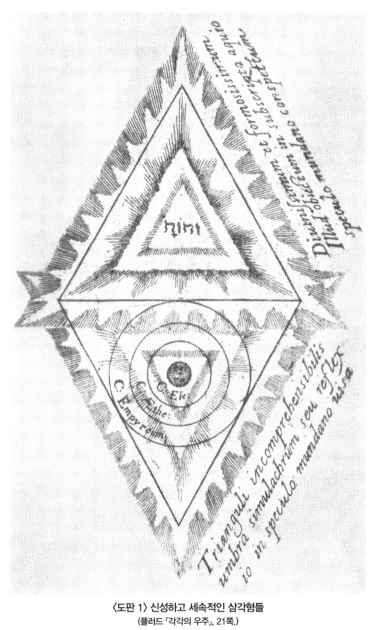

〈도판 1〉 신성하고 세속적인 삼각형들
(플러드 『각각의 우주』, 21쪽.)

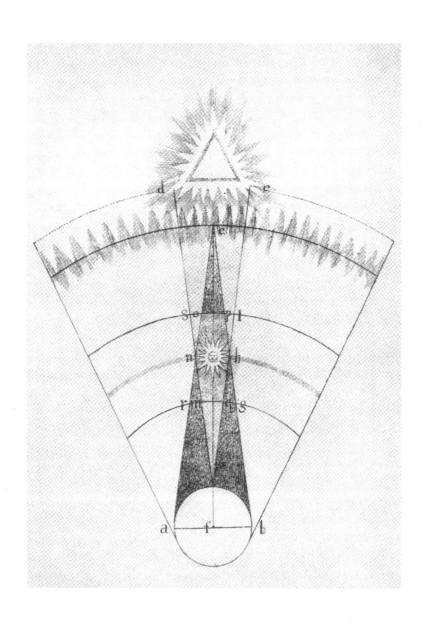

〈도판 2〉 물질적이고 형상적인 피라미드의 상호침투: 1
(플러드 『각각의 우주』, 81쪽.)

제2부 케플러의 과학이론에 미친 원형적 관념의 영향

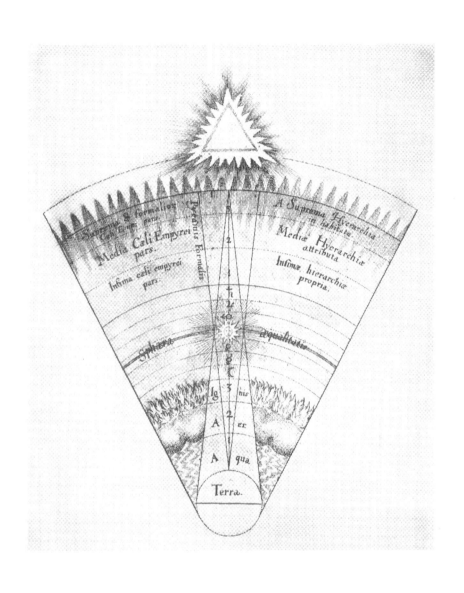

〈도판 3〉 물질적이고 형상적인 피라미드의 상호침투: 2
(플러드 『각각의 우주』, 89쪽.)

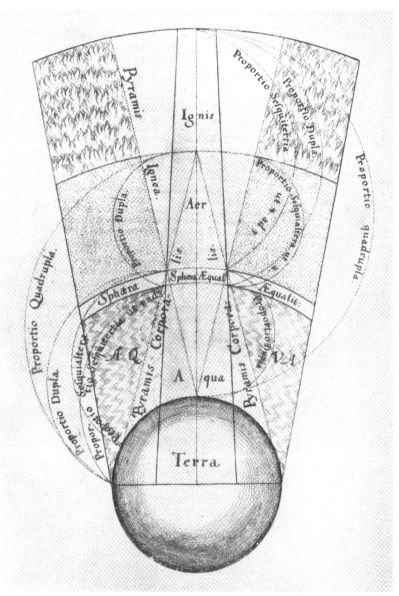

〈도판 4〉 물질적이고 형상적인 피라미드의 상호침투: 3
(플러드 『각각의 우주』, 97쪽.)

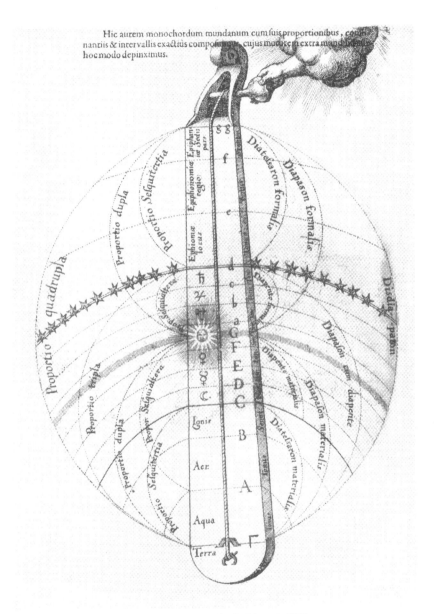

〈도판 5〉 모노코르두스 문다누스(세계의 일현금)

(플러드 『각각의 우주』, 90쪽.)

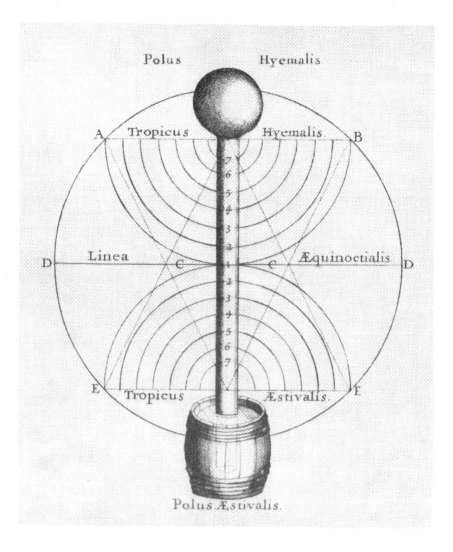

〈도판 6〉 플러드의 기압계
(플러드 「비교철학(祕敎哲學)」)

우주의 두 극을 가진 근원적인 원리들은 위로부터 나온 빛의 원리로서의 형상(form)이고, 땅에 거주하는 어둠의 원리로서의 질료(matter)이다. 천사들로부터 광물에 이르기까지 모든 존재들은 그들의 더 많은 빛의 함유 혹은 더 적은 빛의 함유에 따라서만 차별된다. 이 양쪽 대극 사이에 영속적인 투쟁이 지속된다. 아래로부터 물질적인 피라미드는 하나의 나무처럼 땅으로부터 위로 자라나고, 위로 향하면서 물질은 더욱더 정련되어진다. 동시에 형상적 피라미드는 정확히 물질적 피라미드를 비추면서, 땅 위에 그 극점을 두고 아래를 향해 자라난다. 플러드는 결코 실제적으로 물질적인 과정과 상징적인 표상 사이를 명확하게 구별하지 않는다. 대우주에 대한 소우주의 유비 때문에 화학 과정은 진정 동시에 전우주의 반영이다. 두 가지 움직임 곧 아래로 향하는 것과 위로 향하는 것, 이것들도 공감(sympathy)과 반감(antipathy) 혹은 카발라(cabala)와 관련해서 볼룬타스 데이(voluntas Dei, 신의 의지)와 놀룬타스 데이(noluntas Dei, 신의 비의지)[51]로 불린다. 형상적 빛의 원리가 물러난 뒤에 질료는 신의 한 부분으로서 이전에 잠재적으로 현존하긴 했어도 어둠의 원리로서 배후에 남는다.[52] 태양의 세력 범위 곧 이 대극적인 원리들이 서로 평형을 이루는 중간에는 연금술적 결혼(chymic wedding)의 신비 속에서 인판스 솔라리스(infans solaris, 태양의 자식)가 생겨나는데 그것은 동시

---

51 '신의 비(非)의지'로 번역한 '놀룬타스 데이'는 사실상 그 의미가 '신이 원치 않는 그런 것'을 뜻한다.-역자

52 이는 팔레스타인의 사파드(Safad)에서 살았던 유대 신비주의자인 아이작 루리아(Isaac Luria, 1539~15729)의 침춘(Tsimtsun, Withdrawal) 이론과 일치한다. 거숌 스콜렘(Gershom Scholem), 『유대 신비주의의 주경향』(Major Trends in Jewish Mysticism, 뉴욕, 1946)의 일곱 번째 강좌를 참고. 내게는 이 신비주의 교설이 플러드 역시 본질에서 인정했던 프리마 마테리아(제일 물질)의 인크레아툼(increatum, 창조되지 않은 것)에 대한 아리스토텔레스적이며 연금술적인 관념과 성경의 교의를 조화시키려는 시도 중의 하나로 간주되어야 한다는 생각이 든다. 물질은 영원으로부터 존재했다는 관념은 이탈리아의 철학자 지아코모 자바렐라(Giacomo Zabarella, 1532~1589)에 의해 특히 옹호된다.

에 해방된 세계영혼이다. 이 과정은 플러드도 '상징적 도형'(hieroglyphic figures) 혹은 '불가해한 어떤 수수께끼'(aenigmata)라고 부른 일련의 그림들 (picturae, pictures)에서 묘사된다. 도판 Ⅱ에서 Ⅳ까지 이 사례들이다.

과거 피타고라스의 관념과 일치되게 플러드는 이 피라미드들의 부분들의 비율로부터, 다음의 간단한 음계들이 주요한 부분을 수행하는 우주적 음악을 전개한다.

Disdiapason=Double octave Proportio quadrupla 4:1

Diapason=Octave Proportio dupla 2:1

Diapente=Fifth Proportio sesquialtera 3:2

Diatessaron=Fourth Proportio sesquitertia 4:3

이것은 모노코르두스 문다누스(monochordus mundanus, 세계의 일현금)를 표상하는 〈도판 5〉에 독특한 그림으로 표현된다.[53] 우주적 음악이라는 관념은 연금술사 미하엘 마이어의 저작에서도 드러난다는 것을 알 수 있다.

플러드의 일반적인 관점은 세계 조화에 대한 진정한 이해, 그리고 또 진정한 점성술은 연금술적 또는 장미십자회의 신비에 대한 지식 없이는 불가능하다는 것이다. 이러한 신비에 대한 지식이 없어도 산출되는 것은 그 어떤 것이라도 자의적이고 주관적인 공상일 뿐이다. 다른 한편 케플러에 따르면, 양적이고 수학적인 사실을 입증할 수 있는 것만이 객관적인 과학에 속하고 나머지는 사사로운 일이다. 케플러가 증명을 위한 엄격한 수학적 방법의 채택을 정당화하기 위하여 분투해야 한다는 것은 부록의 결론적인 언사에서부터 『세계의 조화』까지 이미 명백하다.[54]

나는 이 간략한 논의로부터 비록 조화로운 비율에 대한 어떤 지식은 로버트 플러드가 가르치는 극도로 심오한 철학의 난해한 신비를 이해하기 위하여 매우 필요하지만, 그런데도 심지어 내 저작을 연구했었던 사람인 플러드는 당분간 이러한 것들(비율들)이 수학적 예증의 정확한 확실성에서 멀어져 갔던 것 못지않게 그러한 혼동스러운 신비들을 상당히 제거할 것이 확실하다고 생각한다.

모든 양적 측정에 대한 플러드의 혐오는 다음의 구절에서 드러난다.

그(케플러)가 많은 언사로 표현했던 것과 내가 다소의 언사를 집약하

---

53 음향학자가 음의 본질과 음의 관계의 본질을 탐구하기 위하여 접근하는 방법은 모노코드 (monochord)를 사용하는 것이다. 모노코드는 그리스어로 현을 향판에 가로질러 매어둔 '단현(單絃)'(一絃)을 뜻한다. 이 현의 분할을 통해 음이 분화된다. 먼저 '2등분'을 하게 되면 전체 현이 내는 음높이와 비교해서 새로운 음높이가 더 높여서 듣게 된다. 이 두 음높이 사이의 관계를 옥타브(Octave)라고 부른다. 그런데 옥타브의 '옥타'(Oct)는 8이라는 뜻이다. 이것은 옥타브라는 음의 범위를 8단계로 생각했기 때문이다. 우리나라와 중국은 5음계, 인도는 22단계, 아라비아는 17단계이다. 이 단계의 설정은 문화별로 자의적이라고 해도 그 범위를 넘어서면 그 관계들은 다시 되풀이된다. 이것은 시간과 공간을 넘어서도 경험할 수 있는 보편적인 사실이다. 희랍인들은 2분된 현(1/2)에 의한 음높이로 만들어지는 음정을 '디아파손'(Diapason)이라고 했다. 이 뜻은 '모두를 통해,' '전체를 통해'라는 뜻으로 음조적 공간의 전체를 의미한다. 이 음조적 공간 전체, 곧 옥타브성(octaveness)에 각기 풍수에 따라 개성적인 단계를 설정하는 것이다.

현을 3등분하게 되면 1/3과 2/3의 분할이 이루어진다(1/3 + 2/3=3/3). 이것은 1/3:2/3 즉 1/2 가 되어 옥타브가 된다. 그런데 이 가운데 짧은 부분은 주어진 현이 가진 기본음보다 12도 높고, 나머지 2/3부분은 개방현의 음높이보다 5도 높은 음을 울린다. 즉 5도=2/3이 된다. 다시 말해 딸림음(1/3)과 버금딸림음(2/3)이라는 양쪽의 극이 으뜸음(1/1)을 둘러싸고 있는 것이다.

현을 4등분하게 되는 경우 수리적으로 4는 2를 두 배한 것이 되므로 4의 음악적 값은 '옥타브의 옥타브'(double octave)가 된다(1/4=1/2×1/2). 숫자 3은 5도와 연관되고, 숫자 4는 더블 옥타브와 연관된다. 따라서 3/4가 의미하는 것을 이렇게 말할 수 있다. 즉 주어진 음높이의 두 옥타브 위(1/4)와 12도 아래(3/1), 혹은 주어진 음높이의 완전 4도 위와 주어진 현의 3/4 길이 부분을 퉁겨 보면 이러한 수리적 연역을 검증할 수 있다. 지그문트 레바리(Siegmund Levarie) 외, 전지호 옮김, 『음이란 무엇인가』(Tone: A study in musical acoustics), 삼호출판사, 1988, 29~64쪽 참고. 이 책의 「플러드의 사상수론」 참고.-역자

54 프리쉬, V권, 334쪽.

고 상징적 도형과 극도로 의미심장한 그림에 의해 설명했던 긴 논의는 확실히 내가 그림을 즐긴다는 이유(그가 어디선가 말한 것처럼)가 아니라, (그가 연금술사와 신비주의 철학자를 연상하면서 수준 이하라고 암시하는 듯한 그런 사람들 가운데 하나로서) 나는 추출된 정수를 모으고 침전물을 버리며, 양질의 것을 그에 적합한 용기에 부어넣는 일을 하는 연금술사의 방식대로 정밀하게 그려서 많은 것을 불러 모아 해결하였기 때문이다. 그래서 과학의 신비가 드러나게 되자 숨겨진 것이 분명하게 되었고, 사물의 내적 본성은 외관이 벗겨진 뒤에는 황금 반지에 박힌 소중한 보석처럼 그 본성에 가장 적합한 어떤 그림에 들어가게 된다. 어떤 그림이란 그 본질을 거울 속에서처럼, 그리고 이런저런 말의 에두름 없이도 눈과 마음을 가지고 바라다볼 수 있다.[55]

천박한 수학자들은 양적 그림자(明暗의 暗)에 관여하기 때문이다. 그러나 연금술사들과 신비 철학자들은 자연의 본모습이 가진 진정한 핵심을 이해한다.[56]

형식 수학을 공부했던 정선된 수학자들에 의해 자연은 측정되고 숨김 없이 드러난다. 그러나 의사적(擬似的)이고 서투른 점들 때문에 자연은 보이지 않고 숨겨지게 된다. 수학자들은 실체 대신에 그림자를 측정하고 불안정한 의견을 먹고 자라난다. 반면에 자연은 그림자를 거부하면서 실제를 파악하고 진리의 통찰에 의해 기뻐한다.[57]

---

55 『분석론』, 5쪽.
56 12쪽.
57 13쪽.

그러나 여기에 전적인 어려움이 감춰져 있다. 왜냐하면 그(케플러)는 창조물(res naturata, 현실적으로 존재하는 자연물)의 외부적 운동을 숙고하려고 했기 때문이다. 반면에 나는 자연 그 자체에서 유래한 내부적이고 본질적인 충동들[58]을 묵상했다.[59] 그는 꼬리를 붙잡았고, 나는 머리를 움켜쥐었다. 나는 제일 원리를 감지했고, 그는 그 결과를 감지했다. 그리고 비록 그의 가장 먼 운동이 (그가 말한 대로) 진정한 것이라 하더라도, 그는 너무 빨리 그의 학설의 불가능성의 오물과 진흙에 교착되고 혼동된 채 숨겨진 족쇄에 너무 굳건히 묶여 있어서, 그의 명성에 해가 되지 않으면 덫에서 쉽게 벗어날 수 없으며, 감금에서 벗어나기 위해 값싸게 (minimo, 적은 값) 몸값을 지불할 수도 없다. 그리고 다른 사람들을 함정에 빠뜨리려고 한다면 저도 모르게 그곳에 자기 몸이 빠질 것이다.[60]

'포르마'(forma, 형상)(우리는 '포르마' 상징에 대해 말해야 한다)에 찬성하면서 양적인 모든 것에 대한 거부는 분명히 과학적 사유와는 완벽하게 양립불가하다. 케플러는 이 점에 대해 다음과 같이 답변한다.

내가 당신의 불가해한 어떤 수수께끼(aenigmata) 곧 내가 말해야 하는 조화들을 언명할 때, 나는 나의 판단과 이해에 따라서 모호함을 말한다. 그리고 나는 이 점에서 당신으로 하여금 스스로를 하나의 도움으로 여기게 한다. 왜냐하면 당신은 내가 장님과 같다는 사실이 없다면 당신

---

58 액투스 인테리오레스(actus interiores, 내적 현행)는 '자연 자체'(nature herself, ipsa natura)에서 일어나는 창조적 충동들이다. 모투스 엑스테리오레스(modus exteriores, 외적 양태)는 이 충동의 결과인 '레스 나투라타'(res naturata, 창조물)에서 일어나는 물리적 사건들이다.
59 케플러는 고심해서 생각하고(수수께끼를 풀고, puzzle out), 프러드는 바라본다(behold).
60 플러드, 『분석론』, 36쪽.

의 목적이 수학적 예증에 종속되는 것을 부인하기 때문이다.[61]

이제 논쟁자들은 빛이라 하고 어둠이라 하는 것조차도 더 이상 동의할 수 없다. 플러드의 상징적 픽투라에(picturae)와 케플러의 기하학적 도해(diagram)는 어떤 융화하기 어려운 모순을 드러낸다. 한 예로 케플러는 위에서 예시된 플러드의 모노코르두스 문다누스(monochordus mun- danus, 세계의 일현금)의 형상에서 가정된 행성 구들의 차원들이 참되고 경험적인 차원들과 상응하지 않다는 것을 쉽게 지적할 수 있다. 플러드가 사피엔테스(sapientes, 지혜)는 구들의 궁극적인 차원들에 대해 의견이 합치되지 않고 이것들은 본질적으로 중요하지 않다고 응수할 때, 케플러는 양적 비율은 음악이 관련한 곳에서, 특히 제4도 음정의 특징인 4:3의 비율의 경우에서 본질적이라고 매우 격렬하게 의견을 개진한다. 케플러는 더욱이 태양이 아닌 지구가 행성 구들의 중심이라는 플러드의 가정을 당연하게 거부했다.

양적인 모든 것에 대한 플러드의 경시, 그의 견해로 양적인 것은 모든 분할과 모든 다양성처럼 어둠의 원리(물질, 악)에 속하는데,[62] 이것은 결국 자연에서 차지하는 영혼의 위상에 관한 플러드와 케플러의 관점 사이에 더욱 본질적인 차이로 귀결되었다. 비율에 대한 영혼의 민감성, 케플러에 따르면, 매우 본질적인 그 민감성은 플러드의 견해로는 (어두

---

61 프리쉬, V권, 424쪽.
62 「프란시스쿠스 게오르게스 베네투스에 대하여」(on Franciscus Georges Ve- netus) 『반복』, 27쪽. "그러므로 그는 다음과 같이 결론내렸다. 영혼은 하나이며 단순하지만, 저급한 사물로 내려올 때 분할가능한 것으로 불릴 수 있다. 그리고 이것이 저급한 구들에서 생성과 타락의 이유이다. 이런 이유로 피타고라스는 에우세비우스(Eusebius)에게 보내는 글에서 이렇게 말했다: 신은 통일되어 있다; 그러나 이원화되어 있는 것은 악마이며 사악하다. 악마에게는 물질적 다양성이기 때문에 …." 『반복』, 37쪽. "형상으로는 아니지만 다수로 확장되는 물질, 그것은 항상 그 빛나는 원천과 중단되지 않게 연관되어 있느니 …."

ㅠ) 물질적 세계에서의 얽힘의 결과일 따름이다. 반면에 그 상상력은 통일을 인식하고 있으며, 빛의 원리(forma)에 기원을 두고 있는 그 진정한 본성에서 유출한다. 케플러가 영혼은 자연의 한 부분이라는 근대적인 관점을 나타내고 있는 반면에, 플러드는 인간의 영혼에 '부분'이라는 개념을 적용하는 것조차도 저항하고 있다. 왜냐하면 영혼은 물리적 세계의 법칙으로부터 자유로우며, 즉 그것은 빛의 원리에 속하며 전체 세계 영혼으로부터 분리될 수 없기 때문이다(부록 1 참고).

케플러는 플러드가 '속류(vulgar) 수학'에 대항한 '형식 수학'을 거부하지 않으면 안 된다.

> 만약 당신이 또 다른 수학, 즉 자연적이고 형식적인 하나의 수학에 대해 안다면(지금까지 수학자로서 찬양된 모든 사람들이 그들의 명성을 얻었던 속류적인 것을 제외하고), 만약 우리가 그 말의 가장 일반적인 기원(가르침, 교설)에 위안을 구하고 그 양을 포기하지 않는다면, 나는 결코 그것을 맛본 적이 없음을 고백해야겠다. 그에 대해 당신은 알아야 하는데, 나는 여기서 말하지 않겠다. 로버트 당신이 당신 자신을 위해 그 영광을 그리고 거기에서 발견된 증거들의 영광을 보존할 수 있게 되면, 그리고 이것들이 얼마나 정확하고 틀림없는지 유념할 수 있으면, 내가 생각하기로 당신은 내가 없이도 당신 자신을 위해 판단할 것이다. 나는 감각들 그 자체에 의해 결정 가능한 가시적인 운동들을 성찰하는데, 당신은 내적 충동을 숙고하고 등급에 따라 그것들을 구별하려고 시도할지도 모른다. 나는 꼬리를 붙들지만, 실제 내 손을 써서 그렇게 한다. 허나 당신은, 내가 두려워하는 바이니, 비록 꿈에서나 가능할 테지만, 마음속으로 머리를 움켜쥘 수 있을 뿐이다. 나는 결과들 즉 행성들의 운동에 만족한

다. 만일 당신이 바로 그런 원인들에서 운동들에서의 내가 가진 것만큼 명확한 조화를 발견하려 한다면, 나는 당신의 발명에 대한 재능에 대해 당신을 축하할 것이며, 내가 어떤 것을 관찰할 수 있게 되자마자 관찰에 대한 나의 재능에 대해 내 자신을 축하하는 것이 온당할 것이다.[63]

그러나 상황은 여기서 케플러가 나타낸 것만큼 단순하지는 않다. 그의 이론적 관점은 결국 순수하게 경험적이지 않고, 물리적 세계가 선재적인 원형적 이미지의 실현이라는 관념만큼 본질적으로 사변적인 요소들을 포함하고 있다. 케플러의 이런 사변적인 측면(여기서 공언하지는 않지만)이 플러드의 덜 분명한 경험적 경향에 의해서 조화되고 있다는 점이 흥미롭다. 플러드는 사실상 빛의 원리와 어둠의 원리라는 그의 사변철학을 이른바 '기압계'(weather-glass)를 가지고 했던 과학적 실험에 의해 지지하려고 노력했다. 이 시도가 우리에게 17세기의 지성사에서 극도로 기괴한 일화처럼 보이는 일에 한 줄기 이해의 가닥을 던지기 때문에, 비록 관련된 구절이 플러드의 만년 저작인 『비교철학(秘教哲學)』(*Philosophia Moysaica*, Gouda, 1637)에서만 발견되지만, 나는 이 점에서 그에 대해 좀더 많은 것을 말하고 싶다. 이 저작은 케플러의 사후에나 발간되었다.

그 기압계(weather-glass)는 아래로 개방되어 있는 유리관을 물이 가득 찬 용기에 담아서 만들어진다. 관에 담긴 공기가 가열에 의해 희박하게 되면 물기둥이 안에서 올라가는데, 그 높이가 온도와 공기 압력에 의해 결정된다. 그런데 이런 개념들은 토리첼리(Torricelli)[64] 이전에는 알려지

---

63 『답변』(프리쉬, V권, 460쪽).
64 토리첼리(Evangelista Torriceli, 1608~1647), 이탈리아의 물리학자, 수학자로서 기압계를 발명했다. 갈릴레오의 조수이기도 했으며, 갈릴레오의 사후에 기압을 연구하여 유명한 토리첼리의 정리를 발견하였다. 『브리태니커』 관련 항목 참고.─역자

지 않았으며, 일부분의 공기 압력의 변동에 의해 유발된 물높이의 일시적인 변동은 통상 오로지 온도의 변동에서 생긴 것으로 해석되었다. 물기둥 위에 머물러 있는 공기의 확장이나 수축의 결과로서 데워질 때 물기둥은 내려가고, 냉각되면 올라간다. 일종의 온도계와 기압계가 결합된 기구는 물론 우리가 사용하고 있는 것과 반대되는 방식으로 반응을 보인다.[65]

〈도판 6〉과 아래의 『비교철학(秘敎哲學)』에서의 인용은 플러드가 '기압계'를 대우주에서(이미 여기서 논의했던 한 가지 주제인) 빛의 원리와 어둠의 원리 사이의 투쟁의 상징으로 생각했던 방식을 명확하게 해주고 있다. 〈도판 6〉의 삼각형들은 이전 형상(〈도판 1~5〉)의 것들과 동일하다.

> 그 기구가 보통 기압계로 불리는 것은 몇몇 당대인들에 의해서 잘못 사칭된 것이다. 즉 그들은 그것을 자신들이 발명한 것인양 잘못되게 호언장담하고 있는 것이다.
>
> 인간은 열렬히 명성을 갈망하고 영예와 평판을 탐하기 때문에 그가 그것들을 어떤 방식으로 그리고 어떤 정도로 얻었는지는, 더구나 올바른 수단인지 부정한 수단인지는 더더욱 그에게는 별로 중요하지 않다. 이것만이 교언영색을 가장하여 이방(異邦)의 철학자들이 최상의 정도(正道)를 가는 현명하고 신성한 철학자 모세(Moses)[66]에 빌붙어서 베일에 가려져 있고, 말하자면 새로운 이름과 제목들에 의해 그들의 이런 도적질

---

[65] 이 기구의 역사에 대해서는 보피토(G. Boffito)의 『과학기구와 기구과학』(*Gli strumenti della scienza e la scienza degli strumenti*)(플로렌스, 1929)를 참고. 이 책에는 기우세페 비앙카니(Giuseppe Biancani)의 『세계의 구(球)』(*Sphaera Mundi*)(볼로냐, 1620, 111쪽)에 있는 '기압계'의 예시 및 묘사, 그리고 '온도측정기'(thermoscope)로 불리는 갈릴레오의 유사한 기구도 언급되어 있다. 나는 파노프스키 교수의 친절함 덕분에 이 서지 사항을 알게 되었다.

을 금빛을 칠해 꾸민 철학적 원리를 자신들에 속하는 것으로 생각하는 이유이다. 그래서 이런 식으로 그들은 그들만이 할 수 있는 발명 때문인 것처럼 그것들을 과시할 수 있었다(아래에서 좀 더 논의할 것처럼) 매우 유사한 방식으로 이 실험적 도구 혹은 우리의 기압계는 본래의 기구의 형태를 약간 변형함으로써, 그들 자신만의 힘으로 이런 착상(inventionem)을 최초로 했었다고 큰소리치는 많은 의사적(擬似的)이거나 또는 합당한 발명가들이 있다. 나에 관한 한 나는 그의 것을 다른 사람의 덕분으로 생각하는 것은 공정하고 정직한 것이라고 판단한다. 나는 내 철학의 원리들을 그 스스로가 형성하고 신의 거룩한 손길로 써져서 그들에게 건네주었던 나의 스승인 모세에게 돌리는 것에 부끄럽지 않기 때문이다. 그렇기 때문에 나는 비록 내가 자연의 대우주에 대한 나의 경력을 가지고 그것을 만들었다고 하더라도(다른 형태라고 하더라도), 그리고 다른 경우에 나의 철학적 논증의 진리를 입증하기 위해 이기기는 하더라도, 정의에 따라서 내 자신을 사칭할 수 없으며 이 기구의 발명을 주장할 수도 없다. 그리고 나는 그것을 적어도 50년 된 원고에서 구두로 상세히 열거했고, 기하학적으로 묘사한 채로 발견했었다는 것을 고백한다. 그래서 처음 나는 당신에게 이제 막 언급된 그 오래된 기록에서 내가 그것을 발견했던 그 형태를 설명할 것이다. 나는 우리들 사이에서 상식적으

---

66 모세(Moses, ?~?)는 기원전 13세기경에 히브리 민중을 이집트의 노예 상태에서 해방시킨 지도자이다. 유대교 전통에서 가장 위대한 예언자, 교사로서 추앙받고 있으며 유대교를 모세교 혹은 모세 신앙으로 부르는 경우도 있다. 초기 유대교나 기독교 전승들은 모세를 『토라』의 저자로 간주했는데, 토라는 종종 『구역성서』 처음 5권(「창세기」, 「출애굽기」, 「레위기」, 「민수기」, 「신명기」)을 가리키는 데 국한되며, 율법 또는 5경(Pentateuch)이라고도 한다. 즉 유대 민중에게 내린 계시의 본질이며, 하느님이 인류를 위해 계시한 가르침 또는 지침이다. 여기서 플러드가 '모세의 철학'(Philosophia Moysaica)를 말하고 모세를 언급하는 것은 그를 단순한 사람이 아니라 하느님의 뜻을 대행한 예언자, 지도자, 계약(「십계명」의 전달자)의 해석자로서 율법을 전해준 자 등으로 이해하기 때문이다. 다시 말해 플러드에게 모세는 『성경』 안에 담긴 하느님의 비전적(秘傳的) 가르침을 알려준 예언자로 생각되고 있다.─역자

로 알려지고 사용된 것 같은 그 형상과 상태를 묘사할 것이다.[67]

우리가 눈에 보이는 증거로 나아가기 이전에, 앞으로 우리의 실험도구에 의해서 수행될 것이지만, 우리는 먼저 일반적인 공기(곧 월하계의 일반적인 요소)는 더 얇으며, 모세가 말한 '창공 아래의 대양'의 좀 더 영적인 부분이라는 것을 고려해야만 한다. 그러므로 이 공기의 어떤 부분이 그 전체와 상응하고, 따라서 이 기구의 유리 안에 담겨진 그 공기는 일반적 세계의 공기와 동일한 본성과 조건임이 틀림없다. 그런 이유로 양자간의 연속성 때문에 월하계의 일반적 공기는 그 성질에 있어서 정확히 유리에 담겨진 부분적인 공기처럼 행동하는 것이 명백하다. 그리고 이것은 이어서 대양의 수면 위로 떠다니는 성령(Spirit Ruach-Elohim)처럼 행동한다. 이 성령의 현존에 의해서 그것들은 생명력과 생기를 받고 형태를 부여받게 되며, 동성(動性)을 받음으로써 확장된다. 그래서 이 성령이 부재하다면 곧 그 현행하는 힘과 능동적 감화의 정지 혹은 성령의 광선의 활동성의 수축이 성령 스스로에게 귀속될 때, 대양은 그에 상응하게 수축되고 응결되고 어두워져서 움직임이 없고 고요한 것으로 된다.[68]

이런 기술의 관점에서 우리는 거의 기압계를 플러드가 뜻하는 의미로 '비의지적 계기'(noluntermeter)로 불러야 할 것 같다.

플러드에게 숫자 4는 우리가 이해한 대로 케플러에게는 사실이 아닌 어떤 특별한 상징적 성질을 가진다는 것이 케플러와 플러드 사이의 심

---

67 『비교철학(秘教哲學)』, I권, 1~2쪽.
68 『비교철학』, 27쪽.

리학적인 대조를 위해 중요하다. 부록 2에서 제시된 플러드의 『분석론』에서의 인용이 이 문제에 대해 다소간의 해명을 던질 것이다.

위에서 언급된 것으로부터 독자들은 우리가 바라는 대로, 새롭고 양적이며 과학적이고 수학적인 사유 방식이 질적이고 상징적인 그림들로 표현된 연금술적 전통과 충돌하고 있었던 17세기 초엽을 사로잡은 분위기에 대한 어느 정도의 이해를 얻게 된다. 전자는 항상 새로운 표현 양식을 위해 분투하는 생산적이고 창조적인 케플러에 의해서 대표되고, 후자는 수학적인 논리적 사고와 경험적인 귀납의 연합으로부터 이미 고태가 된 신비의 세계에 대한 명백한 위협을 느끼지 않을 수 없었던 그 시대의 추종자 플러드에 의해서 대표된다. 우리는 플러드가 점성술이나 물리학에 관련한 논의를 펼칠 때면 항상 잘못에 빠진다는 인상을 갖는다. 그가 양적인 요소들을 거부한 결과로서 그는 필연적으로 그 법칙들을 깨닫지 못하게 되었고, 불가피하게 과학적 사유와 조화될 수 없는 갈등에 이르게 되었다.

하지만 마음의 두 가지 타입간의 어떤 보다 일반적인 차별의 견지에서 바라볼 때 우리에게 플러드의 태도는 다소 이해하기가 더 쉽다. 다시 말해 부분들의 양적인 관계가 본질적이라고 생각하는 타입과 전체의 질적인 분할 불가능성을 본질적으로 생각하는 다른 타입이 있다. 예를 들자면 우리는 이미 이런 태도를 고대에 있었던 미(美)에 대한 두 가지 상응하는 정의에서 발견한다. 그 하나는 부분들과 그 각각의 적절한 일치, 부분들과 전체간의 적절한 일치이며, (플로티누스에게 거슬러 올라가는) 다른 하나에서는 부분들에 대한 언급은 없고 미(美)는 물질적 현상들을 관통하여 빛나는 '일자'(One)의 영원한 광휘이다.[69] 어떤 유비적 대조를 후일 색채 이론에 관한 괴테와 뉴턴 사이의 유명한 언쟁에서 발견할 수 있다. 괴테는 '부분들'에 대한 비슷한 혐오를 가지고 있어서 항상 '자연적'현상에 대한 기구들의 혼동스런 영향을 강조했다.[70] 우리는 이 논쟁적 태도들이 진정 감정 타입(feeling type) 혹은 직관 타입(intuitive type)과 사고 타입(thinking type) 사이에서 보이는 심리학적 대조의 예증이라는 관점을 옹호하고 싶어진다.[71] 괴테와 플러드는 감정 타입과 직관적 접근을 대표하고, 뉴턴과 케플러는 사고 타입을 대표한다. 심지어 플로티누스조차도 아리스토텔레스와 플라톤과 비교해서 어떤 체계적인 사유인

---

69 미에 대한 이런 두 가지 정의 사이의 논쟁은 특별히 르네상스 시기에 중요한 역할을 한다. 이 시기에 마르실리오 피치노(Ficino)는 플로티누스의 측면을 철저히 견지했다. 피치노(Marsilio Ficino, 1433~1499)는 이탈리아 사람으로 15세기의 아리스토텔리스주의를 변질되고 반종교적이라고 보았으며, 플라톤주의를 그것에 대한 방어 수단으로 여기고 르네상스의 관점에서 플라톤 사상을 수정했다. 플라톤과 플라톤 학파의 저서를 번역하고 해석하면서 그들 사상을 기독교 신학과 긴밀히 연결하려고 노력했다. 그의 해설서 가운데 주목할 만한 것은 『사랑에 대하여』(De amore)라고도 불리는 플라톤의 『향연』(Symposium)에 대한 것과 플로티누스의 여러 논문이다.-역자

70 19세기에 접어들던 해에 뉴턴의 추종자들과 괴테 사이에 있었던 색에 대한 논쟁은 환원주의자로서의 뉴턴과 전일주의자로서의 괴테의 태도를 보여 준다. 뉴턴 이론의 시금석은 프리즘을 이용한 실험인데, 이를 통해서 뉴턴은 프리즘을 통과한 그 순순한 색들이 백색광을 만들어내는 기본 요소라고 주장했다. 현재의 관점으로 보자면, '빨갛다'는 것은 10억 분의 620미터와 10억 분의 800미터 사이의 파장으로 발산되는 빛이다. 반면에 괴테 역시 프리즘을 통한 실험을 했었는데(『색채론』, 1805~1810), 그 결론은 빛은 하나이고 불가분이며 '입자적으로' 설명될 수 없다고 했다. 괴테는 색을 만들어내는 것은 '그림자와 관련된 어둠의 정도,' '빛과 그림자의 교체 현상'으로 이해했다. 현대적인 어법으로, 빛은 경계 조건과 특이성(boundary conditions and singularities)에서 생겨난다. 카오스 이론가들은 괴테를 지지하고 있는 형편이다. 제임스 글리크(James Gleick), 박배식 외 옮김, 『카오스』(Chaos), 동문사, 197~207쪽 참고.-역자

71 의식에는 여러 기능이 있는데 외정신(外精神, ectopsychic)과 내정신(內精神, endopsychic)으로 구별된다. 외정신은 의식의 일부와 환경에서 오는 인상의 연결 체계(system of relationship)이고, 내정신은 의식의 일부와 무의식 속의 과정과의 연결 체계이다. 융이 말하는 외정신 기능들은 4가지가 있는데, 그것은 정신의 전체성의 원만함을 상징하는 원의 가장 안정적인 분할을 상징한다. 그 종류에는 감각, 사고, 감정, 직관이 있다. 이 4가지 기능은 정신에너지의 발출 성향을 나타내는 외향성(extraversion)과 내향성(introversion)과 짝을 지어서 각각 8가지의 타입(유형)을 만든다(4×2=8). 이것은 융의 성격유형론의 주요 골자이기도 하다. 예를 들어 감각(혹은 감각 타입. 다른 기능들도 마찬가지)은 단지 '어떤 한 물건이 있다'(something is)고만 말한다. 반면에 사고(thinking)는 '한 물건이 무엇이다'(what a thing is)라고 한다. 감정(feeling)은 '사물의 가치'(values of things)를 알려주고, 직관(intuition)은 의식적이라기보다는 무의식적 지각이며, 사물의 변화, 즉 시간에 따른 변화 상태를 '짐작'(hunch)하는 기능이다. 홍성화 역, 『분석심리학』, 17~54쪽 참고.-역자

이라고 불려서는 안 될 것이다.[72]

현대의 학자들은 원칙적으로 이런 두 가지 대극적인 타입 가운데 한 타입이 다른 타입보다 더 높은 정도의 의식에 속하는 것이라 생각하는 것을 좋아하지 않기 때문에, 심지어는 세계의 음악에 대한 플러드와 케플러의 두 과학적 관념이 의미를 완전히 상실한 시대에서조차도 케플러와 플러드 사이의 오랜 역사적 논쟁이 여전히 원리적으로 흥미 있는 것으로 간주될 것이다. 이 점에 대해 플러드의 '사위일체적'(quaternary) 태도가 케플러의 '삼위일체적'(trinitarian) 태도와 대조해서 심리학적 관점으로부터 경험의 대완전성(completeness of experience)에 상응한다는 사실을 덧붙여 지적할 수 있다.[73] 반면에 케플러는 영혼을 수학적으로 기술 가능한 공진기들(resonators)의 체계로 감지하는데, 그것은 항상 정서와 정서적 가치 평가의 계량할 수 없는 것을 포함한 경험의 측정할 수 없는 측면을 표현하려고 노력한 상징적 이미지였다. 비록 자연과 그 법칙의 양적 측면에 대한 의식을 희생하고서라도 플러드의 '상징적'(hieroglyphic) 도형(figures)은 '관찰자'의 내적 경험과 자연의 외부적 과정의 어떤 통일을 보존하려고 기를 쓴다. 그래서 그 숙고에서의 전체성, 곧 이전에 소우주와 대우주 사이의 유비라는 관념에 포함된, 그러나 명백하게 이미 케플러에게는 결여되고 고전 자연과학의 세계관에서는 상실된 어떤 전체성을 지키려 애쓰고 있다.[74]

---

72 실험과 이론의 협동에 기반을 두는 과학적 사상이 사유와 감각(sensation)의 조합인 한 그 대극(opposite pole)은 '직관적 감정'(intuitive feeling)이라는 용어로 좀더 정확히 표현될 수 있을 것이다. 플로티누스에 대해서는 쇼펜하우어의 『철학사에 대한 단편들』(*Fragmente zur Geschichte der Philosophie*), 7: '신플라톤주의자'(Neuplatoniker)를 참고. 폰 코에버(R. von Koeber), 『소품집과 부록들』(*Parerga und Paralipomena*), 베를린, 1891.

73 이것은 모든 사원소들의 완전성만이 퀸타 에센티아(quinta essentia, 제5원소)와 라피스(lapis, 현자의 돌), 다시 말해 실재적인 변이를 생산가능하게 할 수 있음을 말하는 오래된 연금술 문헌들과 일치한다. 숫자 3과 4의 상징에 대한 진전된 논의를 이 책「부록 4」에서 살필 수 있다.

현대 양자물리학(quantum physics)은 다시 측정을 통한 현상의 교란 요인을 강조하고(다음 절을 참고), 현대 심리학은 재차 집단적(collective, 'objective') 정신의 과정을 인식하기 위해 상징적 이미지를 원재료(특별히 꿈과 환상에서 자발적으로 기원한 것들)로 사용한다. 그래서 물리학과 심리학은 또 다시 현대인들을 위하여 양(量)과 질(質) 사이의 오래된 대조를 되돌아본다. 하지만 케플러와 플러드의 시대 이래 이 대조되는 정반대의 극(極, poles)들을 타개할 가능성은 그나마 덜 희박하게 되었다. 한편으로 현대 물리학의 상보성의 관념은 새로운 종류의 종합으로, 우리에게 오래된 대조를 이루는 개념들(입자와 파동과 같은)을 적용하는 데서 생기는 모순은 결국 명백할 뿐이라는 것, 다른 한편 융 심리학에서 과거 연금술적 관념의 사용 적합성은 심리적이고 물리적인 동시발생의 어떤 매우 깊은 통합을 지적한다. 우리에게 케플러와 플러드 두 사람과는 달리 유일하게 인정할 수 있는 관점은 실재의 두 측면들을, 곧 양적인 것과 질적인 것, 물리적인 것과 심리적인 것을 서로 양립할 수 있는 것으로 인식하고, 그것들을 동시적으로 포괄할 수 있는 것이라 여겨진다.

7

자연에 대한 소박한 무지로서 그 통일과 전체성의 대가를 치룬 고대의 관점으로 현대인이 되돌아가는 것은 전혀 불가능하다. 세계관의 위대한 통일에 대한 강렬한 열망을 지닌 현대인들은 내면으로 관심을 기

---

74 통일과 전체성을 향한 이런 경향과의 현대적 병행은 이 책에서 융이 행한 동시성에 대한 연구 및 그의 논문 「심리학의 정신」(The Spirit of Psychology)을 참고. 『정신과 자연』(*Spirit and Nature*)(에라노스 연보 논문, 1, 뉴욕, 1954; 런던, 1955).

울이는 지식에 대한 탐구를 보충함으로써, 과학적 관념의 발달을 위해 지식의 전과학적 단계가 중요함을 인식하지 않을 수 없게 되었다. 그 중요성은 이미 이 논문의 앞에서 언급되었다. 과학적 관념을 해명하는 과정은 우리의 지식을 외계의 대상들에 맞추는 데 전념하는 것이고, 내면에 대한 탐구의 과정은 우리의 과학적 개념의 창안에 사용되었던 원형적 이미지들을 밝히는 것이다. 오직 이 두 연구 방향들을 결합함으로써 우리는 완전한 지식을 얻을 수 있을 것이다.

과학자들 사이에서 특별히 우리 세계관의 위대한 통일에 대한 보편적 열망은 비록 우리가 지금 자연과학을 가지고 있지만, 우리가 더 이상 세계에 대한 어떤 전체적인 과학적 상을 가지지 못한다는 사실에 의해서 더욱 더 강렬하게 된다. 양자론(quantum theory)의 대두 이래로 물리학은 원리상 전체 세계를 이해할 수 있다는 그 자랑스러운 주장을 점차 포기하지 않으면 안 되었다. 하지만 초기의 일방성을 바로잡을 수 있는 바로 이런 환경으로 인해 자연과학이 일부분을 차지할 뿐인 전체 우주에 대한 어떤 통일된 개념을 향한 진보의 싹이 자라날 수 있는 것이다.

나는 이것을 물리적 세계에서의 발생과 영혼의 세계에서의 발생 사이의 여전히 풀리지 않는 문제를 언급함으로서 예시하려고 한다. 이 문제란 이미 케플러의 주의를 끌기도 했던 것이다. 그가 망막상의 시각 이미지들이 본래의 물체에 관련해서 전도된다는 것을 보였던 뒤에, 그는 왜 사람들은 물체를 똑바른 상태 대신에 뒤집힌 것으로 보지 않은가를 물음으로써 잠시 동안 과학계를 당황하게 했다. 물론 이 질문을 어떤 착각의 문제로만 인식하는 것은 쉽다. 왜냐하면 사람은 사실 결코 이미지를 실재의 물체와 비교할 수도 없고, 망막의 어떤 영역의 자극에서 생기는 감각 인상을 받아들일 뿐이기 때문이다. 하지만 정신과 자연

사이, 내면과 외면 사이의 관계에 대한 일반적인 문제가 근래에 진전된 '심리-물리적 병행론'(psychophysical parallelism)이란 개념으로 해결되었다고는 결코 말해질 수 없다. 그러나 현대과학은 물리학의 분야 안에 상보성(complementarity)에 대한 개념을 설정함으로써,[75] 이 관계에 대한 보다 만족스러운 개념에 좀 더 가깝게 우리를 다가가게 해주었을 지도 모른다. 만약 자연과 정신이 동일한 실재의 상보적 측면으로 보일 수 있다면 다른 어떤 것보다도 더욱 만족스러울 것이다. 하지만 우리는 닐스 보어(N. Bohr)와 다른 과학자들이 짐작한 대로, 우리가 여기서 생리학적 과정에 대한 어떤 정확한 관찰은 관찰에 도달하기에 매우 어려운 심리적 과정과 어떤 간섭이 생긴다는 의미에서 상호 배제를 수반한 어떤 진정한 상보적 관계를 직면하고 있는 것인지 어떤 것인지는 아직 모르고 있다. 그러나 현대 물리학은 파악하는 주체가 파악된 대상을 직면하는 해묵은 것을, 한편으로는 관찰자 또는 관찰 수단과 다른 한편으로는 관찰되는 체계 사이에 존재하는 어떤 열 개(裂開) 혹은 분할이라는 개념으로 바꾸어서 일반화한 것은 확실하다. 그러한 분할의 존재(existence)가 인간 인지의 어떤 필요조건인 반면, 현대 물리학은 그 배치(placement)는 어느 정도까지는 자의적이고 방편적인 고려에 의해 공동 결정된 하나의 선택에서 연유한 것이라서 부분적으로 자유로운 것으로 생각하고

---

75 보어의 상보성원리(principle of complementarity)는 양자역학에서 물리적 대상(예: 원자)의 상태를 결정하는 측정 장비들과 상호작용을 분명하게 분리한다는 것이 불가능하며, 그 현상 전체를 다 함께 고려하여 상호보완적으로 보아야 한다는 관찰에서 출발했다. 다시 말해, 최소한 물질세계에서는 동시적으로 정확히 정의 수 없는 개념들의 쌍이 있다는 것을 발견하고, 물질적인 대상에 하나의 개념을 부여하려 하면 할수록, 그 다른 개념은 점점 더 모호하게 된다. 이는 두 개념이 상보적으로 연결되어 있기 때문이다. 가령 입자와 파동은 원자적 실재를 완전히 기술하는 데 필요한 전체적인 개념 쌍으로 상보적이다. 브라이언 그린(Brian Greene), 박병철 옮김,『우주의 구조』(The Fabric of the Cosmos), 승산, 2004, 272~273쪽 참고. 프리초프 카프라(F. Capra), 이성범·김용정 옮김,『현대 물리학과 동양사상』(The Tao of Physics), 범양사, 1990, 176~177쪽 참고.-역자

있다. 더욱이 오래된 철학 체계들은 심리적인 것을 분할의 주관적인 측면 곧 파악하는 주체의 측면에 위치시키고, 물질적인 것은 다른 쪽, 즉 객관적으로 관찰된 측면에 위치시켰지만, 현대적 관점은 이런 측면에서 보다 자유롭다. 즉 미시물리학은 관찰의 수단들이 자동적으로 등록되는 장치들로 구성될 수도 있음을 보여 주고 있으며, 현대 심리학은 내향적으로 관찰된 측면에 중요한 어떤 객관적인 실재의 무의식적 정신이 있음을 입증하고 있다. 그것에 의하여 자연의 전제된 객관적 질서는 한편으로는 관찰된 체계와는 별도로, 틀림없이 없어서는 안되는 관찰수단에 관해서 상대적으로 취급되고, 다른 한편으로는 '물리적'그리고 '심리적'이라는 구분을 뛰어넘는 자리에 놓여진다.

이제 관찰자 혹은 현대 미시물리학에 의해서 고려되었음이 틀림없는 관찰 도구와 고전 물리학의 공평한 관찰자 사이의 한 가지 기본적인 차이가 있다. 고전 물리학의 공평한 관찰자란 관찰된 체계에 반드시 영향이 없지는 않으나 그의 영향이 항상 확인할 수 있는 보정(correction)에 의해 제거될 수 있는 그런 사람을 의미한다. 하지만 미시물리학에서 자연 법칙은 측정으로부터 얻어진 매번의 단편적 지식들이 다른 것의 상실에 의해서 지불되어야 하는 그런 종류로, 곧 지식의 상보적 항목들이다. 그러므로 모든 관찰은 결정할 수 없는 규모로서 관찰 도구와 관찰된 체계의 양자(兩者)와 간섭하고, 관찰에 앞서는 현상과 관찰에 뒤잇는 현상의 인과적 연관을 중단시킨다. 측정의 모든 과정에서 일어나는 관찰자와 관찰된 체계 사이의 통제할 수 없는 상호 작용이 고전 물리학에서 가정된 현상의 결정론적인 개념을 무효로 만든다. 즉 어떤 자유 선택이 상호 배제적인 실험적 배열들 사이에서 보는 사람(관찰자)에 의해 만들어진 뒤에, 본질적으로 비(非)자동적 발생으로서 소우주에서 창조에 비유될 수 있으며, 또 심지어는 예측할 수 없고 인간의 통제를 벗어난 결과인 하나의 변형과 비유될 수도 있는 선택적 관찰에 의해서, 미리 결정된 법칙에 따라 발생하는 일련의 사건들은 중단된다.[76]

이런 식으로 현대 물리학에서 관찰자의 역할은 만족스럽게 설명된다. 하지만 지식의 획득자에 육박된 지식의 반작용은 자연 법칙을 초월하는 어떤 상황을 발생시킨다. 왜냐하면 연구자에 대한 어떤 의무적인 힘을 가져야 하는 것은 그것과 함께 연관된 경험의 완전함을 위해 필요하다. 우리는 어떻게 연금술뿐만 아니라 천동설적인 관념 역시 앎의 과정이 지식을 얻은 사람이 겪은 변성에 대한 종교적 경험과 연관되는 방식에 관해서 그 문제에 대한 하나의 교훈적인 예를 갖추고 있는지를 보았었다. 이 연관은 경험의 정서적 측면을 풍부한 상상력으로 표현하고 있으며, 현대적 지식의 총합과 인지의 실제적 과정과의 생동감 있는 관계에 놓여 있는 상징을 통해서 이해될 수 있을 뿐이다. 우리 시대에 그러한 상징의 가능성은 어떤 소외된 관념이 되었기 때문에, 지금 고전역학이라 불리는 것의 개념들이 낯설게 되는 시대 그러나 동시적으로 종교적이고 과학적인 기능을 가진 어떤 상징의 존재를 입증하도록 해주는 또 다른 시대를 검토하는 것이 특별히 흥미롭게 생각될 수 있을지도 모른다.

---

76 이 문제에 관해 저자의 논문인 「상보성 개념의 철학적 의미」(Die philoso- phische Bedeutung der Idee der Komplementarität)(『실험』 IV, 바쳴, 1950), 2, 72을 참고. 불연속과 연속 사이의 중재로서 기능하는 통계학적이고 양자물리학적인 자연 법칙의 새로운 형태는 원리상 고전 물리학의 의미에서 인과결정론적 법칙으로 환원될 수 없다. 환원 가능한 법칙에 따라 일어나는 것을 제한할 때 물리적 발생에서 본질적으로 유일무이한 존재를 인식해야만 한다. 나는 보어를 좇아 자연 법칙의 이 새로운 형식에 '통계학적 상응성'(statistical correspondence)이라는 명칭으로 제안하고 싶다.

부록 1

인간의 영혼은 자연의 일부라는
명제에 대한 플러드의 거부[1]

당신의 『세계의 조화』의 이런 토대들로부터 아래처럼 내게는 해결하기 쉽지 않을 듯한 의문과 의심이 일어난다.

1. 인간의 영혼은 자연의 일부인지 아닌지?

2. 정다각형에 의해서 분할된 원은 그것이(영혼) 신의 하나의 이미지이기 때문에 영혼에 반영되는지 어떤지?

3. 신성한 마음에서 지적인 조화들의 결정물들은 요하네스 케플러가 품고 있었듯이(21쪽), 여기서 그 모델은 인간의 마음이자 인간의 바로 그 기원 이래 기하학적 자료의 각인인 그 원형으로부터 간직된, 영혼 그 자체의 본질이 일어나는 원의 분할의 토대 위에서 성립되는지 어떤지?

---

1 『답변에 들어 있는 반복』(*Replicatio in Apolog*), 프랑크푸르트, 1622, 20쪽 이하. 케플러의 『답변』(프리쉬, V권, 429쪽) 참고.

4. 청각은 자연의 일부이고 소리들과 감각 일반(sensus communis)에 의해 (지성에) 표상된 그것들의 성질의 증거가 되는지 어떤지?

5. 그 명제가 그 기원에서부터 마음에 반영된다는 것을 (전술한 것을 토대로) 가정한다면, 그 소리들은 조화로운 것으로 고려되어야 하고 쾌락은 그것들에서 파생될 수 있는지 어떤지?

6. 삼각형은 지성적 사물들의 본성의 일부인지, 마찬가지로 사각형과 그 양(量) 혹은 길이에 의하여 원을 부분으로 분할하는 것은 무엇이든지 어떤 조화로운 비율을 결정하는지, 그리고 인공적인 노래에서 현존하는 다른 모든 요인들이 협화음(활조음)의 수치를 따르는지 어떤지?

위의 의문들의 요점에 대해, 요하네스여, 나는 어떤 식으로든지 당신과 모순을 일으킬 작정이라거나 당신의 『세계의 조화』에 해를 끼칠 심산도 아니며, 다만 논의를 위해 그리고 몇몇 의문을 해결하려 하는 또다른 철학자에 의해 자극받은 한 사람의 철학자로서, 당신의 의견과는 조금 떨어져서 순서대로 말하고자 한다.

인간의 영혼은 자연의 일부인지 아닌지?

이 의문을 나는 당신이 바라는 것과는 반대로 부정적으로 대답하여야 한다.

1. 보편적 영혼의 능력에 있어서 자연은 전체의 정식을 포함하고, 플라톤이 증명한 것처럼 본질적인 부분들로 분할될 수조차 없기 때

문이다.

2. 헤르메스 트리스메기스투스는 영혼 혹은 (그가 신의 본성이라 부르는 것에 주저하지 않은) 인간의 마음은 태양으로부터 오는 햇빛처럼 신과 분리되거나 분할될 수 없다고 말한다.

3. 아리스토텔레스뿐만 아니라 플라톤도 모든 존재의 창조주는 어떤 분할 이전에 영혼과 같은 어떤 전체적(총합적)인 것을 소유했다는 것을 인정하는 듯하다. 그리고 플라톤은 이 영혼을 보편적 본성이라 불렀다.

4. 플라톤은 영혼이 물질적 법칙에서 분리될 때는 어떤 한정적인 양을 가진 수가 아니며, 부분들로 분할되거나 다수화될 수도 없는 하나의 형상(하나의 연속체)이라 했다.

5. 그리고 이암블리쿠스(Iamblichus)[2]는 영혼이 비록 그 자체 안에 모든 질서와 범주를 가지고 있는 듯하지만, 그럼에도 항상 어떤 통일에 따라서 결정된다고 주장하고 있는 것 같다.

6. 마지막으로 피타고라스와 신성한 것을 대략 부여받은 다른 모든 철학자들은 신이 하나이고 분할할 수 없음을 인식했다. 그런 이유로 우리는 다음과 같이 삼단논법으로 논(論)할 수 있다.

    A. 어떤 분할 이전에 하나의 전체인 것은 어떤 것의 일부가 아니다.

    B. 그런데 영혼은 어떤 분할 이전에 하나의 전체였다.

---

2 이암블리쿠스(Iamblichus, 250경~330경)는 시리아의 철학자로서, 3세기 플로티누스가 형성시킨 신플라톤주의를 신비주의적으로 해석한 것으로 알려진다. 플로티누스가 순수한 영혼과 지성의 신비주의를 말한 반면에, 그는 주술과 마법을 옹호하고 혼합주의적 이교 사상의 의례, 신화 등을 망라한 신학을 전개하려고 하였다. 이런 이유로 그는 그 뒤 2세기 동안 '신성한 사람' 혹은 '계시를 받는 자'로 불렸다.―역자

C. 그러므로 그것은 자연의 일부일 수 없다.[3]

B는 위에서 언급된 세 번째 공리에 의해 입증된다. 그러나 만일 당신이 A에 반대해서 철학자가 세계-영혼 혹은 보편적 영혼을 의미했는데 반해 당신은 인간 영혼을 의미한다고 말한다면, 나는 네 번째 공리를 갖고 물질적 법칙에서 분리된 영혼은 하나의 수도 아니고 분할 가능하지도 않다고 대답한다. 세계영혼은 공리 3을 따라 플라톤의 견해 속에서 자연 자체이자 물질적 법칙에서 분리되기 때문이다. 따라서 인간 영혼도 자연의 일부로 생각될 수 없다. 왜냐하면 그것은 (공리 2, 3, 4에 의해 입증되듯이) 분할할 수 없기 때문이다. 또한 나는 당신 입을 빌어 나의 논점을 취함으로써 당신을 다른 방식으로 논할 수 있다.

A. 신의 이미지는 어떤 것의 부분이 아니다.
B. 그런데 허여된 것을 기초로 하여 인간의 영혼은 신의 이미지이다.
C. 그러므로 그것은 자연의 일부가 아니다.

A는 확실하다. 왜냐하면 공리 6에 따라서 신은 하나이고 분할할 수 없기 때문이다. B는 두 번째 의문에서 인용된 대로, 마음의 범위에 관한 헤르메스 트리스메기스투스의 말이 선언한 대로, 공리 2에 따라서 당신이 했던 단언이다.

---

3 나는 삼단논법의 부분들을 ABC로 나타낸다. A는 플러드가 후일 마이오르(maior)라고 부른 것으로 보다 일반적인 진술인 대전제이고, B는 미노르(minor)라고 부른 것으로 보다 구체적인 진술인 소전제이며, C는 결론이다.

이제 우리는 두 번째 질문을 계속할 것이다: 정다각형에 의해 분할된 원은 영혼이 신의 이미지이기 때문에 영혼에 반영되는지 어떤지?

나는 이 의문을 철학자들의 가장 강력하고 매우 용기 있는 논증의 지지를 받고서 역시 부정적으로 답하는 데 주저하지 않을 것이다. 왜냐하면:

1. 무엇보다도 플라톤이 말한 대로 영혼은 양을 가진 하나의 수가 아니고 분할할 수도 다수화될 수도 없다. 그러나 그것은 한결같고 그 자체로 회전하고 합리적이며, 모든 물리적(corporeal)이고 질료적인(material) 사물을 능가한다.

2. 아리스토텔레스와 플라톤은 창조주는 어떤 분할 이전의 하나의 총합성으로서의 영혼을 주장했다고 말하며, 피타고라스는 그것을 '하나 그 자체'(one in itself)로 만들고 그것은 지성에서의 통일을 가진다고 말한다.

3. 에우세비우스에게 보내는 편지[4]에서 피타고라스는 신은 하나의 통일이고 분할될 수 없음을 인정하고, 이원성은 악마이고 사악하다고 말한다. 왜냐하면 거기에 다수성과 물질성이 있기 때문이다. 그리고 플라톤은 모든 선은 하나로서 존재한다는 생각을 견지하지만, 악은 혼돈의 다수성에서 온다고 생각했다.

4. 키케로(Cicero)는 하나의 단일한 신성하고 연속적인 정신에 의해서 부분들이 통합되어(continuatae) 있지 않다면, 완벽한 질서가 세계의 모든 부분에 존재한다는 것은 가능할 수 없을 것이라 말한다.

---

4 위에서 인용된 '편지'는 「프란시스쿠스 게오르게스 베네투스에 대하여」(on Franciscus Georges Venetus), 『반복』, 27쪽, 198쪽 참고.

5. 신은 제한(한정)도 분할도 구성될 수도 없다(프란시스쿠스 게오르기우스에 따르면).

6. 플라톤주의 철학자들에 의해 신은 보편적으로 발산되어 모든 사물을 채우고 고무하므로, 신은 모든 사물에 현존한다(말 그대로 하면 흘러 들어간다)고 말해진다. (신은) (그들이 말하길 전체의 정식을 포함한) 세계영혼(이라고 말해진다).

7. 신은 본질이나 질 혹은 양에 따라서 결정될 수 없다. 어떤 예언도 신을 이해할 수 없기 때문이다. 스코투스.

8. 피타고라스주의자들과 플라톤주의자들은 세계영혼을 7개의 행성 구 안에 둘러싸여진 것으로 간주하며, 첫 번째 구 안에서 세계영혼은 최상의 마음에 의지한다고 말한다. 그래서 그들은 세계영혼은 최상의 마음과 동일하다고 한다.

9. 모든 수들은 하나에, 원의 모든 반지름은 중심에, 그리고 모든 수들의 힘은 영혼에 있듯이, 그렇게 신은 모든 사물에 있고 모든 사물은 신 안에 있다고 말한다. 『아르스 키미카』(Ars chymica, 연금술).

10. 헤르메스 트리스메기스투스는 신은 어떤 사물의 중심 — 중심은 있으나 그 주변은 어디에도 없는 그런 중심이라고 말한다.[5]

철학자들의 이런 공리들의 도움을 받기 때문에 당신의 주장에 반하는 논증을 했던 것이다.

---

5 플러드가 누차 반복하는 진술이다. 이 인용은 성 보나벤투라(St. Bonaventura)의 『사유 방법』(In Sententia)(I, d. 37, pars 1, a. 1, q. 1)에서 유래한다. 그러나 유사한 문구들이 중세 문헌에는 풍부했다. 그것이 나타난 기원은 의사비의학(擬似祕義學, pseudo-Hermetic)인 『철학 문헌』(Liber XXIV Philosophorum)(12세기). 디트리히 만케(D. Mahnke),『끝없는 천체와 모든 것의 중심』(Unendliche Sphäre und Allmittelpunkt), 할레(Halle), 1937을 참고.

A. 그 자체 그리고 스스로 수도 아니고 양[6]도 갖지 않은 것은 자신 안으로 어떤 양적(측정할 수 있는) 형태(원과 같은)를 받아들일 수 없다.

B. 이제 물질적 법칙으로부터 자유로운 영혼은 수도 아니며, 어떤 양도 가지지 않는다.

C. 그러므로 영혼은 그 자신 안으로 맨 처음부터 어떤 측정할 수 있는 형태(원과 같은)를 받아들이지 못한다. 따라서 원은 전혀 거기에 반영되지 않는다.

A는 명확하다. 왜냐하면 비(非)양적 크기(quantum)는 마치 일자가 다수를 허용하지 않듯이, 그 자체 안에 어떤 양을 받아들일 수 없으며, 따라서 수가 아니기 때문이다.

B는 영혼은 하나임이 입증된 것에 따라서, 첫 번째 공리 그리고 유사하게 두 번째 및 세 번째 공리에 의해 확실하게 된다. 그러나 당신이 감지하는 대로, 만일 영혼이 인간의 영혼이기 때문에 물질적 법칙에서 분리되어 있지 않다고 답한다면, 나는 당신의 계속되는 이후의 말로부터 명확하게 당신이 영혼의 본질을 의미했다고 말한다. 인간 안에 그가 존재하는 대로 이 본질은 내가 두 번째 질문에서 말한 공리, 영혼의 본질은 신과 분리될 수 없음을 보인 첫 번째 질문의 공리 2에 따라서 대우주의 영혼과 다르지 않다.

또는 그와 같이:

---

6 측정할 수 있는 크기(measurable size).

A. 만약 영혼이 신의 이미지라면 어떤 양도 수도 아니다.

B. 당신 자신도 인정하듯이, 이제 그것은 신의 이미지이다.

C. 그러므로 그것은 수가 아니며, 양도 인정하지 않는다.

A는 성립되는데, 신은 어떤 예언의 범위를 넘어서고 초월하는 데 있으므로, 공리 7에 따라서 본질이나 질 또는 양에 따라 결정될 수 없기 때문이다.

당신의 진술에 대한 확증(영혼은 신의 이미지임을 예증하는)이 관련하는 한, 그러나 이것 역시 공리 7에 의해서 입증된다. 영혼은 그 존재의 최상의 유한한 구에서 항상 신에게 머물고 신과 하나가 된다. 그리고 이 역시 마음은 신과 분할되지 않음을, 따라서 첫 번째 질문의 공리 2에 의해 (입증된다).

A. 만일 정다면체에 의해 분할된 원이 (당신이 말하듯이) 바로 그 기원에서부터 영혼 안에 반영되어 있다면, 영혼은 분할할 수 있고 다수가 될 수 있다.

B. 그런데 영혼은 분할할 수 있거나 다수가 될 수 있지 않다.

C. 그러므로 …

A는 명증하니, 만일 원이 그것을 완전하게 채운다면(비록 은유적으로 말한 것이긴 하더라도 거기서부터 플라톤에 의해 원으로 불린다), 그리고 이 원이 정다면체들에 의해 부분들로 분할될 수 있다면, 영혼도 그 원의 분할에 의해 분할될 것이다.

B는 공리 1에 의해 확증된다. 더욱이 공리 2에 의해 창조주는 영혼을

어떤 분할 이전의 하나의 총합성으로 주장했음을 명확하게 보여 준다. 그런 이유로 바로 그 기원에서부터 원은 그것을 반영하지도, 정다면체에 의한 원의 분할도 인정하지 않는다. 그러나 이것은 다음 논증에서 보다 명증하게 진술될 수 있다.

A. 인간의 영혼은 (당신의 주장에서조차도) 신의 이미지이다.

B. 이제 신은 분할될 수도 구성될 수도 없다.

C. 그러므로 인간의 영혼도 그럴 수 없다.

『반복』, 34쪽 :

… 당신은 인간의 영혼은 자연의 일부이고 영혼은 신의 이미지이기 때문에 영혼 속에 원은 그 분할을 가지고 정다면체에 의해 반영된다고 주장한다. 그러나 나는 영혼은 적어도 그 본질에 관련해서, 헤르메스 트리스메기스투스의 진술에 따라[마음은 신의 본질로부터 결코 분할되지 않는다. 『목자(牧者)』(Poimandres), 12], 부분은 전체와 분할될 수 없듯이, 자연에서 분할될 수 없다고 말한다. 게다가 빛이 태양의 몸체와 매어 있듯이 영혼은 신과 매어 있다. 왜냐하면 우리는 태양 광선이 태양의 몸체와 연결되고, 빛의 본질은 하나의 통일이기 때문에 어떤 수단에 의해서도 정녕 분할될 수 없음을 알고 있기 때문에 그렇다. 그러나 당연히 다수성을 유지하는 우리에 관해서, 비록 사실은(nihilominus) 모든 영혼은 하나의 세계영혼 혹은 하느님의 자리와 어떤 연속적인 관계를 가진다고 하더라도 햇빛과 태양의 관계처럼, 우리는 한 인간의 영혼은 수나 종류에서 다른 인간의 영혼과 다르다고 말한다. 따라서 다수성은 진정 물질에 있지, ― 생명을 나누어 주고 모든 창조물을 존재하게 하는 신 혹은 신의

말씀으로부터의 어떤 연속적 방출일 뿐인 — 형상에 있지는 않다. 「시편」, 104에서 말하듯이, 그것이 거두어들여질 때 생명은 파괴된다.[7]

『반복』, 35쪽:

그러므로 나는 다음과 같이 결론 내린다. 신의 본질이 분할할 수 없듯이 그렇게 세계로의 신의 방출인 자연 자체 역시 모든 측면에서 하나의 단일한 형상이며 원래 분할할 수 없다. 그리고 (오직) 신, 그러므로 세계를 완전하게 하기 위해 생산된 그 기능과 질이 삼위(三位, three Persons)로 분할되는 한, 영혼도 다양한 부분들로 분할될 수 있다고 말하는 한, 그것은 때로는 감각이고, 지금은 기억, 지금은 상상력, 그 다음은 이성, 지성, 마음 등이 된다.

그래서 영혼을 가사적(可死的) 사물에 부여되어 있는 것으로 간주하고자 하는 사람들은 그들의 육안으로 몸과 그 성질로 구별될 수 있음을 관찰할 것이다. 그러나 그 자신으로 되돌아가 그의 중심으로 회귀하고 외부의 세계를 한갓 거짓된 그림자로 무시하면서 그의 내적 통로를 관통하는 자는 그의 영적인 눈으로 영혼에는 분할 가능성도 양도 없으며, 수도 기하학적 형상도 (양과 질을 넘어서 있으며 영혼의 연속적인 본질을 가지고 있는) 신에게서 발견될 수 없다는 것을 감지할 것이다.

......

그러나 세계-영혼은 그 때문에 하나의 원이 아니고 그 안에 어떤 원도 없다. 그러나 오히려 그 원 운동에 의해서 그것은 가장 포용력이 큰 형태로 우주를 에워싸고 포함하고 있으며, 물질의 어두움으로부터 그

---

7 주께서 낯을 숨기신즉 저희가 떨고, 주께서 저희 호흡을 취하신즉 저희가 죽어 본래 흙으로 돌아가나이다. 『성경』, 「시편」, 140장 29절.-역자

것을 분할한다. 그러므로 원과 그 가상적 분할은 창조된 수동적 영혼에
존재하고, 창조하는 영혼에는 존재하지 않는다.

제2부 케플러의 과학이론에 미친 원형적 관념의 영향

부록 2

플러드의 사상론

(四象論, Fludd on the Quaternary)[1]

이곳에서는 사상수(四象數)가 가진 존엄이 논의될 것이며, 나는 그것을 저자(케플러)의 오만함에 자극받아서 나의 빈약한 지성이 허락하는 한 전력을 다해서 정의할 것이다. 신성한 신학은 다른 것들을 넘어서 이 수의 최고의 우월성을 칭찬할 뿐만 아니라, 나는 내 자신이 그것을 신성한 것으로 생각하고 인정하고픈 마음이 생기는 것을 느끼기 때문에, 또한 하느님의 시녀인 자연 그 자체와 보다 고귀한 수학적 과학 다시 말해 산수, 기하학, 음악, 점성술은 그 영광스러운 효과를 예증하고 있다. 그러므로 우리가 신학에서 철저히 그 찬미를 고찰할 때 우리는 무엇보다도 이 2차의(quadratic) 수가 전적으로 신성한 삼위일체의 신비가 감싸 안고 있는 성부인 신에 비유되고 있음을 이해할 것이다. 우선 그리고 사상수의 단순한 비율 1:1은 성부의 초(超)실체적 본질이며, 두 번

---

1 「어떤 분석적 논증」(Demonstratio quaedam analyica), 『분석론』(*Discursus analyticus*), 프랑크푸르트, 1621, 31쪽.

째 모나드가 그 자체에 대해서처럼 성자를 만들어낸 것으로부터 생겨난 모나드의 상징을 나타낸다. 그리고 두 번째 급수도 1에서 1이 생겨나는 것처럼 단순하다. 단순한 수들로부터 나온 두 번째 급수인 2:2의 비율은 성부와 성자의 둘로부터 생겨난 성령을 나타낸다. 사상수에서 이 급수들은 말해서는 안되는 이름인 야훼(יהוה, Jahweh)로 명증하게 표현된다. 거기서 두 글자의 'He' 혹은 'h'는 성부 요드(Jod)와 성자 바우(Vau)로부터 나온 급수를 의미한다.[2] 그래서 이 이름만이 신의 본질을 표현하고, 다른 이름을 테트라그람마톤(Tetragrammaton, 성스러운 신의 이름의 4문자)으로 알려지지 않는다. 그리고 이것이 현인들이 이 수를 완전한 하느님의 기원과 원천으로 부른 이유이다. 하느님에게서 그 기원이 유래한 자연 자체도 자신의 근원적 원리에 대해서처럼 이 수에 대한 원리를 주장한다. 그리고 이것은 이 수를 자연의 영원한 원천이라 부른 파타고라스주의자들이 선언했던 것과 같다. 이 문구는 피타고라스주의자들이 선서의 시에 선언하는데 익숙했던 아래의 시구에서 나타난다.

마음을 정화한 뒤에
저는 이 신성한 4로 당신께 맹세하니,
영원한 자연의 원천이시며, 영혼의 어버이시도다.

그리고 나는 이 주제를 논의하면서 다음과 같이 말할 것이다. 즉 피타고라스주의자들은 이원성을 수로 생각하지 않고 통일체들의 융합으

---

2 Jod, Vau. 히브리어에서 YHVH는 모음이 없는 신성한 4문자인데, H가 두 개(double He)이고 그 사이에 Y(요드)는 V(바우)와 더불어 H의 남편이다. H가 둘이지만 단일한 것으로 여겨진다. 또한 Y는 기하학적 점, V는 생명과 기하학적 선을 상징하며, H는 지성의 이미지이다. Wikipedia 관련 항목 참고.-역자

로 생각했다. 따라서 그들은 그 사각(四角)이 최초의 짝수라고 선언했는데, 이유 없이 그런 것은 아니었다. 즉 처음의 통일체는 신성한 형상 또는 액투스(actus, 현실태)를 의미하지만, 두 번째 통일은 신성한 포텐티아(potentia, 잠재태) 또는 질료를 의미하므로, 잠재태는 현실태에 의해서 어둠으로부터 나오지 않을 수 없기 때문이다. 이제 이 통일체들 가운데 처음의 것은 삼중의 통일체의 융합 행위를 통해 성스러운 삼위일체의 본성에 따라 세계의 일반적(구체적이지 않은) 실체로부터 창조되었다. 그러나 처음의 사각(四角)은 숫자 2에 기초하기 때문에 숫자 2와의 그 비율이 숫자 4로 이어지는 자연의 급수는 2:1이고, 비율 역시 숫자 2의 사각(四角)이다. 그리고 이런 방식으로 일반적인 것, 곧 세계의 물(水)의 실체는 서로 성질이 다른 4요소들로 분할된다. 이 숫자 4로부터 사물의 질서 안에 첫 번째, 즉 숫자 8 혹은 4×2인 첫 번째 입방체와 동일한 하나의 급수가 있다. 곧 이것은 사각처럼 요소들 자체가 서로 성질이 다른 단순한 질료와 단순한 형상을 나타내는 숫자 2로부터 생겼던 것처럼 요소들의 구성을 나타낸다. 그 다음 여기서부터 4요소 곧 존재, 생명, 감각지각, 지성 등과 관련된 자연의 4등급 즉 우주의 4방위, 창공의 셋씩 네 묶음(4계절 가운데 각각의 계절과 상응하는 12궁을 3궁씩 묶은 4분야),[3] 창공 아래의 4가지 원질, 4계절 등이 생겨났다. 실로 모든 자연은 실체, 질, 양, 운동의 4가지 개념으로 파악될 수 있다. 요컨대 4중의 질서는 지속적으로 자연 전체 즉 발생력(生), 자연 성장(長), 성숙 형상(收), 혼합물(퇴비, 藏) 등에 충만하다. 따라서 우리는 명확하게 이 숫자 4가 숫자 3이나 숫자 5보다는 습기 있는 (최초의) 물질을 구별하고 분할하는 데 선택되어야 한

---

3 분야는 원래 천체의 28宿의 각 그룹(4방위로 분류. 4×7=28)을 뜻하는 말이다.—역자

다는 것을 예증할 수 있다. 산수 또한 다른 모든 수보다 이 숫자의 우월함을 예증한다. 이 과학은 1부터 1까지와 2부터 2까지의 2배 급수와 비율에 의해 산출되고 거기로부터 나오므로, 그 2배의 비율뿐만 아니라 (처음 1:1의 비율과 두 번째 2:4의 비율) 이 비율의 기원을 잘 설명하기 때문이다. 그러므로 숫자 4는 통일에서 시작되고 사위일체로 끝난다. 그리고 진정이 수 안에 모든 수가 포함되는데, 1+1=2, 1+2=3, 3+1=4 이다. 그러므로 1, 2, 3, 4가 성립되며, 그 속에 세계 전체와 자연 자체의 모든 신비들 그리고 수학의 범위가 포함되는데, 3과 4에 의해서 상징적으로 (Formaliter) 생각해 본다면 참으로 신비스럽고 비밀로 가득 찬 숫자 7이 산출된다. 2와 3의 합으로부터 숫자 5가 나오고, 1+2+3에서 6이 나오며, 1+3+4에서 8이 나오고, 2+3+4에서 9가 나오며, 마지막으로 전체의 자연적 급수 1+2+3+4의 합으로부터 더 이상 어떤 과정도 있을 수 없는 명명을 초월해서 10이 생겨난다. 이 급수들로부터 1, 2, 4, 6, 8, 10 그리고 1, 3, 6, 9 그리고 1, 4, 8과 같은 기하학과 음악의 모든 비율이 생긴다. 그리고 상징적(formali) 사변에서 이 자연적 급수 1, 2, 3, 4의 쓰임을 올바로 이해한 사람으로부터 창조의 7일에 대한 숨겨진 신비는 있지 않다. 왜 태양이 4일째 창조되었는지, 합리적 수들 가운데 3+4가 어떻게 7이나 10 혹은 4를 구성하는지, 숫자 4가 왜 안식일 곧 휴식의 수인지, 왜 숫자 4가 태양의 날인지, 마찬가지로 자연의 진정한 작동에서 어떻게 세 개 한 벌이 여섯 개 한 벌을 표시하고 성립시키며 창조의 작업에서 6일을 야기하는지 그 신비가 밝혀진다. 그는 또한 길고 흉한 날들과 한 해의 기후에 대한 정식화를 해낼 수 있다. 그가 4를 하나의 통일로 생각할 때 그는 있는 그대로의 열린 눈을 가지고 세계의 7행성들의 창조와 다른 여러 가지의 경이를 볼 것이다. 그 힘은 무한한데

점·선·면·입체라는 4가지 관념 속에 수학의 이 부분을 포함하기 때문이다. 그것(숫자 4)으로부터 우리는 또 혼돈의 자궁에서 4요소가 출현하는 것처럼, 케플러가 모든 나머지를 산출했던 가장 깊은 부분으로부터 근원적인 기하학적 입방체가 발현하는 것을 본다. 즉 그 자신이 시원적이고 모든 것의 정식을 포함하는 것으로 인정한 입방체는 사각의 증식에서 생기기 때문이다. 그렇기 때문에 나는 숫자 4를 내 분할에서 선택하지 않을 수 없었는데, 4는 케플러만이 인정하는 대로 삼각형과 오각형이 획득된 그 주요한 원소들, 즉 사각들로 분해되듯이 입방체로 분해될 수 있다. 따라서 사각에 대해서처럼 관계된 하나의 구성체로 이루어진 자연 사물은 3/3이나 5/5로 분할되기보다는 4개 한 벌(4/4), 사각으로 분할되어야 한다. 해체의 활동에서 그 구성체 — 입방체 — 가 4요소 즉 사각으로의 해체가 일어나기 때문이다. 마찬가지 거꾸로 생성의 활동에서는 사각에서 입방체로의 자연적 급수가 있다. 결국 이 수의 힘은 음악학에서 가능할 수 있는 한 명확하게 드러나는데, 음악은 그 자체로 온전한 음악적 조화를 함축하기 때문이다. 1:2 같은 두 배 비율에 옥타브(octave)가 있고, 2:3 같은 한 배 반(sesquialtera, 1과 1/2) 비율에 5도 음정이 있고, 3:4 같은 한 배 삼분의 일(sesquitertia, 1과 1/3) 비율에 4도 음정 등이 있기 때문이다. 더욱이 숫자 4와 그 기초음(root)으로부터 혼성 협화음(composite consonances, chords)의 모든 비율이 생긴다. 예를 들어 8도 음정은 2, 4, 6 같은 3배의 비율에서 5도 음정에 관계되어 세워져 있다. 2와 6 사이의 3배율은 2배 즉 2+4와 1배 반(4:6)으로부터 조합된다. 이 가운데 8도 음정은 2, 4, 8과 같은 4중 비율에서 발견된다. 그러나 4도 음정과 5도 음정의 합은 2, 3, 4와 같은 8도 음정을 만든다. 여기서부터 모든 음악 비율은 그 성질을 사상수(四象數)와 그 기초음으로부터 받고, 양자는 그 자체 박자(measure)로 귀착되거나 박자에서 기인하는 것을 알수 있다. 그리고 만약 신비적 점성학을 고려한다면, 우리는 실로 그 속에서 사상수의 완전한 힘을 이해할 것이며, 이것을 매우 확실하게 느낄 것이다. 즉 그 모든 비밀은 태양, 달, 사원소(四元素), 불 다시 말해 붕괴와 생성이 발생하는 영원한 변화를 만들기 위해 우주에서 능동적이고 수동적으로 작용하는 이 네 가지의 상징을 나타내는 상징적 모나드(hieroglyphic monad)에 있다. 그 그림은 아래와 같다.

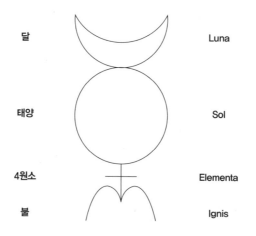

〈그림 2〉

이런 상징적 이미지에서 우리는 무엇보다도 먼저 십자가에서 사상수의 표시를 본다. 4개의 선이 공통의 한 점에서 만나기 위해 배열되어 있다. 달, 태양, 불을 나타내는 숫자 3과 연결되면 이 사상수는 4원소로 예증될 수도 있는 숫자 7을 산출한다. 게다가 아직 이 숫자 7은 그자체로 형식적으로 고려된 사상수가 이상의 어떤 것도 아니다.

더욱이 일상적인 점성술사들조차도 이 문제를 가장 중요한 것으로 생각해 왔다. 곧 12궁도를 만들려고 제작할 때 그들은 그것을 3씩 4묶음(3×4)으로 분할한다. 그러므로 우리가 이미 말했듯이 다른 모든 수(數)들의 토대이자 근본이기 때문에, 현자들이 이 수를 테트라크티스(Tetraktys)라고 부르고, 다른 모든 수들 보다 그 우위를 두었다고 결론내린다. 그래서 인위적이고 자연적인 사물들에서, 심지어는 신성한 영역에서도 모든 근원적인 것들은 위에서 설명한 대로 사각이다. 그러므로 자연 그 자체의 질서인 숫자 4에 의한 어떤 자의적인 사물의 분할은 본래 사상수의 근본에서 파생되고, 따라서 그것에 종속적인 숫자 3이나 5에 의한 분할보다 더 선호된 것이다. 결국 흙을 4부분으로 분할하고 물을 3부분으로 분할하며, 공기를 2부분으로 분할하고 불을 1부분으로 분할할 때, 이 분배를 위에서 설명된 것처럼 케플러가 하듯이 이해해서는 안 되고, 위에서 설명한 것처럼 이 원소들의 형식적 비율에 관련해서 이해해야 한다. 나는 다음과 같은 사실을 보이려 노력했기 때문이다. 곧 흙의 본성은 물질의 기본, 말하자면 물질의 근원이고 입방체이기 때문에 그것은 조금이라도 형상을 가지고 있지 않거나 그 자체 생기를 주는 빛을 가지고 있지 않다. 다시 말해 그것은 자연의 용기나 모체(matrix)이고 천체의 영향을 담아 두는 곳이므로, 그것이 가지고 있는 빛은 저절로 보다는 우연적으로 흙에 속한다. 이것(흙)은 빛의 원천에서 가장 멀리 떨어져 있으며, 모든 원소들 중에서 가장 차갑고, 차가운 것은 4등급에 속하기 때문이다. 물도 차지만 더 아래 등급에 해당한다. 이런 이유로 그것(흙)도 빛의 단 하나의 등급을 자신 속에 용납하고, 다른 원소들의 경우도 그렇다. 그러므로 현명한 사람들은 경솔하게 비난하기 전에 올바로 이해해야 한다.

부록 3

플라톤적이며 비의학적인 동향—
요하네스 스코투스 에리우게나[1]

케플러와 플러드 사이의 모순은 사상사의 관점에서부터 내가 간략히 플라톤적인 것과 연금술적인 것(秘義學的 것)으로 명명할 수 있는 중세의 두 개의 다른 철학적 동향의 존재와 연관된다. 이 두 가지 동향들 사이에 한편으로는 일치의 중요한 점들과 심지어는 중간 단계 혹은 과도기적 단계가 있으며, 다른 한편으로는 그것들 사이에 내게는 다소 단순한 의견 이상의 것으로 생각되는 근원적인 차이가 있어 보인다. 플라톤주의자에게 다소 범신론적 정신에서, 다시 말해 세계의 총합과 동일한 것

---

1   요하네스 스코투스 에리우게나(Johannes Scotus Eriugena, 810?~877?)는 아일랜드 사람으로 보에티우스(Boethius)와 의사-디오니시우스(Pseudo-Dionysius)의 시대 이후 라틴어로 저술한 가장 중요한 철학자이다. 보통 중세시대의 철학 체계를 전면적으로 정립시킨 첫 인물로 평가받는다. 당시 그리스어에 정통한 소수 학자 중의 한 사람으로서 그리스 고전을 라틴어로 번역하였다. 여기의 『자연구분론』은 의사-디오니시우스의 신플라톤주의에 의해 기독교의 사상과 아우구스티누스(Augustinus)의 철학적인 견해를 표현하려는 작업의 산물이다. 후에 이 저서는 교회의 권위에 의해 이단시되었다. 기독교적인 요소와 신플라톤주의적인 요소 간에 내재한 긴장 관계가 해소될 수 없는 것이었기 때문이다. 파울리가 지적한 것은 이런 긴장관계가 나타나는 대목이다. 삼(三, 기독교)과 사(四, 범신론)의 대립! *Encyclopedia of Philosophy, Routledge,* 1998 관련 항목 참고.-역자

으로서 생각하는 신성의 생명은 하느님으로부터 처음에 '관념'과 '영혼'
의 방출로 시작하고, 그 다음은 물질적 세계의 방출로 시작하며, 모든
사물의 신으로의 회귀로 끝맺는 하나의 우주적 순환으로 되어 있다. 오
푸스(opus)²라는 관념과 그 결과, 그래서 변성(transmutation)이라는 관념은
플라톤주의자에게는 낯설다. 그 순환의 최종 단계는 처음의 단계와 일
치하고,³ 이 과정은 영원무궁 지속한다. 이 순환이 어떤 결과에도 이르
지 않는다면, 이 영원한 순환의 의미는 무엇인가? 이 질문에 플라톤주
의자는 대답한다. 곧 미(美)이다. 사물들을 그 미에 의해서만 그 자체로
되돌리는 이 순환의 제일 원인은 불변(不變)하고 부동(不動)하다.⁴ 이 순환
은 한 번만 결정된 '게임의 법칙'(rules of game)에 의해 보증된 자족적인
미를 추구한다. 개별적인 것의 영혼은 우주의 미에 참여자가 되기 위하
여 그 자신을 우주적 순환에 적응할 수 있을 뿐이다.⁵ 이것이 영혼의 신
성한 기원을 향한 영혼의 고향 상실인, 항상 '멜랑콜리아'(melancholia)로

---

2 연금술적 과정과 작업, 또한 삶의 일을 뜻한다. 예를 들면 융 심리학에서는 무의식의 내용이
의식에 통합되는 개성화 과정(individualization)에 해당한다.―역자

3 스코투스 에리우게나: "진실로 모든 운동의 목적은 자신의 시작이다. 운동을 일으킨 자신
의 시작이 아니라면 진실로 다른 목적에 의해서 종결되지 않는다(Finis enim totius motus est
principium sui; non enim alio fine terminatur nisi suo principio a quo incipit moveri)."

4 스코투스 에리우게나: "자기 자신으로부터 존재하고, 어떤 운동에 의해서가 아니며, 오
직 자신의 아름다움의 힘에 의해서 자기 자신으로 되돌아가는 모든 사물의 모든 원인(Ita
rerum omnium causa omnia, quae ex se sunt, ad se ipsum reducit, sine ullo sui motu, sed sola suae
pulchritudinis virtute)."

5 레오네 에브레오(Leone Ebreo)와 마르실리오 피치노(Marsilio Ficino) 같은 르네상스의 플라
톤주의에서 이 순환은 특히 시르쿨루스 아모로수스(circulus amorosus, 사랑의 순환)로서 나타
난다. 이 저자들에 따르면 사랑의 축복은 연인들이 스스로를 우주에 충만한 순환적 흐름 속
에 진입시킨다는 사실에 있다. 사랑의 개념은 아모르 인텔렉투알리스 데이(amor intellectualis
dei, 神의 지적 사랑)로서의 지식에 대한 욕망과 아모르 코엘레스티스(amor coelestis, 天上의 사랑)
로서의 종교적 예언의 무아경 상태를 포함할 만큼 광의적이다. 이 사랑의 순환에 대한 연금
술적 유사성은 융의 「전이의 심리학」(psychology of transference), 『심리치료의 실제』(*Practice
of Psychotherapy*), 뉴욕; 런던, 1954에 있는 일련의 그림과 『심리학과 연금술』(*Psychology and
Alchemy*), 뉴욕; 런던, 1953에 있는 이 순환의 시작과 상응하는 그림 131을 참고.

시작하는 명상의 목적이다(플라톤주의자들의 멜랑콜리아와의 유사물은 연금술사들의 니그레도[Nigredo]⁶이다).

플라톤주의자들의 철학에 대한 나의 모든 관심에도 불구하고, 나는 변형된 총합의 한 상징으로서 연금술사들의 필리우스 필로소포룸(filius philophorum, 철학의 자식)을 가진 그들의 태도는 현대적 느낌에 더 가까울 것처럼 생각된다. 특히 결과를 산출하지만 이어서 영향을 받을 수 없는 어떤 제일 원인이라는 플라톤의 관념은 상호 호혜적 효과의 상대성에 익숙한 현대의 과학자에게 인정될 수 없다. 나 역시도 이 관념은 심리학적 분석의 검증을 견딜 수 없다고 생각한다. 즉 개별적인 것에 의해 결정되지, 결코 저자들의 일반적으로 타당한 심리학에 의해 결정되지는 않을 듯하다. 그 심리학이란 자아-의식과 무의식 사이의 상호 호혜성을 거부하는 경향을 보이고 있는 심리학이다.

케플러의 경우에서도 보았지만, 플라톤주의자들은 일반적으로 영혼이 마음과 몸 사이의 어떤 중간 지점을 차지하고 있는 삼위일체적 태도를 좋아한다. 하지만 사위일체의 관념도 발견할 수 있는데, 스코투스 에리우게나 같은 중세 초기의 플라톤적 사상가를 아는 것은 매우 주목할 만한 흥미가 있을 듯하다. 그는 자신의 『자연의 분할에 대하여』(De divisione naturae)(862~866)라는 저서에서 대극의 두 짝을 소개한다.

---

6 니그레도(검은색)는 연금술의 단계, 중요한 무엇이 곧 일어날 것임을 암시해 주는 요소들의 침울한 상태이다. 분석에서는 이동하기 직전 혹은 초기의 신혼여행 기간이 끝나기 바로 전에 우울의 형태를 나타날 수 있다. 일반적으로 그림자(shadow)와의 대면에 관계된다. 민혜숙 옮김, 『융 분석 비평사전』 관련 항목 참고.-역자

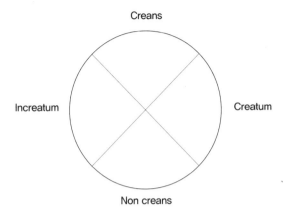

1. 창조하지만 창조되지 않는 자연.
   태초(太初, Origio): 성부

2. 창조하고 창조되는 자연. '형상들'
   (Ideas): 성자

Creans

Increatum

Creatum

Non creans

4. 창조되지도 창조하지도 않는 자연. 목
   적(Goal): 행사(行事, theosis)[神聖化,
   deificatio]

3. 창조되고 창조하지 않는 자연. '세계'
   (World): 방출의 산물, 물질적 세계, 질
   료; 신의 현현(顯現, theophaniai), 성
   령. "신은 세계에서 스스로를 창조하
   셨다."

〈그림 3〉 스코투스 에리우게나의 『자연분할론』에서 착상된 사위일체

그것은 논 크레안스(non creans, 창조하지 않는 것)와 반대되는 능동적 원리
즉 크레안스(creans, 창조하는 것), 그리고 크레아툼(creatum, 창조되는 것) 과 논
크레아툼(non creatum, 창조되지 않는 것) 같은 수동적 원리이다. 기계론적 태
도를 지닌 마음에 매우 매력적인 이런 용어의 도움으로 그는 (스코투스)
에리우게나의 체계와 방출하고 흡수하는 플라톤적 순환과의 연관을 드
러내는 [그림 3]의 도식적 그림에 의해 예증될 수 있는 개념인 4가지 자
연에 도달한다. 스코투스 에라우게나는 순환의 1부터 3까지의 단계들
을 성삼위(聖三位, three Divine Persons)와 동일하다고 간주하면서, 그는 교회

의 도그마와 타협하려고 시도했다. 하지만 네 번째 단계(창조되지 않는 것)의 경우에 그는 어떤 난처한 위상을 발견했었던 것 같다. 플라톤주의자로서 그는 비의적 철학자들이 했던 대로 행할 수는 없어서 어떤 전체성의 변형이 동시적으로 이 네 번째 단계에 드러나게 한다. 그는 어떤 네 번째 성위(Fourth Divine Person)도 자신의 임의대로 맡기지 못하는 출발점으로 되돌아가길 원했기 때문에, 그는 마치 창조되지도 않고 창조하지도 않는 자연(natura nec creata nec creans)이 처음에 창조하지만 창조되지 않는 자연(natura creans nec creata)과 같은 것처럼 행위하는 것보다 더 나은 어떤 것을 생각할 수는 없었다. 왜냐하면 만족스런 이유가 주어지지 않는 가정 때문이었다.[7] 그러므로 네 번째 성위에 무엇이 일어났는가 하는 질문에 대해 스코투스 에리우게나의 특별한 경우라면 그 대답은 틀림없이 이래야 한다: "그(네 번째 성위)는 첫 번째 성위와 어떤 동일한 곳으로 사라졌다."[8]

---

7 이 점에 주의를 하도록 마르쿠스 피어츠 교수가 도움을 주었다.

8 창조하지도 창조되지도 않은 상태(non creans, non creatum) : "천상의 영원한 자궁으로 회귀한 후의 세계의 상태(the state of the world after its return to the womb of celestial eternity)". 슈미트 비게만(Wilhelm Schmidt-Biggemann), 『영원의 철학: 서양 고대, 중세, 근대 사상에서의 영성의 역사 개설』(*Philosophia perennis*: *Historical Outlines of Western Spirituality in Ancient, Medieval and Early Modern Thought*), MA: Springer Science & Business Media, 2007, 150쪽.-역자

찾아보기